原型理论视野下智力障碍儿童亲社会行为

张玉红◎著

教育部人文社会科学研究规划基金项目『原型理论视野下智力障碍儿童亲社会行为研究』

（项目编号：19YJA880086）

新疆维吾尔自治区『十三五』重点学科教育学招标课题『原型理论视野下智力障碍儿童亲社会行为模型构建及应用研究』（项目编号：19XJKD0303）

科学出版社

北　京

内 容 简 介

亲社会行为代表着积极的社会价值,传递出具有适应功能的社交性内涵,是个体良好适应的重要标志。智力障碍儿童是一个智力功能和适应行为两方面都存在显著不足的困难群体,增进其亲社会行为,提升其适应社会、融入社会的"内生力",是促进其社会融合、共享幸福美好生活的必由之路。

本书首先从原型理论的视角和中国文化背景出发,从微观层面构建、验证了智力障碍儿童亲社会行为结构模型,编制了测评问卷;其次,运用该问卷对我国智力障碍儿童亲社会行为的现状进行了调查;再次,基于人类发展的生态系统理论和构建的结构模型,运用问卷调查及问卷与实验相结合的方式探讨了学校生态系统中师生互动和同伴互动两个子系统对智力障碍儿童亲社会行为的影响路径;最后,基于前期研究构建了综合干预模式,编制了综合干预方案,并对方案的有效性进行了检验。

本书可供心理学、社会学、教育学等相关专业的研究者和工作者,特别是特殊教育专业、教育康复学专业的高校师生,以及基层各类特殊教育机构工作者和感兴趣的读者参考。

图书在版编目(CIP)数据

原型理论视野下智力障碍儿童亲社会行为/张玉红著. —北京:科学出版社,2023.1
　ISBN 978-7-03-074214-8

Ⅰ. ①原⋯　Ⅱ. ①张⋯　Ⅲ. ①智力障碍-儿童教育-特殊教育-研究
Ⅳ. ①G764

中国版本图书馆 CIP 数据核字(2022)第 235655 号

责任编辑:朱丽娜　高丽丽/责任校对:杨　然
责任印制:李　彤/封面设计:润一文化

科 学 出 版 社 出版
北京东黄城根北街 16 号
邮政编码:100717
http:// www.sciencep.com
北京建宏印刷有限公司印刷
科学出版社发行　各地新华书店经销
*
2023 年 1 月第 一 版　开本:720×1000　1/16
2024 年 11 月第二次印刷　印张:16 1/2
字数:275 000
定价:99.00 元
(如有印装质量问题,我社负责调换)

目 录

图 目 录

表　目　录

第一章

亲社会行为：培智教育变革中亟须正视的一个议题

第一节　智力障碍与社会适应

一、智力障碍的概念

"智力障碍"（intellectual disability，ID）这一术语最早在美国智力与发展性障碍协会（American Association on Intellectual and Developmental Disabilities，AAIDD）推出的第 11 版《智力障碍定义、分类与支持体系手册》中被正式启用[①]。在此之前，有多种术语来描述智力障碍，如"愚钝"（moron）、"低能"（feebleminded）、"智力低下"（mental subnormal）、"智力缺陷"（mental deficiency）等，"智力落后"（mental retardation）是 1961 年之后在特殊教育界被广为使用的术语[②]。台湾地区称之为"智能不足"，"智力残疾"则是大陆在残疾人事业和相关事务中使用的术语[③]。术语的更迭和转换反映了智力障碍领域观念与教育理念的发展和变化。"智力障碍"取代"智力落后"这一术语，意味着智力障碍个体面临的问题不再被看作一种内在的、与生俱来的固有缺陷和静止的落后状态，而被视为一种暂时的功能受限，这种功能受限状态是个体能力与环境要求不匹配、不协调导致的。要改变个体功能受限的状态，既可以从提高个体能力入手，也可以通过调整环境、提供个别化支持服务来实现。"智力障碍"这一术语的启用标志着人们对于智力障碍本质的认识，已经开始跳出以往仅仅聚焦于个体单边缺陷的思维模式和框架，转向着眼于个体与环境良性互动的支持模式，充分彰显了以人为本的理念，消解了歧视的色彩和贬损的意味，显现出对障碍理解的社会生态学意味，更能促进旨在提升功能的支持理念的构建，同时适应了术语国际化规范的需要。正因为如此，目前虽然各种称谓还并存于现实生活之中，"智力障碍"这一术语却越来越多地得到学术界和国际组织认可，

---

① The AAIDD Ad Hoc Committee on Terminology and Classification. Intellectual Disability：Definition，Classification，and Systems of Supports（11th ed.）[M]. Washington：American Association on Intellectual and Developmental Disabilities，2010：6-12.

② Luckasson R，Reeve A. Naming，defining，and classifying in mental retardation[J]. Mental Retardation，2001，39（1）：47-52；王波，康荣心. 智力落后定义的百年演变[J]. 中国特殊教育，2010（6）：18-23.

③ 朴永馨. 特殊教育辞典[M]. 北京：华夏出版社，2014：285-288.

并被推荐用来取代其他称谓。

智力障碍是一个内涵异常复杂又非常富有挑战性的概念。自 1908 年 Tredgold 对"智力障碍"进行定义至今，不同学者和专业组织分别基于各自的专业视角、理论体系对智力障碍进行了界定，可谓众说纷纭。其中，以美国智力与发展性障碍协会对智力障碍的定义贡献最大、影响最为深远。作为致力于智力障碍领域研究历史最长且最具权威性的专业组织，美国智力与发展性障碍协会先后推出了 11 版智力障碍定义、诊断与分类体系，从而使智力障碍的内涵随着社会的发展和人类文明程度的日益提高而不断丰富、延展、深化。例如，1959 年，在第五次修订时，对以智商（intelligence quotient，IQ）作为定义智力障碍的唯一圭臬进行了厘革，首次将双重界定标准引入智力障碍定义中[1]，即必须满足智力低下，并伴有以下一种或多种缺陷：①成熟发展不到位；②学习不到位；③社会适应不足。1961 年，在进行第六次修订时，"适应性行为缺陷""智力落后"成为定义智力障碍的双重标准，同时智力功能低下的鉴定标准被确定为智商低于平均数一个标准差，发育阶段为从出生至 16 岁[2]。1973 年，在进行第七次修订时，智力功能低下的鉴定标准被修改为智商必须低于平均数两个标准差，并强调智力功能低下与适应性行为缺陷要同时存在，生长发育期上限也由 16 岁延伸至 18 岁[3]。1983 年，在进行第八次修订时，生长发育期下限由"出生"提前至"妊娠期"[4]。1992 年，在进行第九次修订时，首次运用功能模式来解析智力障碍，并首次引入了"支持""支持系统"的概念[5]。2002 年，在进行第十次修订时，适应性技能被分为概念性、社会性和应用性三大领域，"支持"作为一个核心术语被置于理论框架图的中心位置，智力障碍定义由此完成了由缺陷模式向支持模式的彻底转变[6]。2010 年，在进行第十一次修订时，完全沿用了第 10 版定义的内容表述和理论假设，但启用"智力障碍"这

---

① Heber R. Modifications in the manual on terminology and classification in mental retardation[J]. American Journal of Mental Deficiency，1961：499-500.

② Heber R. Modifications in the manual on terminology and classification in mental retardation[J]. American Journal of Mental Deficiency，1961：499-500.

③ Grossman H J，Begab M J. Classification in Mental Retardation[M]. Washington：American Assiciation on Mental Deficiency，1983：9.

④ Grossman H J，Begab M J. Classification in Mental Retardation[M]. Washington：American Assiciation on Mental Deficiency，1983：5.

⑤ Reiss S. A mindful approach to mental retardation[J]. Journal of Social Issues，2000（1）：65-80；肖非，王雁. 智力落后教育通论[M]. 北京：华夏出版社，2000：7-9.

⑥ Simpson M. Developmental concept of idiocy[J]. Intellectual and Developmental Disabilities，2007（1）：23-32.

一新术语全面取代了使用多年的术语"智力落后"①。

1987 年，我国开展第一次全国残疾人抽样调查时，智力残疾的概念和分类标准采用的是美国智力与发展性障碍协会在 1983 年修订的智力障碍定义②。2006年，我国在进行第二次全国残疾人抽样调查时，智力残疾概念采用的是世界卫生组织颁布的《国际功能、残疾和健康分类》(International Classification of Functioning，Disability and Health，ICF) 提出的理论框架，同时吸收了美国智力与发展性障碍协会在 1992 年修订的智力障碍定义中关于"支持"的核心内涵③。

本书采用的是美国智力与发展性障碍协会颁布的第 11 版智力障碍定义，即智力障碍是一种以智力功能和适应行为都存在显著限制为特征的障碍，适应行为具有概念性、社会性和应用性的特征，障碍发生于 18 岁之前④。智力障碍程度的评定采用的是我国 2006 年第二次全国残疾人抽样调查确定的智力障碍标准：轻度（四级），$50 \leqslant IQ \leqslant 69$，轻度适应缺陷；中度（三级），$35 \leqslant IQ \leqslant 49$，中度适应缺陷；重度及极重度（一、二级），$IQ \leqslant 34$，重度及极重度适应缺陷⑤。

二、智力障碍儿童的社会适应与社会融合

我国学龄智力障碍儿童是一个数量相当庞大的弱势群体。2006 年，第二次全国残疾人抽样调查主要数据显示，我国 6～14 岁学龄智力障碍儿童达 76 万人⑥，占 6～14 岁特殊儿童总数（246 万人）的 30.89%，居各类障碍儿童人数之首。另外，在 6～14 岁的多重障碍儿童（75 万人）中，以智力障碍为主的儿童人数也不可小觑。我国针对各类智力障碍儿童开展的培智教育虽然直至 1979 年才开始蹒跚起步⑦，但伴随着国家对特殊教育与康复事业重视程度的提高和支持力度的不断加

---

① 休厄德. 特殊需要儿童教育导论[M]. 肖非等译. 北京：中国轻工业出版社，2007：125.

② 许家成. 再论智力障碍概念的演化及其实践意义[J]. 中国特殊教育，2005（5）：12-16.

③ 陈功，郭超，陈新民等. 全国两次残疾人抽样调查设计和方法的比较分析[J]. 人口与发展，2014（4）：36，45-51.

④ The AAIDD Ad Hoc Committee on Terminology and Classification. Intellectual Disability：Definition，Classification，and Systems of Supports（11th ed.）[M]. Washington：American Association on Intellectual and Developmental Disabilities，2010：6-12.

⑤ 朴永馨. 特殊教育辞典[M]. 北京：华夏出版社，2014：286.

⑥ 国家统计局，第二次全国残疾人抽样调查领导小组.2006 年第二次全国残疾人抽样调查主要数据公报[EB/OL]. http://www.stats.gov.cn/tjsj/ndsj/shehui/2006/html/ fu3.htm，（2007-05-28）[2008-05-28].

⑦ 银春铭. 弱智儿童的心理与教育[M]. 北京：华夏出版社，1993：97.

大，培智教育已然成为我国当今特殊教育界发展势头最为迅猛且规模最为庞大的领域。从教育部发布的全国教育事业发展统计数据来看（图 1-1），近年来，我国在校智力障碍儿童人数逐年攀升，占在校特殊儿童总数的比例不断提高。自 2013 年起，我国在特殊教育学校就读的智力障碍儿童人数（9.29 万人）就已超过特殊教育学校在校生总数（17.72 万人）的一半（占 52.42%）[①]。至 2016 年底《特殊教育提升计划（2014—2016 年）》收官之时，我国在特殊教育学校就读的智力障碍儿童已达 14.28 万人[②]，占特殊教育学校在校生总数（22.09 万人）的比例上升至64.64%，比 2013 年特殊教育学校在校智力障碍儿童人数（9.29 万人）增长了近 5万人。2017 年 1 月，国务院公布了修订后的《残疾人教育条例》，同年 7 月，教育部等七部门联合印发了《第二期特殊教育提升计划（2017—2020 年）》，提出至2020 年残疾儿童少年义务教育入学率要达到 95%以上。随着《残疾人教育条例》的贯彻落实以及《第二期特殊教育提升计划（2017—2020 年）》的圆满收官，残疾儿童少年义务教育入学率达到 95%的目标如期实现，我国在校智力障碍儿童人数进一步提高。至 2020 年底，我国在特殊教育学校就读的智力障碍儿童已达 21.99万人，比 2016 年在特殊教育学校就读的智力障碍儿童人数（14.28 万人）增长了7 万多人，占特殊教育学校在校生总数（32.08 万人）的比例也上升到 68.55%[③]，超过特殊教育学校在校生总数的 2/3。此外，特殊教育学校中的多重障碍儿童（2.38万人）中还有相当比例的儿童兼有智力障碍。2021 年 12 月，国务院办公厅转发了教育部等部门发布的《"十四五"特殊教育发展提升行动计划》，将适龄残疾儿童义务教育入学率的目标又提高到了 97%。随着这一计划的贯彻落实，我国智力障碍儿童在校生人数还将进一步增加。

庞大的智力障碍儿童人口规模使其社会适应和社会融合问题超出了私人问题的范畴，成为一个对构建社会主义和谐社会具有重要意义的理论和现实问题，该问题全方位地触及了学术、实践和政策领域。社会融合是不同个体、群体或文化之间的相互配合、适应过程[④]，是动态的、渐进式的、多维度的、互动的过程，而非单

[①]　教育部. 2013 年教育统计数据[EB/OL]. http://www.moe.gov.cn/jyb_sjzl/moe_560/s8492/s8493/201412/t20141218_181979.html，[2015-09-11].

[②]　教育部. 2016 年教育统计数据[EB/OL]. http://www.moe.gov.cn/jyb_sjzl/moe_560/jytjsj_2016/2016_qg/201708/t20170823_311710.html，[2018-08-21].

[③]　教育部. 2020 年教育统计数据[EB/OL]. http://www.moe.gov.cn/jyb_sjzl/moe_560/2020/quanguo/202108/t20210831_556466.html，[2022-08-27].

[④]　任远，邬民乐. 城市流动人口的社会融合：文献述评[J]. 人口研究，2006（3）：87-94.

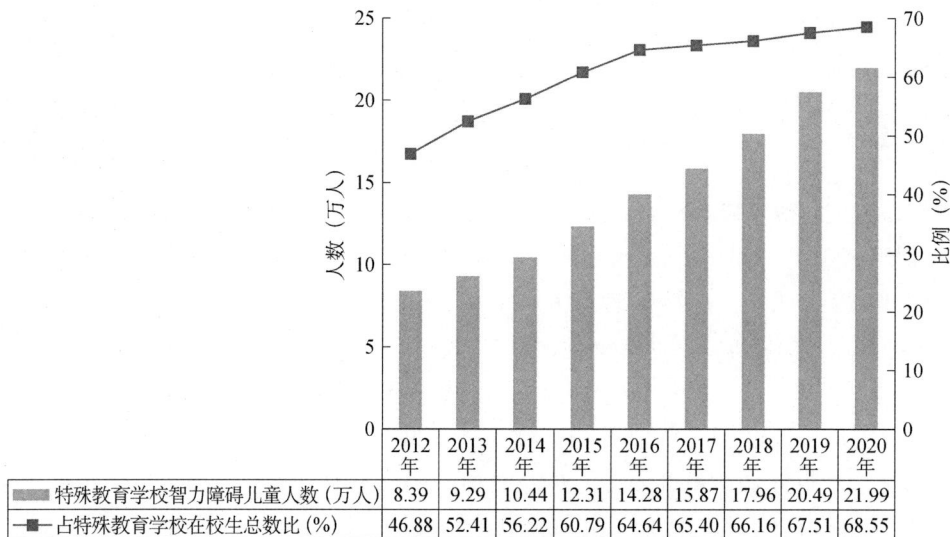

图 1-1　2012—2020 年特殊教育学校智力障碍儿童占特殊教育学校在校生总人数的比例
资料来源：2012—2020 年全国教育统计数据

向过程①。智力障碍儿童与普通儿童从"二元社区"走向融合的道路上则面临着两个方面的阻抗：一是普通人群对智力障碍儿童的偏见；二是智力障碍儿童在适应行为方面存在的限制②。双重阻抗的客观存在致使二者难以产生积极的双向互动。鉴于此，从社会接纳和社会融入两个方面进行持之以恒、百折不挠的努力，就成为将智力障碍儿童的社会融合从理想化的美好愿景转变为现实的必由之路。具体而言，一方面要努力构建有利于社会融合的包容性体制，营造积极的、包容的社会环境，从而打破阻碍智力障碍儿童社会融合的制度与观念的"坚冰"，消除偏见，使社会公众从心理和情感上真正接纳和认可智力障碍儿童；另一方面要通过各种途径提升智力障碍儿童自身适应社会的内生力，增强其自身主动融入社会的能力和意识，使其从身体和心理上平等、全面地参与社会生活。

　　虽然政策和舆论导向的支持以及由此而建立的更为公平、更具包容性的社会制度和价值观念是促进智力障碍儿童社会融合的根本措施，但由于制度建设涉及社会体系和结构的根基，这就使得制度与观念的"破冰"会面临一些困难，即便是在某一方面能够有所突破，从制度建立到真正落实之间还会有一定的时滞。在普遍

_____

　　① 杨菊华. 从隔离、选择融入到融合：流动人口社会融入问题的理论思考[J]. 人口研究，2009（1）：17-29.

　　② 休厄德. 特殊需要儿童教育导论[M]. 肖非等译. 北京：中国轻工业出版社，2007：125.

适用的包容性社会制度和价值观念尚未完全建立的情况下，提升智力障碍儿童自身的社会适应能力就成为当前及今后促进智力障碍儿童社会融合的必然之举。

三、智力障碍儿童社会适应的学校教育

学校是个体进入社会空间之前最重要的社会化场所①。学校教育作为有目的、有计划、系统地促进个体社会化的过程，不但会影响个体社会性发展的方向，而且决定着个体在社会场域之中的位置②。对于智力障碍儿童而言，学校教育与康复在其社会适应能力的发展过程中发挥着至关重要的作用。究其原因在于：首先，智力障碍儿童这一特殊群体的复杂性特征决定了对其开展社会适应教育是一项高度专业化的教育活动，而家长的专业知识明显不足；其次，在智力障碍儿童家长中，较为普遍地存在着非理性的"过度保护"③、包办代替及低期望④等现象，这对智力障碍儿童社会适应能力的培养极为不利。智力障碍儿童社会适应的教育与康复训练还主要依赖于学校教育的支持⑤，由此加强社会适应方面的学校教育就成为当前提升智力障碍儿童社会适应能力、促进其融入社会的强烈现实吁求。

事实上，在社会融合理念的影响下，在国内外培智教育的理论研究与实践中，相关人员均已经给予了智力障碍儿童的社会适应问题高度重视。西方有关特殊教育课程的研究表明，特殊教育课程设计有两条主轴线，社会适应和学业二者缺一不可⑥，西方有关融合教育效率的研究也集中于融合学校特殊儿童能否在社会发展与学业两方面取得相应的进步⑦。近年来，在我国培智教育的培养目标中，对于学生社会适应能力的培养要求也越来越明确、具体。1994 年，国家教育委员会印发的《中度智力残疾学生教育训练纲要（试行）》提出了"全面发展""补偿缺陷""准备进入社会"三项教育训练任务，并由此确定了生活适应、活动训练和实用语算三方

① 陆小兵. 学校教育与个体的社会适应——对结构功能主义视角的反思[J]. 江海学刊，2013（4）：212-217，239.

② 张运红，冯增俊. 教育在社会融合中的作用研究[J]. 经济体制改革，2012（6）：39-42.

③ 李彩云. 残疾儿童的"幼年标志"及其对父母的影响[J]. 学前教育研究，2003（6）：15-16.

④ 张福娟. 智力落后儿童适应行为发展特点的研究[J]. 心理科学，2002（2）：170-172，253-254.

⑤ 申仁洪. 西南少数民族特殊儿童社会适应性研究[M]. 重庆：重庆大学出版社，2014：371.

⑥ 邓猛，雷江华. 培智学校课程改革与社会适应目标探析[J]. 中国特殊教育，2006（8）：17-21.

⑦ Salend S J，Duhaney L M G. The impact of inclusion on students with and without disabilities and their educators[J]. Remedial and Special Education，1999（2）：114-126.

面训练内容[①]。2007年，教育部印发的《培智学校义务教育课程设置实验方案》在培养目标中提出要"使智力残疾学生具有初步的爱国主义、集体主义精神；具有初步的社会公德意识和法制观念；具有乐观向上的生活态度；具有基本的文化科学知识和适应生活、社会以及自我服务的技能；养成健康的行为习惯和生活方式，成为适应社会发展的公民"，并提出了六项课程设置的原则。其中第三项原则"生活适应与潜能开发相结合"要求"在课程功能上，强调学生积极生活态度的养成，注重对学生生活自理能力和社会适应能力的培养与训练，关注学生潜能的开发，培养学生的个人才能"。在课程设置上，一方面，要求"生活语文"等课程着眼于学生的生活需要，在加强语文基础知识和技能培养的同时，把传授知识与补偿缺陷有机结合起来，使学生具有基本的生活和社会交往能力，形成良好的公民素质和文明的行为习惯，为其自理生活和适应社会打下基础；另一方面，专门创建了"生活适应"这一特殊功能性课程，要求该课程"以提高学生的生活能力为目的，以学生当前及未来生活中的各种生活常识、技能、经验为课程内容。培养学生具有生活自理能力、简单家务劳动能力、自我保护能力和社会适应能力，使之尽可能成为一个独立的社会公民"。2016年，教育部依据《培智学校义务教育课程设置实验方案》制定的《培智学校义务教育课程标准（2016年版）》正式颁布实施。2017年修订的《残疾人教育条例》总则第二条指出："残疾人教育应当贯彻国家的教育方针，并根据残疾人的身心特性和需要，全面提高其素质，为残疾人平等地参与社会生活创造条件。"同年，教育部等七部门联合印发的《第二期特殊教育提升计划（2017—2020年）》提出要"提高特殊教育的针对性。促进残疾学生的个性化发展，为他们适应社会、融入社会奠定坚实基础"。2021年12月，国务院办公厅转发教育部等部门发布的《"十四五"特殊教育发展提升行动计划》，对"十四五"时期的特殊教育发展进行了顶层规划，在总体要求中提出"全面提高特殊教育质量，促进残疾儿童青少年自尊、自信、自强、自立，实现最大限度的发展"。2022年11月，教育部印发《特殊教育办学质量评价指南》，在特殊教育办学质量评价指标中，"开展多元评价"是"课程教学实施"领域四项关键指标之一，"社会适应能力"则是"学生适宜发展"领域三项关键指标之一。由此可见，提高智力障碍儿童的社会适应能力既是促进其社会融合的现实需求使然，更是全面贯彻落实国家政策、深化培智教育课程改革、提升培智教育水平的时代要求使然。

---

① 转引自：陶德清. 中度智力残疾低（1—3）年级"实用语算"教材的编写[J]. 中国特殊教育，2001（1）：59-61.

　　尽管"社会适应"是日常生活中使用频率极高的词语，也是教育学、心理学等领域的重要研究主题，但因为社会适应的内涵广阔而丰富，社会适应能力的形成何以可能成为一个既"迷人"又令人"迷惑"的问题？对这一问题的解答，唯有在科学理论和实证依据的支撑下，才能防止误识对社会适应丰富内涵和培养路径的遮蔽，确保社会适应学校教育的有效开展。

第二节　亲社会行为与儿童的社会适应

一、亲社会行为的概念

　　"亲社会行为"（prosocial behavior）这一术语最早由美国学者 Wispé 提出，用来特指那些与破坏、攻击等反社会行为相对立的积极形式的社会行为[①]。随着亲社会行为研究的不断推进，不同学者基于不同的研究视角对亲社会行为的含义提出了各自的看法。尽管亲社会行为的定义纷繁芜杂，若毛举缕析各家之定义，则不难看出研究者对亲社会行为的定义大致可以分为两种。

　　第一种定义倾向于单一强调这种行为给他人带来的益处。如美国著名发展心理学家 Mussen 等认为，亲社会行为是试图帮助他人或某一团体而使其受益的行为，在此过程中，常要付出一定代价、自我牺牲，并承担一定风险，却不期待任何外来奖励[②]；Rushton 等提出亲社会行为泛指一切对他人有益的行为[③]。我国学者朱智贤主编的《心理学大词典》将亲社会行为定义为人们在社会交往中表现出来的谦让、帮助、合作、共享等有利于他人和社会的行为[④]；周宗奎[⑤]将亲社会行为理解

① Wispé L G. Positive forms of social behavior：An overview[J]. Journal of Social Issues，1972（3）：1-19.
② 转引自：吴念阳. 儿童亲社会行为的研究历史与现状[J]. 福州师专学报，2002（4）：62-66.
③ Rushton J P，Chrisjohn R D，Fekken G C. The altruistic personality and the Self-Report Altruism Scale[J]. Personality and Individual Differences，1981（4）：293-302.
④ 朱智贤. 心理学大词典[M]. 北京：北京师范大学出版社，1989：493.
⑤ 周宗奎. 儿童社会化[M]. 武汉：湖北少年儿童出版社，1995：170.

为个体帮助或打算帮助他人、群体的行为或趋向；俞国良[①]、李幼穗[②]、李丹等[③]、陈会昌[④]、金盛华[⑤]都将亲社会行为视为符合社会期望且对他人、群体或社会有益的行为。

第二种定义倾向于认为这种行为给交往双方都带来了益处。如在儿童亲社会行为研究领域颇有影响力的代表人物 Eisenberg 等[⑥]、Naparstek[⑦]、Greener 等[⑧]、Fabes 等[⑨]认为亲社会行为是个体自愿提供的、有益于他人的、能够构建和提升交往双方之间和谐关系的行为；Krebs 等[⑩]认为亲社会行为是从自我获益到他人获益的连续体，即该行为的一端是最大限度地增加他人利益的行为取向，另一端则是最大限度地增加自我利益的行为取向；Twenge 等[⑪]认为亲社会行为是有益于他人的行为，但从长远来看却能给个体带来巨大益处。我国学者寇彧等[⑫]认为亲社会行为是人们在社会交往过程中表现出来的友好的、积极的行为，其特点是符合社会期望，能使他人乃至整个群体获益，同时能促使交往双方建立和谐关系。

从亲社会行为的内涵和本质特征来看，第一种定义方式侧重于强调亲社会行为的利他性和高社会称许性，即认为亲社会行为的结果只会对行为的接受者和社会具有积极意义，是被特定社会或群体认同并获得高评价的"好行为"。第二种定义方式则既肯定亲社会行为的利他性和高社会称许性，也注重亲社会行为的社交性和互惠性，认为从本质而言亲社会行为是人们在社会互动过程中产生的交往行

① 俞国良. 社会认知视野中的亲社会行为[J]. 北京师范大学学报（社会科学版），1999（1）：20-25.

② 李幼穗. 儿童亲社会行为及其培养[J]. 天津师范大学学报（社会科学版），1999（2）：29-33，78.

③ 李丹，程赟. 学前儿童在家在园亲社会行为的比较观察研究[J]. 宁波大学学报（教育科学版），2006（2）：23-27.

④ 陈会昌. 道德发展心理学[M]. 合肥：安徽教育出版社，2004：255.

⑤ 金盛华. 社会心理学[M]. 北京：高等教育出版社，2005：277.

⑥ Eisenberg N，Fabes R. Prosocial development. In N. Eisenberg（Ed.），Handbook of Child Psychology：Vol.3. Social，Emotional，and Personality Development[C]. New York：Wiley，1998：701-778.

⑦ Naparstek N. Children's conceptions of prosocial behavior[J]. Child Study Journal，1990（4）：207-220.

⑧ Greener S，Crick N R. Normative beliefs about prosocial behavior in middle childhood：What does it mean to be nice？[J]. Social Development，1999（3）：349-363.

⑨ Fabes R A，Carlo G，Kupanoff K，et al. Early adolescence and prosocial/moral behavior I：The role of individual processes[J]. The Journal of Early Adolescence，1999（1）：5-16.

⑩ Krebs D L，Hesteren F V. The development of altruism：Toward an integrative model[J]. Developmental Review，1994（2）：103-158.

⑪ Twenge J M，Baumeister R F，DeWall C N，et al. Social exclusion decreases prosocial behavior[J]. Journal of Personality and Social Psychology，2007（1）：56-66.

⑫ 寇彧，张庆鹏. 青少年亲社会行为的概念表征研究[J]. 社会学研究，2006（5）：169-187，245；寇彧，付马，马艳. 初中生认同的亲社会行为的初步研究[J]. 心理发展与教育，2004（4）：43-48.

为，是为了维护彼此间的友好和谐关系和共同利益而产生的积极社会行为，其产生过程和行为结果对交往双方均具有积极价值。

从字面详解和内涵缕析不难看出，第二种定义的内涵和反映的本质特征更全面、更科学。故而，本书采用第二种定义方式，将亲社会行为视为人们在社会交往过程中表现出来的符合社会期望、能够使他人乃至整个群体获益，并能促使交往双方建立和谐关系的友好、积极行为，其特点是具有利他性、高社会称许性、社交性和互惠性。从行为表现和实施的场域来看，本书中主要关注的是学校场域内的亲社会行为。

二、亲社会行为对个体社会适应的价值

虽然学者对于社会适应的内涵与结构至今尚未达成共识，社会适应的衡量指标也呈现出非单一化的特性，但亲社会行为始终被认为是个体社会化过程中的重要行为和个体良好适应的重要标志[①]。因为亲社会行为作为人们在社会交往中表现出来的友好的、积极的行为，传递出具有适应功能的社交性内涵，反映了个体人格结构中的积极倾向和健康特质，符合人们对于成熟社会化个体的角色期望，对于增强个体的社会适应和促进社会和谐都极其重要。

从个体层面而言，实施亲社会行为有助于提升个体自尊，实现自我满足[②]，并给实施者带来生活意义感和效能感[③]，而获取和维持生活意义感又是人类生存的基本动机之一，也是影响个体心理健康的关键因素[④]，可见亲社会行为对于个体心理层面的社会适应具有积极意义；从人际关系层面而言，亲社会行为既能促进给他人带来好处，也能为个体提供一个融入社会情境的入口和通道，并促进交往双方

---

① 寇彧，王磊. 儿童亲社会行为及其干预研究述评[J]. 心理发展与教育，2003（4）：86-91；李冬梅，雷雳，邹泓. 青少年社会适应行为的特征及影响因素[J]. 首都师范大学学报（社会科学版），2007（2）：150-156.

② Laible D J，Carlo G，Roesch S C. Pathways to self-esteem in late adolescence：The role of parent and peer attachment，empathy，and social behaviours[J]. Journal of Adolescence，2004（6）：703-716.

③ van Tongeren D R，Green J D，Davis D E，et al. Prosociality enhances meaning in life[J]. The Journal of Positive Psychology，2016（3）：225-236.

④ van Tongeren D R，Green J D. Combating meaninglessness：On the automatic defense of meaning[J]. Personality and Social Psychology Bulletin，2010（10）：1372-1384.

之间和谐关系的构建①，故而对于增进个体人际关系方面的社会适应具有重要价值。Seligman 认为个体获得幸福感需要五个元素（积极情绪、投入、积极的人际关系、意义和成就）②，而幸福感是个体生活质量在心理层面的反映。从亲社会行为的个体与人际价值来看，实施亲社会行为恰好对幸福感的五个构成元素的发展都具有积极作用。换言之，亲社会行为是个体获得幸福感的重要途径，它满足了人们寻找生活意义、获得丰盈人生的需求，因此有利于提升个体的生活质量。大量研究也证实了亲社会行为的个人意义，如表现出更多亲社会行为的个体具有更高的幸福感③、生活满意度④，拥有更高水平的心理健康⑤，更受同伴欢迎和被同伴接纳⑥。从社会层面而言，亲社会行为代表的是社会积极价值，是社会公益和责任的象征，更是维系社会和谐的重要基础⑦，对于促进人类的生存与适应、社会的进步具有积极作用。

　　亲社会行为具有促进个体社会适应和社会和谐的双重价值，故而日益受到研究者的广泛关注，显示出繁荣与发展态势，成为统领儿童社会性发展研究的重要主题⑧。教育学、心理学和社会学等不同学科都对亲社会行为进行了探讨，虽然研究视角有所不同，但目标是一致的，即帮助个体习得和养成亲社会行为，从而采用积极的、亲社会的方式处理自身的内部冲突，同时协调好自我与他人及社会之间的关系，进而维持整个社会的和谐。

---

　　① 马乔里·J. 克斯特尔尼克等. 儿童社会性发展指南：理论到实践[M]. 邹晓燕等译. 北京：人民教育出版社，2009：517.

　　② Seligman M E P. Flourish：A visionary new understanding of happiness and well-being[J]. Policy，2011（7338）：302-303.

　　③ Yang Y，Li P P，Fu X Y，et al. Orientations to happiness and subjective well-being in Chinese adolescents：The roles of prosocial behavior and internet addictive behavior[J]. Journal of Happiness Studies，2017（6）：1747-1762.

　　④ Sun R C F，Shek D T L. Life satisfaction，positive youth development，and problem behaviour among Chinese adolescents in Hong Kong[J]. Social Indicators Research，2010（3）：455-474.

　　⑤ Schwartz C E，Meisenhelder J B，Ma Y S，et al. Altruistic social interest behaviors are associated with better mental health[J]. Psychosomatic Medicine，2003（5）：778-785.

　　⑥ Pakaslahti L，Karjalainen A，Keltikangas-Järvinen L. Relationships between adolescent prosocial problem-solving strategies，prosocial behaviour，and social acceptance[J]. International Journal of Behavioral Development，2002（2）：137-144.

　　⑦ Penner L A，Dovidio J F，Piliavin J A，et al. Prosocial behavior：Multilevel perspectives[J]. Annual Review of Psychology，2005（1）：365-392.

　　⑧ Bergin C A C，Bergin D A，French E. Preschoolers' prosocial repertoires：Parents' perspectives[J]. Early Childhood Research Quarterly，1995（1）：81-103.

第三节　培智教育变革与亲社会行为

一、社会适应学校教育的支持模式走向

社会适应的"领域-功能"理论模型认为个体的社会适应不仅可划分为不同领域，还会表现出积极适应和消极适应两种不同的功能状态。个体在某些领域表现出消极适应的同时，也可能在其他领域表现出积极适应，个体的"社会适应"就是从"适应不良"到"适应良好"连续体中的特定位置[①]。适应不良是智力障碍儿童普遍存在的现象，且消极影响偏大，故而传统研究多是从此视角出发，研究重心在于如何矫治或干预其问题行为。然而，20 世纪 80 年代以来，在人本主义教育思潮和融合理念的影响下，人们发现对障碍儿童问题行为的过度重视并不能从根本上解决问题，也难以有效提升其适应性行为水平。为了提高对儿童问题行为管理的有效性，美国一些学校开始尝试转换教育视角，转向关注儿童的良好适应行为，积极行为支持项目就是从积极视角出发寻求问题解决策略的结果。

积极行为支持（positive behavior support，PBS）的概念最早是 1990 年由 Horner 等学者提出的，它被界定为一种对不良行为个体提供行为支持的、具有独特技术和价值观的方法[②]。初创时期的积极行为支持对象较为单一，多为有严重自伤或攻击行为的重度障碍个体，其应用范围也更多地局限在家庭和社区情境中。1996 年，Walker 等提出在学校整体范围、教室、非教室以及学生个体 4 个行为系统中实施连续的三级预防性干预策略，即对全体学生的一级预防、对有问题行为风险学生的二级预防以及对长期出现严重问题行为学生的三级预防[③]。1997 年，为了强调对儿童严重问题行为的预防和早期干预，美国的《障碍者教育法修正案》要求

---

① 邹泓，余益兵，周晖等. 中学生社会适应状况评估的理论模型建构与验证[J]. 北京师范大学学报（社会科学版），2012（1）：65-72.

② Horner R H，Dunlap G，Koegel R L，et al. Toward a technology of "nonaversive" behavioral support[J]. Journal of the Association for Persons with Severe Handicaps，1990（3）：125-132.

③ Walker H M，Horner R H，Sugai G，et al. Integrated approaches to preventing antisocial behavior patterns among school-age children and youth[J]. Journal of Emotional and Behavioral Disorders，1996（4）：194-209.

学校实施积极行为支持，随后积极行为支持的应用对象和范围就被扩展到了学校的全体学生，其研究内容也从对个体行为的干预发展为对学校系统的干预①。20 世纪末至 21 世纪初，学校已成为积极行为支持的主要应用领域，学校范围的积极行为支持正式成为积极行为支持发展的重心。Carr 等将学校范围的积极行为支持界定为一种以教育的方法帮助个体发展积极行为，用系统改变的方法重新调整环境，实现改善个体生活质量、减少问题行为目标的应用科学。"积极行为"是指所有能提高个体在正常的学习、生活、工作、社交、休闲情境中的成就感和满意度的行为技能，"支持"是指一切可以教授、强化和发展积极行为的教育方法和一切有助于发展积极行为的系统改变的方法②。

作为一种既强调发展个体的积极行为，又重视对学校环境实施系统改变，即通过双重改变调整个体与环境的互动关系，达到预防和减少问题行为、改善生活质量效果的行为干预模式，在学校应用的积极行为支持突出反映了从积极视角、系统改变和主动预防方面来寻求问题解决的理念，且强调运用循证的方法辅助教学实践，即通过对个体行为表现的过程进行评估与监测，依据数据进行决策、设计和调整策略，开展行为干预，较好地体现了积极行为支持的核心思想。随着美国教育政策对干预反应（response to intervention，RTI）的高度重视，行为干预获得了更大的发展空间。干预反应模型主要由全面的筛查、教育进程监控和多层次的教学服务三部分组成③，是在全校范围内通过多层次预防系统让学生取得更好的成绩，同时将学生的行为问题减至最少④。干预反应模型强调"预防"，注重考察儿童干预前表现和干预后变化之间的差异，强调为全体学生提供有效的教育服务，被视为一种高质量的、考虑到文化和语言背景的教学、评价以及循证干预的综合体⑤。2006 年，美国国家特殊教育州主管联合会（National Association of State Directors of Special Education，NASDSE）倡导将干预反应应用于普通教育及特殊教育的相关决策，

---

① 转引自：刘宇洁，韦小满，梁松梅. 积极行为支持模式的发展及特点[J]. 中国特殊教育，2012（5）：12-17.

② Carr E G，Dunlap G，Horner R H，et al. Positive behavior support：Evolution of an applied science[J]. Journal of Positive Behavior Interventions，2002（1）：4-16.

③ Vaughn S，Fletcher J M，Francis D J，et al. Response to intervention with older students with reading difficulties[J]. Learning and Individual Differences，2008（3）：338-345.

④ 杨希洁，韦小满. 为全体学生提供有效的教育服务——"干预反应"模式的发展及影响[J]. 中国特殊教育，2012（6）：3-10.

⑤ Gresham F M. Response to intervention：An alternative means of identifying students as emotionally disturbed[J]. Education and Treatment of Children，2005（4）：328-344.

从而构筑起突出预防和循序干预的融合教育系统[1]，干预反应由此在美国演变为一场日益席卷全国的教育改革运动。积极行为支持的问题解决逻辑架构与干预反应一致，因此 Sailor 等学者提出应将积极行为支持看作解决儿童行为问题的干预方法，并认为它是从社会行为的角度促进儿童发展的问题解决模式，是教育改革的核心内容之一[2]。如今，积极行为支持模式在欧美等众多国家和地区都得到了广泛传播，中国也相继开展了积极行为支持的研究。近年来，中国一些学者开始系统介绍积极行为支持的含义与模式，也有部分学校及学者对一些特殊学生和普通学生开展了积极行为支持干预的初步尝试[3]。不难预见，在智力障碍定义和教育的"支持模式"框架下，今后积极行为支持将会在世界范围内更多的国家和地区得到更广泛的普及和推广，成为未来解决学生社会适应问题的方向。

二、培智教育课程改革中的亲社会行为

我国特殊教育课程改革已经如火如荼地推进了多年。视力障碍、听力障碍、培智三类特殊教育学校课程改革中，以培智教育改革的声势最为浩大。培智教育课程改革培养目标研究的核心则是"适应生活"[4]。培智教育课程改革对智力障碍儿童的社会适应给予了广泛关注，研究者从理论和实践两个方面均做了大量的探讨，也取得了很大进展，获得了许多有价值的研究成果。与此同时，国内外研究者对普通儿童亲社会行为也给予了高度关注，无论是在理论建构还是实证研究方面都取得了重要的进展。但从文献检索结果来看，已有关于智力障碍儿童社会适应的研究还主要是从整体上对社会适应的评估、特征、影响因素及培养目标等进行探讨[5]，实践探索则重点是针对微观层面的生活自理能力来进行，即教授智力障碍儿童生活中

---

①　Batsche G，Elliott J，Graden J L，et al. Response to Intervention：Policy Considerations and Implementation[M]. Alexandria：National Association of State Directors of Special Education，2006：2-5.

②　Sailor W，Doolittle J，Bradley R，et al. Response to intervention and positive behavior support. In W. Sailor，et al（Eds.），Handbook of Positive Behavior Support[C]. New York：Springer，2009：39.

③　李先军. 美国中小学生"积极行为支持项目"实施综述[J]. 外国中小学教育，2015（2）：18-23；孙炳海，柏琴，申继亮等. 美国积极行为支持的涵义、实施与启示[J]. 基础教育参考，2015（19）：3-8.

④　王辉. 我国培智学校课程改革研究的现状、反思与展望[J]. 中国特殊教育，2010（12）：47-52.

⑤　韦小满，王培梅. 关于弱智学生社会适应能力评估的理论探讨[J]. 中国特殊教育，2004（1）：19-22；邓猛，雷江华. 培智学校课程改革与社会适应目标探析[J]. 中国特殊教育，2006（8）：17-21；申仁洪，郑杜甫. 智力落后儿童社会适应行为问卷的编制及主要指标考量[J]. 重庆师范大学学报（哲学社会科学版），2010（1）：99-110；岳琪. 辅读学校学生社会适应能力的研究[D]. 上海：华东师范大学，2011：1-67；马莎莎. 智力障碍儿童的社会适应能力研究[D]. 上海：华东师范大学，2013：1-92.

的常用知识，训练其生活技能①，专门从亲社会行为这一微观层面对智力障碍儿童的社会适应进行深入探索的研究与实践无论是在国内还是在国外都比较少见，这既不利于将智力障碍儿童的社会适应从抽象、概括的整体范畴转化为具体、明确、可操作化的内容和措施，也容易使社会适应的丰富内涵被误识遮蔽，从而造成社会适应教育定位的窄化。

智力障碍儿童由于自身存在的损伤，的确需要获得基本的生活常识和技能，以提升其生活自理能力，但这并不意味着社会适应的目标与内容就应一味地局限在生活技能的训练和生活常识的传授上，也不意味着他们就不应去追寻有意义的、能带给其幸福感的美好生活②。事实上，智力障碍教育"支持模式"走向就包含了"生活质量"的观点，支持的最终目的就是要提升智力障碍人群的生活质量。生活质量作为当前智力障碍儿童教育和康复事业领域一个非常重要的主题，从本质而言是个体对于自己身体、物质、社会与情感状态等个人发展方面的主观感受与客观评价③，是一个人对于自己一生遭遇的满意程度、内在的知足感以及在社会中自我实现的体会④，包括情绪状态、人际关系、个人发展、社会融合、自我决策等多个方面⑤。由此来看，"以生活质量为导向"的智力障碍儿童教育与康复训练应关注智力障碍儿童完整社会适应能力的提升，而不应基于"学不会、学不来、不必学，所以不用教"等主观判断⑥，限制其完整社会适应能力发展的机会与可能。

在社会融合背景下，在提升生活质量这一导向的影响下，以个体社会化过程中的重要行为和个体良好适应的重要标志——亲社会行为作为切入点，对智力障碍儿童的社会适应进行微观层面的探讨，不仅有助于我们从微观层面深入地探析智力障碍儿童社会适应的限制与困难，而且有利于从操作层面设计出更具有针对性、实效性的社会适应教育与康复训练方案，这对于提高智力障碍儿童教育与康复的

---

① 吴春艳，肖非. 从"生活化的课程"走向"有意义的生活"——试论智障教育课程的价值取向[J]. 中国特殊教育，2014（12）：34-37.

② 邓猛，景时，李芳. 关于培智学校课程改革的思考[J]. 中国特殊教育，2014（12）：28-33.

③ O'Brien P，Thesing A，Tuck B，et al. Perceptions of change，advantage and quality of life for people with intellectual disability who left a long stay institution to live in the community[J]. Journal of Intellectual and Developmental Disability，2001（1）：67-82.

④ 许家成. "智力障碍"定义的新演化——以"功能"、"支持"与"生活质量"为导向的新趋势[J]. 中国特殊教育，2003（4）：20-24.

⑤ Schalock R L，Alonso M A V. Handbook on Quality of Life for Human Service Practitioners[M]. Washington：American on Mental Retardation，2002：184-187.

⑥ 邓猛，景时，李芳. 关于培智学校课程改革的思考[J]. 中国特殊教育，2014（12）：28-33.

质量，提高智力障碍儿童对复杂而丰富的社会生活的适应能力，增进其社会融合，提升其生活的幸福感和生活品质，都具有重要的理论价值与现实意义。因此，本书将所要探讨的问题锁定为"智力障碍儿童的亲社会行为"，具体而言，将研究问题解构为三个子问题：第一，智力障碍儿童亲社会行为的结构及特征；第二，学校生态系统对智力障碍儿童亲社会行为的影响路径；第三，智力障碍儿童亲社会行为的干预。

笔者期望在探索智力障碍儿童亲社会行为的内部结构，描述智力障碍儿童亲社会行为的现状和特征，并对学校生态系统对于智力障碍儿童亲社会行为的影响作用和路径进行深入探讨的基础上，开展智力障碍儿童亲社会行为的干预研究。

第二章

亲社会行为研究的历史透视
与问题检视

第一节 亲社会行为的结构与测评

从文献分析来看，对于亲社会行为的结构，学界至今尚未达成统一认识。近年来，随着亲社会行为相关研究的不断深入，亲社会行为的概念结构日益受到关注，成了国内外研究者分析和探讨的重要议题。因为亲社会行为研究的目标和趋势是通过循证干预的方式来促进和优化个体亲社会行为的发展，这一目标的实现有赖于对亲社会行为准确、全面的测评，而要在操作层面上实现对亲社会行为的有效鉴别和筛选，又需要以对亲社会行为自身结构的清晰了解为基点。

一、亲社会行为结构的理论透视

从现有关于亲社会行为结构的理论和实证研究来看，研究者对亲社会行为结构范畴的界定大致分为两种取向。

第一，理论分析的研究取向及构成要素。秉持理论分析研究取向的研究者通常基于"以研究者为中心"的学术立场，运用概念的经典理论来建构亲社会行为结构，即研究者一般是基于自身对某一类事物共有的典型特征的理论分析，来界定和表征这一类事物的概念结构。基于概念的经典理论所探析的概念下的类属成员必须要符合该概念的所有典型特征，换言之，如果某一样例缺少该概念的部分典型特征，那它就不具有成为该概念范畴所属成员的资格。运用概念的经典理论表征的概念范畴所属成员可分别处于概念结构的不同层级，但处于相同层级的成员之间必须是相互平等且相互排斥的，这意味着各类属成员之间要具有绝对清晰的界限，相互之间不能有重叠①。从研究者在理论分析研究取向指导下建构的亲社会行为概念结构的组成要素来看（表2-1），研究者在依据概念的经典理论建构亲社会行为的概念结构时，大多是在认知层面上将"利他性"作为符合亲社会行为概念范畴所属成员资格的必要和充分的典型特征，其建构的亲社会行为构成要素数量大多也比

---

① Visser I. Prototypes of gender：Conceptions of feminine and masculine[J]. Women's Studies International Forum，2002（5）：529-539.

较有限，如 Eisenberg 等①、Lemos 等②、荆其诚③、王美芳等④、金盛华⑤和李丹等⑥建构的亲社会行为结构要素数量基本都在 5～8 种，Radke-Yarrow 等析出的亲社会行为结构要素最多，有 16 种⑦。

表 2-1　基于理论分析取向和概念经典理论建构的亲社会行为结构要素代表性观点

代表人物	亲社会行为结构要素
Radke-Yarrow 等（1983）	16 种行为：助人、慷慨、牺牲、无畏、忠诚、尊重别人的权利及感情、有责任感、合作、保护他人、分享、同情心、安慰、抚养他人、关心别人的利益、好心、拒绝非正义事物
Eisenberg 和 Fabes（1998）	5 种行为：工具性帮助、捐赠、分享、安慰、友善与关心
Lemos 和 de Minzi（2014）	5 种行为：慷慨、善良、利他、抵制说谎欺骗、关心他人幸福
荆其诚（1991）	8 种行为：对恶行的干预、仁慈、礼貌、合作、为公益捐献、助人、救人、同情
王美芳和庞维国（1997）	5 种行为：助人、分享、合作、安慰、公德行为
金盛华（2005）	5 种行为：分享、捐献、合作、助人、安慰和同情
李丹和程赟（2006）	7 种行为：自尊、自控、友谊、分享、合作、帮助、尊重他人

第二，实证分析的研究取向及构成要素。在实证分析研究取向的指导下，研究者大多基于"以被研究者为中心"的学术立场，运用概念的原型理论来建构亲社会行为的结构，即通过收集不同群体和不同年龄的个体对亲社会行为的认识和理解方面的信息，深入探讨亲社会行为的结构体系。秉持实证分析研究取向的研究者对亲社会行为结构研究思路的选择主要基于以下两方面的考虑：一是由于交往的目的不同、交往的对象不同，不同的群体和个体对亲社会行为的认识与理解也就不同⑧；二是概念的经典理论比较适合用来表征人工概念，因为人工概念的典型定义

①　Eisenberg N，Fabes R. Prosocial development. In N. Eisenberg（Ed.），Handbook of Child Psychology：Vol.3. Social，Emotional，and Personality Development[C]. New York：Wiley，1998：701-778.

②　Lemos V N，de Minzi M C R. Childhood prosocial behavior in the school environment[J]. Positive Psychology in Latin America，2014：179-193.

③　荆其诚. 简明心理学百科全书[M]. 长沙：湖南教育出版社，1991：369.

④　王美芳，庞维国. 学前儿童在园亲社会行为的观察研究[J]. 心理发展与教育，1997（3）：17-22.

⑤　金盛华. 社会心理学[M]. 北京：高等教育出版社，2005：277.

⑥　李丹，程赟. 学前儿童在家在园亲社会行为的比较观察研究[J]. 宁波大学学报（教育科学版），2006（2）：23-27.

⑦　Radke-Yarrow M，Zahn-Waxler C，Chapman M. Children's prosocial dispositions and behavior. In E. M. Hetherington（Ed.），Handbook of Child Psychology：Vol. 4. Socialization，Personality，and Social Development[C]. New York：Wiley，1983：469-545.

⑧　Fabes R A，Carlo G，Kupanoff K，et al. Early adolescence and prosocial/moral behaviour I：The role of individual processes[J]. The Journal of Early Adolescence，1999（1）：5-16.

特征相对而言比较明显，然而要对生活中比较复杂的自然概念的范畴进行判断和界定，人们则可能会用最能代表该概念范畴的典型成员——原型（prototype）来进行表征，这是由于这类概念的典型定义特征很难确定①。一个新样例是否属于该类概念的类别成员，判定的依据就是"家族相似性"，即新样例与原型代表的类别的接近程度。若新样例的特征与原型的相似性大到超过某一阈限，就可以将其视作该类别的成员；反之，则不属于该类别的成员。如此，运用原型理论表征的概念范畴就由一系列与原型接近程度不同的成员构成，概念下隶属成员之间的边界可能是模糊的。换言之，成员彼此之间可能会有一定的重叠，而非具有绝对清晰的界限，即并不是相互排斥的关系②。

　　Bergin 等认为亲社会行为就是一个复杂的自然概念，故而对亲社会行为的表征更适合运用概念的原型理论。1995 年，Bergin 等基于概念的原型理论首先探索了照料者眼中 2 岁和 5 岁儿童的亲社会行为，结果发现 2 岁儿童的亲社会行为有20 种，5 岁儿童的亲社会行为则有 24 种③。2003 年，Bergin 等又基于概念的原型理论，采用焦点群体访谈法探析了青少年对亲社会行为的原始认识，结果得到了24 种亲社会行为④。Greener 等也基于原型理论探讨了三至六年级儿童认可的亲社会行为。他们虽要求被试按照自己的想法独立写出自己的观点，但因为未关注到儿童群体内同伴之间的相互作用，最终只得到了 8 种亲社会行为⑤。我国学者寇彧等基于原型理论，运用焦点群体访谈法探讨了中国青少年对于亲社会行为的看法，最后发现中国青少年的亲社会行为多达 43 种，之后，他们基于亲社会行为概念的原型分析结果，对青少年群体认同的亲社会行为的维度结构进行了探索和验证，发现前期研究获取的 43 种亲社会行为分别归属于"遵规与公益性""特质性""关系性""利他性" 4 个维度（表 2-2），由此得到了青少年关于亲社会行为概念的四因子结构。该结构既包括传统研究中的"利他性亲社会行为"，也包括涉及主体人格特质（积极品质的提升）的"特质性亲社会行为"、主体和群体中其他个体进行相互作

---

① 寇彧，张庆鹏，付艳. 原型理论视野中的亲社会行为研究[J]. 心理与行为研究，2008（2）：137-143.

② Rosch E，Mervis C B，Gray W D，et al. Basic objects in natural categories[J]. Cognitive Psychology，1976（3）：382-439.

③ Bergin C A C，Bergin D A，French E. Preschoolers' prosocial repertoires：Parents' perspectives[J]. Early Childhood Research Quarterly，1995（1）：81-103.

④ Bergin C，Talley S，Hamer L. Prosocial behaviours of young adolescents：A focus group study[J]. Journal of Adolescence，2003（1）：13-32.

⑤ Greener S，Crick N R. Normative beliefs about prosocial behavior in middle childhood：What does it mean to be nice?[J]. Social Development，1999（3）：349-363.

用（人际关系的和谐）的"关系性亲社会行为"，以及主体对群体利益、对社会规范和制度下已达成的积极共识能够认同与维护的"遵规与公益性亲社会行为"[①]，后三种亲社会行为与传统的"利他性亲社会行为"并不严格分离，而是互相交叉和渗透[②]，共同对个体积极的社会交互行为起作用。

表 2-2 基于实证分析取向和原型理论建构的亲社会行为结构要素代表性观点

代表人物	适用群体的亲社会行为结构要素
Bergin 等 （1995）[③]	2 岁儿童（20 种亲社会行为）：安慰悲伤中的他人、充满爱、分享、快乐、友好开朗、友善好交际、敏锐、照料弱小、助人、合作、同情、随和、善于口语交际、不攻击他人、宜人、顺从、独立而意志坚定、让他人高兴、道歉、关注他人
	5 岁儿童（24 种亲社会行为）：助人、友好开朗、安慰悲伤中的他人、充满爱、合作、分享、快乐、敏锐、照料弱小、好交际、自信、祝贺他人、不排斥友谊、不打断他人、赠送礼物、独立而意志坚定、协调关系、不攻击他人、让步、积极充满活力、有礼貌、不伤害他人感情、公正、领导但不强迫
Greener 和 Crick （1995）[④]	三至六年级儿童（8 种亲社会行为）：幽默、发起友谊、避免吝啬、接纳、停止冲突（道歉）、分享或关心、陪伴、信任
Bergin 等 （2003）[⑤]	青少年（24 种亲社会行为）：支持他人、提供情感支持、发展技能、赞美鼓励、接纳、体力支持、幽默、协调关系、分享、宽容不好斗、自信、表达快乐、提醒他人、服务集体、诚实、不伤害感情、认错、道歉、不取笑他人、教授他人如何社交、不吹牛、好运动、乐意与人一起玩、冷静不喊叫
寇彧等（2007）、 张庆鹏等（2011）[⑥]	青少年（43 种亲社会行为）：利他性行为（8 种），包括英勇行为、救助、发展技能、捐赠、照顾、帮助、赠送、体力支持；遵规与公益性行为（15 种），包括公益行为、协调关系、利群体、遵守规则、积极建议、完善自身、拾物归还、遵从习俗、家庭养育、提供信息、亲情行为、责任义务、体谅他人、公德行为、环保行为；关系性行为（13 种），包括谦让、不伤害、关心他人、接纳、感激、爱护动物、道歉、安慰、合作、分享、增进友谊、借出物品、发起友谊；特质性行为（7 种），包括宜人、赞美他人、忠诚、讲义气、同情他人、宽容、慷慨

---

① 寇彧，付艳，张庆鹏. 青少年认同的亲社会行为：一项焦点群体访谈研究[J]. 社会学研究，2007（3）：154-173，245；张庆鹏，寇彧. 青少年亲社会行为测评维度的建立与验证[J]. 社会学研究，2011（4）：105-121，244.

② 寇彧，张庆鹏. 青少年亲社会行为的概念表征研究[J]. 社会学研究，2006（5）：169-187，245.

③ Bergin C A C，Bergin D A，French E. Preschoolers' prosocial repertoires: Parents' perspectives [J]. Early Childhood Research Quarterly，1995（1）：81-103.

④ Greener S，Crick N. Normative beliefs about prosocial behavior: What does it mean to be nice?[J]. Social Development，1999（3）：349-363.

⑤ Bergin C，Talley S，Hamer L. Prosocial behaviours of young adolescents: A focus group study[J]. Journal of Adolescence，2003（1）：13-32.

⑥ 寇彧，付艳，张庆鹏. 青少年认同的亲社会行为：一项焦点群体访谈研究[J]. 社会学研究，2007（3）：154-173，245；张庆鹏，寇彧. 青少年亲社会行为测评维度的建立与验证[J]. 社会学研究，2011（4）：105-121，244.

二、亲社会行为结构研究的发展脉络

分析亲社会行为概念结构研究的发展脉络可知，传统研究大多沿袭理论分析的研究取向。在此取向的指导下，大多数研究者是根据自身对亲社会行为典型特征的理解来探析、建构亲社会行为的内部结构的。如此，被研究者（行为者本身）对亲社会行为的真实认识和理解就容易被忽略，年龄特征和群体特征对个体关于亲社会行为认识和理解的影响也就容易被遮蔽。然而，每个个体都生活在特定的群体之中，不同群体成员交往的对象和目的有所不同，其对亲社会行为的认识与理解必然会有很大差异[①]。成人眼中儿童的亲社会行为与儿童眼中的亲社会行为也就会有所不同，儿童和成人之间的友好行为（如帮助和服从）与儿童之间的友好行为（如帮助和沟通，劝阻和调解，邀请朋友一起玩，陪寂寞的同学等）同样会存在较大差异[②]。此外，随着个体从儿童期进入青少年期，其社会交往对象和目的会有所不同，其认同和关注的亲社会行为范畴也会而较之前有很大扩展，开始关注与他人建立积极的人际关系[③]。单纯采用理论分析的研究取向来探讨亲社会行为的概念结构，就会因为亲社会行为如何在行为者那里得到意义层面上的建构无法得到真实反映，而使获得的亲社会行为结构难以和群体特异性达成良好的拟合，故而难以概括化地推广到不同群体之中。

运用实证分析的取向来探析亲社会行为的结构，则是近年来亲社会行为概念表征研究的新趋势，是针对理论分析研究取向存在的问题而在研究视角上进行的一种创新性尝试。秉持实证分析取向的研究者是仅带着亲社会行为的基本特点（即兼具利他性和社交性两大基本特性，具体表述为"会给别人带来某些好处的行为；做出这些行为能使交往双方的关系变得更好"）进入所要研究的特定群体之中，来了解该群体成员内心深处对亲社会行为的认识和理解，以及他们看重哪些亲社会行为。通过搜集特定群体对亲社会行为认识的原始资料，然后从微观层面对类属

---

① Bergin C，Talley S，Hamer L. Prosocial behaviours of young adolescents：A focus group study[J]. Journal of Adolescence，2003（1）：13-32.

② 寇彧，付马，马艳. 初中生认同的亲社会行为的初步研究[J]. 心理发展与教育，2004（4）：43-48.

③ Greener S，Crick N R. Normative beliefs about prosocial behavior in middle childhood：What does it mean to be nice?[J]. Social Development，1999（3）：349-363.

于概念的行为进行深入分析，可以在很大程度上避免研究者的主观偏向，摆脱认识上的限制。从实证分析研究取向指导下的研究者析出的亲社会行为构成要素来看，除了 Greener 等因未关注儿童群体内的同伴相互作用，仅得到 8 种亲社会行为，Bergin 等和寇彧等得出的亲社会行为类型都远远超出了传统理论分析取向研究涉及的范围，尤其是寇彧等得出的亲社会行为类型中，传统研究较少涉及、代价较低的行为达半数以上（56.32%）[①]。此外，实证分析取向指导下的研究结果也表明，不同年龄阶段儿童以及不同文化背景下儿童的亲社会行为的表征的确有所不同，寇彧等建立并验证的四因子结构还证实亲社会行为是一个多维度的类别体系，这有助于帮助我们进一步深化关于亲社会行为概念结构的年龄特征、文化特征以及框架结构的认识和理解。由此可见，对于亲社会行为的结构，可能更适合运用原型理论的模式表征。因此，从实证分析的研究取向和原型理论研究视角出发来探讨亲社会行为的内部结构及构成元素，是可行且必要的。

三、亲社会行为的测评方式与工具

从文献分析来看，早期亲社会行为测评主要是通过观察相关情境中儿童的行为表现进行的，但自 20 世纪 70 年代以来，亲社会行为的测评方式呈现出多样化特点，具体而言，主要有如下几种。

第一，问卷调查法。问卷调查是以标准化量表为工具，对被研究群体的亲社会行为进行测评的一种方法，可分为自我报告和他人评定两种方式。该方法适合对亲社会行为进行大范围测查。从考察内容来看，当前的测评工具尚存在以下局限：一是独立设计的亲社会行为测量工具非常少。常用的 7 种测量工具（表 2-3）中，有 5 种工具[“班级戏剧量表”[②]、“优点和缺点问卷（长处和困难问卷）”[③]、“儿童社会行为

---

①　寇彧，付艳，张庆鹏. 青少年认同的亲社会行为：一项焦点群体访谈研究[J]. 社会学研究，2007（3）：154-173，245.

②　Masten A S，Morison P，Pellegrini D S. A revised class play method of peer assessment[J]. Developmental Psychology，1985（3）：523-533.

③　Goodman R. Psychometric Properties of the Strengths and Difficulties Questionnaire[J]. Journal of the American Academy of Child and Adolescent Psychiatry，2001（11）：1337-1345.

教师评定量表"①、"青少年行为问卷"②、"儿童行为教师评定量表"③]都仅将亲社会行为作为一个维度进行考察,测查题目有限,故而只能对亲社会行为进行弥散、分化不清的测评,或仅针对几种有限类别进行测评。例如,运用较广泛、引用率较高的"优点和缺点问卷(长处和困难问卷)",其亲社会行为测评项目只有 5 个,仅考察了助人、关心、分享和友善 4 种行为。二是独立设计的亲社会行为测评工具存在考察类别单一、并非指向亲社会行为表现不同类型本身等问题。例如,利他人格自评量表对亲社会行为范畴的界定过于狭窄,评定内容仅局限于"利他行为"(帮助及使团体受益的行为)④,因而难以对个体亲社会行为发展的全貌进行考察;多维亲社会倾向测量虽然对亲社会行为进行了多角度区分,但其侧重于考察被试做出帮助行为时倾向的不同,即关注焦点并非不同类型亲社会行为本身,而是亲社会行为发生的不同情境⑤。

表 2-3　亲社会行为标准化测量工具简介

工具名称	测量维度	测评方式	开发者
利他人格自评量表(The Self-Report Altruism Scale,SRA)	利他行为	自我报告	Rushton、Chrisjohn、Fekken
班级戏剧量表(The Revised Class Play,RCP)	亲社会行为(社交-合作)、攻击-破坏行为、敏感-退缩行为	同伴提名	Masten、Morison、Peleligrini
儿童社会行为教师评定量表(Teacher Rating Scale of Children's Social Behavior,CSB-TR)	亲社会行为(助人、分享、关心、安慰等)、攻击-破坏行为、害羞-退缩行为	教师评定	Walden、Field
儿童行为教师评定量表(The Child Behavior Scale,CBS)	攻击性行为、亲社会行为(助人、关心、安慰等)	教师评定	Ladd、Profilet
优点和缺点问卷(长处和困难问卷)(The Strengths and Difficulties Questionnaire,SDQ)	亲社会行为(助人、分享、关心与友善行为)、情绪症状、品行问题、多动、同伴交往问题	教师评定父母评定自我报告	Goodman

① Walden T A,Field T M. Preschool children's social competence and production and discrimination of affective expressions[J]. British Journal of Developmental Psychology,1990(1):65-76.

② Ma H K,Leung M C. Altruistic orientation in children:Construction and validation of the Child Altruism Inventory[J]. International Journal of Psychology,1991(6):745-759.

③ Ladd G W,Profilet S M. The Child Behavior Scale:A teacher-report measure of young children's aggressive,withdrawn,and prosocial behaviours[J]. Developmental Psychology,1996(6):1008-1024.

④ Rushton J P,Chrisjohn R D,Fekken G C. The Altruistic Personality and the Self-report of Altruism Scale[J]. Personality and Individual Differences,1981(4):293-302.

⑤ Carlo G,Brandy A R.The Development of a measure of prosocial behaviors for late adolescents[J]. Journal of Youth and Adolescence,2002(1):31-44.

续表

工具名称	测量维度	测评方式	开发者
青少年行为问卷（Adolescent Behavior Questionnaire，ABQ）	亲社会行为（利他与规范行为）、违纪及不良行为	自我报告	Ma、Leung
多维亲社会倾向测量（Prosocial Tendencies Measure，PTM）	亲社会行为倾向：公开的、匿名的、利他的、依从的、情绪性的、紧急的	自我报告	Carlo、Brandy

第二，实验法。该方法主要是在人为设置的情境中通过引发个体的亲社会行为，从而对其进行测评。它的优点在于可以对在自然情境中短时间内观察不到或难以观察到的行为进行研究，既节省时间，又可以集中观察目标行为的表现情况。这种方法尤其适用于认知和语言发展水平有限、不宜采用问卷进行自我报告的被试。李丹等[①]、Bower 等[②]就采用实验法对学前儿童的亲社会行为进行了测评。实验法要求对变量加以明确区分和操作处理，还需对测量行为给予明确的操作定义，因此实验要求比较高，对其实施程序和评分进行标准化管理非常关键。从被试数量及测量的行为类型来看，实验法难以对被试进行大规模测试，也无法对亲社会行为本身进行大范围鉴别。

第三，观察法。该方法是亲社会行为研究中最早被使用的一种方法，是指通过感官或一定的仪器设备，有目的、有计划地观察个体亲社会行为表现。此方法多用于低幼儿童亲社会行为研究。Zahn-Waxler 等[③]、王美芳等[④]就采用此方法分别对婴儿和幼儿进行了研究。在自然状态下对被试的亲社会行为进行观察，可以获得第一手资料，同时还可以收集到非言语和行为方面的信息。从被观察者的常态行为表现中获取数据材料，可以排除被试的主动反应偏差，因而具有较高的外部效度。但观察法具有情境特异性，观察结果难以完全重复检测，并且容易受到观察者在场的干扰，还容易受到观察者和编码者的主观因素的影响。此外，观察法还会受到时间、地点、人力和经费等条件的影响，故而规模化实施难以实现。

第四，内隐联想测验。近年来，有学者尝试将内隐联想测验引入亲社会行为研

① 李丹，李伯黍. 儿童利他行为发展的实验研究[J]. 心理科学通讯，1989（5）：8-13，64-65.

② Bower A A，Casas J F. What parents do when children are good：Parent reports of strategies for reinforcing early childhood prosocial behaviors[J]. Journal of Child and Family Studies，2016（4）：1310-1324.

③ Zahn-Waxler C，Radke-Yarrow M，King R A. Child rearing and children's prosocial initiations toward victims of distress[J]. Child Development，1979（2）：319-330.

④ 王美芳，庞维国. 学前儿童在园亲社会行为的观察研究[J]. 心理发展与教育，1997（3）：17-22.

究中，主要用来探讨个体内隐的亲社会行为倾向，如蒋达等分别采用该方法对初中生和师范生的内隐利他行为进行了研究，结果发现初中生和师范生的亲社会行为具有自动化特征，内隐的亲社会行为倾向与外显的亲社会行为相分离[①]。乐国安等运用此方法对贫困大学生亲社会行为开展的研究表明，贫困大学生与非贫困大学生在外显亲社会性上不存在显著差异，但在内隐亲社会性上，贫困大学生比非贫困生更积极[②]。内隐联想测验虽在避免社会赞许效应对研究效度的影响方面具有一定优势，并可以揭示行为的内隐性和无意识方面的特征，然而目前将其应用于亲社会行为研究还存在诸多技术问题，也难以对亲社会行为进行大范围鉴别。

第二节　亲社会行为的发展特征、影响因素与干预

一、亲社会行为的发展特征

（一）普通儿童亲社会行为的发展特征

1. 普通儿童亲社会行为的年龄（年级）特征

不同年龄阶段儿童的亲社会行为有何特征？随着年龄（年级）的增长（升高），儿童的亲社会行为又会如何发展和变化？这是儿童亲社会行为研究广为关注的问题。在亲社会行为年龄特征研究中，大多数研究者都认为儿童的亲社会行为会受到认知和情感发展水平的影响，因此假设不同年龄阶段儿童的亲社会行为会有所不同。诸多研究结果虽表明不同年龄阶段儿童的亲社会行为确实有不同表现，但对于其发展变化的走向，研究者尚未达成共识。有些研究显示，儿童的亲社会行为会随着年龄的增长和年级的升高而增加，如李丹等发现，小学四年级和初

---

① 蒋达，王歆睿，傅丽等. 内隐利他行为的实验研究[J]. 心理科学，2008（1）：78-82；苏永玲. 师范生内隐利他行为的实验研究[D]. 重庆：西南大学，2010：23-25.

② 乐国安，李文姣. 弱势引发亲社会行为——来自贫困大学生的实证研究[J]. 南开学报（哲学社会科学版），2010（6）：63-68，102.

二年级的学生在帮助的理由和形式上均呈现出随年龄的增长而增加的趋势①；Bradmetz 等发现，7～16 岁儿童的分享行为随着年龄的增长而增多，其中 7～10 岁儿童中愿意与他人分享的比例达 77%，11～16 岁儿童中愿意与他人分享的比例则高达 100%②。有一些研究则表明，个体亲社会行为随年龄的增长而表现出的发展变化趋势比较复杂，如 Staub 发现儿童的助人行为在 5～8 岁随着年龄的增长而增加，但在 9～12 岁随着年龄的增长而减少③；陈会昌等的研究表明，教师评价的一至三年级小学生的分享行为差异不显著，但对三至五年级小学生的分享行为评分呈下降趋势，一至三年级小学生自我评价的分享行为呈上升趋势，三至五年级时呈下降趋势④；张梦圆等的研究发现，青少年的利他性、遵规与公益性、关系性和特质性亲社会行为随年级的升高而表现出先增加后减少的趋势，五年级时得分最高，四年级与初一、初二年级的得分基本持平，都位于中间水平，高中的得分最低，但同一学段内的差异并不显著⑤。目前，有关普通儿童亲社会行为年龄（年级）特征的研究结果并不相同，可能与研究对象的取样不同有关，也可能与测评的内容和任务不同有关，因此还有待进一步验证。

2. 普通儿童亲社会行为的性别特征

研究者在探讨亲社会行为的性别特征时，在性别刻板印象的影响下，大都假设女孩比男孩更具有亲社会性。许多研究结果也印证了这一观点，如 Russell 等和 Jackson 等的研究都发现，个体的安慰行为具有显著的性别差异，女孩比男孩更倾向于做出安慰行为⑥。寇彧等的研究显示，女孩更看重合作，男孩更看重竞争，女孩比男孩更善于分享⑦。庞丽娟等的研究发现，女童比男童有更多的亲社会行为、

① 李丹，姜企华. 助人意向、助人方式与移情反应关系的研究[J]. 心理科学，2002（1）：111-112.

② Bradmetz J，Gauthier C. The development of interindividual sharing of knowledge and beliefs in 5-to 9-year-old children[J]. Journal of Genetic Psychology，2005（1）：45-53.

③ Staub E. Positive Social Behavior and Morality，Socialization and Development（Vol.2）[M]. New York：Academic Press，1979：61-73.

④ 陈会昌，耿希峰，秦丽丽等. 7～11 岁儿童分享行为的发展[J]. 心理科学，2004（3）：571-574.

⑤ 张梦圆，杨莹，寇彧. 青少年的亲社会行为及其发展[J]. 青年研究，2015（4）：10-18，94.

⑥ Russell A，Hart C H，Robinson C C，et al. Children's sociable and aggressive behaviour with peers：A comparison of the US and Australia，and contributions of temperament and parenting styles[J]. International Journal of Behavioral Development，2003（1）：74-86；Jackson M，Tisak M S. Is prosocial behaviour a good thing? Development changes in children's evaluations of helping，sharing，cooperating，and comforting [J]. British Journal of Developmental Psychology，2001（3）：349-367.

⑦ 寇彧，赵章留. 小学 4—6 年级儿童对同伴亲社会行为动机的评价[J]. 心理学探新，2004（2）：48-52.

更少的消极行为[①]。王丽的研究发现，中小学生在助人、分享、合作和谦让行为方面的性别差异显著，女生的亲社会行为水平在总体和各个年级上都高于男生[②]。张梦圆等的研究结果显示，青少年亲社会行为的整体表现及 4 种类型（利他性、遵规与公益性、关系性和特质性）的性别差异均显著，女生的亲社会行为水平显著高于男生[③]。

关于亲社会行为的性别差异，学者的观点也不尽一致。Eisenberg 等提出性别差异能否被发现，有时取决于定义及测量亲社会行为的方式和方法[④]。一些有关亲社会行为性别差异的实证研究也得出了不尽相同的结果，如刘丽发现幼儿的合作、分享和助人行为均无明显的性别差异[⑤]；蒋达等的研究显示个体的内隐利他行为并无显著的性别差异[⑥]；余娟的研究表明中学生的亲社会行为性别差异不显著[⑦]。关于亲社会行为的性别差异，有待进一步深入研究。

（二）智力障碍儿童亲社会行为的发展水平与特征

1. 智力障碍儿童亲社会行为的发展水平

智力障碍儿童的亲社会行为处于何种水平？这是智力障碍儿童亲社会行为相关研究比较关注的议题。鉴于认知是影响儿童亲社会行为发展的重要因素，智力障碍儿童又因智力功能显著受限在认知水平上呈现出低下的状态，故而研究者通常假设智力障碍儿童的亲社会行为水平要低于普通儿童。有些实证研究的结果也印证了这一假设，如 Bacon 等的研究发现智力障碍儿童和孤独症儿童对他人痛苦的亲社会反应水平均低于普通儿童，普通儿童几乎全都做出了亲社会反应，智力障碍儿童和孤独症儿童则只有少数做出了亲社会反应[⑧]。但也有研究显示，在面对简单

---

① 庞丽娟，陈琴，姜勇等. 幼儿社会行为发展特点的研究[J]. 心理发展与教育，2001（1）：24-30.

② 王丽. 中小学生亲社会行为与同伴关系、人际信任、社会期望及自尊的关系研究[D]. 西安：陕西师范大学，2003：35-36.

③ 张梦圆，杨莹，寇彧. 青少年的亲社会行为及其发展[J]. 青年研究，2015（4）：10-18.

④ Eisenberg N，Fabes R A. Prosocial development. In N. Eisenberg（Ed.），Handbook of Child Psychology：Vol.3. Social，Emotional，and Personaility Development[C]. New York：Wiley，1998：701-778.

⑤ 刘丽. 3—6 岁幼儿责任心和亲社会行为的相关研究[J]. 乌鲁木齐成人教育学院学报，2009（4）：70-73.

⑥ 蒋达，王歆睿，傅丽等. 内隐利他行为的实验研究[J]. 心理科学，2008（1）：78-82.

⑦ 余娟. 中学生亲社会行为及其与自我概念的相关研究[D]. 兰州：西北师范大学，2006：32-36.

⑧ Bacon A L，Fein D，Morris R，et al. The responses of autistic children to the distress of others[J]. Journal of Autism and Developmental Disorders，1998（2）：129-142.

的帮助任务时，小学阶段可教育和可训练的智力障碍青少年与普通二年级儿童在帮助行为上的差异并未达到显著水平[①]。还有一些研究甚至得出了与这一假设截然相反的结果，如 Severy 等发现，在自然生活情景中，助人机会较多的低龄（3~5岁）普通儿童和大龄（8~10岁）智力障碍儿童的助人行为得分均显著高于大龄普通儿童和低龄智力障碍儿童[②]。由此看来，有关智力障碍儿童亲社会行为发展状况的研究结果还比较零乱，有待进一步验证。

2. 智力障碍儿童亲社会行为的人口学特征

（1）智力障碍儿童亲社会行为的年龄（年级）特征

随着年龄（年级）的增长（升高），智力障碍儿童的亲社会行为会呈现出怎样的变化趋势？这也是研究者比较感兴趣的一个主题。有研究显示，智力障碍儿童的亲社会行为水平随着年龄（年级）的增长（升高）也会不断增加，如李琳等的研究发现低年级（一至三年级）与高年级（七至九年级）中度智力障碍儿童的助人行为差异显著，呈现出随着年级的升高而递增的趋势[③]；魏芳的研究发现中度智力障碍儿童的助人、分享、合作和安慰行为随着年龄的增长呈现出增加趋势[④]；彭湘莹的研究表明智力障碍儿童的亲社会行为存在显著的年龄差异，高年龄组（13~15岁）和中年龄组（10~12岁）智力障碍儿童的亲社会行为得分显著高于低年龄组（7~9岁）智力障碍儿童[⑤]；Severy 等的研究表明，大龄（8~10岁）智力障碍儿童的助人行为得分显著高于低龄（3~5岁）智力障碍儿童[⑥]。但有些研究的结果并不支持智力障碍儿童的亲社会行为随年龄（年级）的增长（升高）而不断增加的结论，如 Walz 等的研究发现智力障碍儿童的亲社会行为和年龄的关系并不显著[⑦]；饶玲的研究则表明，智力障碍儿童的亲社会行为（助人、分享、合作、安慰行为）在一定年龄阶段内（7~12岁）随着年龄的增长而增加，但在13~15岁呈减少

① Bender N N.，Carlson J S. Prosocial behavior and perspective-taking of mentally retarded and nonretarded children[J]. American Journal of Mental Deficiency，1982（4）：361-366.

② Severy L J，Davis K E. Helping behavior among normal and retarded children[J]. Child Development，1971（4）：1017-1031.

③ 李琳，江琴娣. 学龄期中度智力障碍儿童助人行为发展的研究[J]. 中国特殊教育，2012（9）：34-38.

④ 魏芳. 中度智力落后儿童亲社会行为与心理理论的关系[D]. 上海：上海师范大学，2014：32-33.

⑤ 彭湘莹. 智力障碍儿童心理理论、执行功能与亲社会行为的关系[D]. 上海：上海师范大学，2017：29.

⑥ Severy L J，Davis K E. Helping behavior among normal and retarded children[J]. Child Development，1991（4）：1017-1031.

⑦ Walz N C，Benson B A. Behavioral phenotypes in children with Down syndrome，Prader-Willi syndrome，or Angelman syndrome[J]. Journal of Developmental and Physical Disabilities，2002（4）：307-321.

趋势[①]。

（2）智力障碍儿童亲社会行为的性别特征

关于智力障碍儿童亲社会行为的性别差异，相关研究结果表明这同样是一个有争议的议题。例如，Bacon 等[②]的研究发现，智力障碍儿童在言语和非言语的亲社会反应上均具有显著的性别差异，智力障碍女孩比智力障碍男孩表现出了更多的亲社会行为反应。但 Walz 等[③]的研究显示智力障碍儿童的亲社会行为性别差异并不显著；李琳等[④]、魏芳[⑤]、饶玲[⑥]和彭湘莹[⑦]的研究结果表明，学龄期中度智力障碍儿童的助人、分享、合作和安慰行为的性别差异不显著。

（3）智力障碍儿童亲社会行为的障碍类别特征

智力障碍儿童亲社会行为的障碍类别差异也是学者较为关注的研究主题。在障碍类别差异的比较研究中，学者着重考察了唐氏综合征、一般性智力障碍及孤独症儿童的亲社会行为差异。从经验上来看，唐氏综合征儿童要比其他类型智力障碍儿童有更多的情感交流和积极的亲社会反应，故而学者以此作为研究假设展开了研究。有些研究的结果印证了最初的研究假设，如 Kasari 等的研究结果显示唐氏综合征儿童对他人痛苦的亲社会反应优于一般性智力障碍和普通儿童[⑧]，Walz 等的研究发现唐氏综合征儿童在大部分亲社会行为方面都要好于其他类型智力障碍儿童[⑨]。然而，有些研究的结果却并未证实之前的研究假设，甚至还得出了完全相反的结论，如 Sigman 等的研究发现，在假装茶会情景中，唐氏综合征儿童的分享、帮助与合作行为表现和一般性智力障碍儿童的行为表现相似；他们的另一项研究

---

① 饶玲. 父母教养压力、教养方式与中重度智力落后儿童社会行为的关系[D]. 上海：上海师范大学，2015：21-22.

② Bacon A L，Fein D，Morris R，et al. The responses of autistic children to the distress of others [J]. Journal of Autism and Developmental Disorders，1998（2）：129-142.

③ Walz N C，Benson B A. Behavioral phenotypes in children with Down syndrome，Prader-Willi syndrome，or Angelman syndrome[J]. Journal of Developmental and Physical Disabilities，2002（4）：307-321.

④ 李琳，江琴娣. 学龄期中度智力障碍儿童助人行为发展的研究[J]. 中国特殊教育，2012（9）：34-38.

⑤ 魏芳. 中度智力落后儿童亲社会行为与心理理论的关系[D]. 上海：上海师范大学，2014：24.

⑥ 饶玲. 父母教养压力、教养方式与中重度智力落后儿童社会行为的关系[D]. 上海：上海师范大学，2015：23.

⑦ 彭湘莹. 智力障碍儿童心理理论、执行功能与亲社会行为的关系[D]. 上海：上海师范大学，2017：29.

⑧ Kasari C，Freeman S F N，Bass W. Empathy and response to distress in children with Down syndrome[J]. Journal of Child Psychology and Psychiatry，2003（3）：424-431.

⑨ Walz N C，Benson B A. Behavioral phenotypes in children with Down syndrome，Prader-Willi syndrome，or Angelman syndrome[J]. Journal of Developmental and Physical Disabilities，2002（4）：307-321.

发现，唐氏综合征儿童和孤独症儿童对他人痛苦的反应不如一般性发展迟缓儿童和正常儿童明显[①]。金星等的研究结果表明，唐氏综合征儿童的助人与合作行为及对他人痛苦的反应与一般性智力障碍儿童、孤独症儿童并无显著差异，其分享行为水平显著低于一般性智力障碍儿童；孤独症儿童的分享行为和一般性智力障碍儿童的差异并不显著，但其助人行为水平显著低于一般性智力障碍儿童[②]。然而，大多数研究结果表明，孤独症儿童的亲社会行为水平明显低于一般性智力障碍儿童，如 Sigman 等的研究结果显示，在看到自己母亲和实验员弄伤手指时，孤独症儿童的亲社会反应（注意与关心）水平要明显低于一般性智力障碍儿童[③]。Corona 等的研究结果也表明，孤独症儿童对实验人员弄伤膝盖的亲社会反应水平要低于一般性智力障碍儿童[④]。Jackson 等的研究结果表明，孤独症儿童对他人社交要求的亲社会回应及持续社交情况要明显少于一般性智力障碍儿童，他们更多表现为没有反应。从反应对象来看，两组被试对成人做出的积极反应都要多于对具有社交互动能力的特殊儿童做出的反应，这表明无论是一般性智力障碍儿童还是孤独症儿童，其反应更多的是为了满足基本的生理性需要，而非为了满足社交的需要[⑤]。

二、亲社会行为的影响因素

亲社会行为发展的影响因素一直都是研究者颇为关注的重要议题，研究者从不同角度、不同侧面对这一问题展开了大量的探讨和分析，也积累了较为丰富的研究成果和资料。从文献梳理来看，研究者主要从个体和环境两个层面对亲社会行为的影响因素进行了探讨。

---

① Sigman M，Ruskin E. Social competence in children with autism，Down syndrome and developmental delay：A longitudinal study. In M. J. Ash，J. L. Torres（Eds.），Monograph of the Society for Research in Child Development[C]. Chicago：University of Chicago Press，1999：54-65.

② 金星，韦小满. 培智学校学生亲社会行为的实验研究[J]. 中国特殊教育，2010（10）：26-31.

③ Sigman M D，Kasari C，Kwon J H，et al. Responses to the negative emotions of others by autistic，mentally retarded，and normal children[J]. Child Development，1992（4）：796-807.

④ Corona R，Dissanayake C，Arbelle S，et al. Is affect aversive to young children with autism? Behavioral and cardiac responses to experimenter distress[J]. Child Development，1998（6）：1494-1502.

⑤ Jackson C T，Fein D，Wolf J，et al. Responses and sustained interactions in children with mental retardation and autism[J]. Journal of Autism and Developmental Disorders，2003（2）：115-121.

（一）个体层面的影响因素

1. 共情

共情（empathy）也称作"移情""通情""共感""同理心""感情移入""神入"等[①]。"移情"一词由于和精神分析中的"transference"翻译雷同，容易造成混淆，故而近年来此术语已很少被使用。目前，"共情"这一译法越来越多地得到学术界的认可，学者认为此种译法更接近"empathy"的词源和本义[②]。"共情"自 1909 年由 Titchener 首次提出，至今已有百余年的历史。不同研究者从不同角度对共情的内涵进行了探讨、解析。总体来看，对共情结构的划分主要有两种取向：一是单成分取向。该取向又可以划分为情感和认知两种不同的取向。情感取向的研究者将共情视为一种情绪情感反应。一些学者倾向于从情感取向出发来定义共情，如 Eisenberg 等将共情界定为个体对他人情感状态的理解，并表现出与他人相似的情绪体验和情感反应[③]。认知取向的研究者则强调共情是在认知基础上的推断和理解他人情感的能力，如 Hogan 认为共情是设身处地理解他人的想法，在智力上理解他人的情感状态[④]。二是两成分取向。该取向的学者提出共情包括认知和情感两种成分。如 Gladstein 认为共情包括两种成分，即认知共情和情绪共情，前者与推测他人观点有关，包括对他人的目的、企图和信仰的理解；后者则是指对他人的情绪状态的反应[⑤]。尽管当前对于共情的界定仍存在一定的分歧，但 Gladstein 的两成分理论已被越来越多的学者接受，同时近期的神经生理学研究也为两成分的划分提供了诸多证据支持[⑥]。因此，本书亦采用 Gladstein 有关共情的内涵界定，即共情的两成分理论。

共情对亲社会行为的影响作用是研究者日益关注的一个研究主题。Hoffman

---

① 郑日昌，李占宏. 共情研究的历史与现状[J]. 中国心理卫生杂志，2006（4）：277-279；徐凯文. Empathy：本源、内涵与译名[J]. 中国心理卫生杂志，2010（6）：407-408；赵旭东. Empathy 的内涵与译名[J]. 中国心理卫生杂志，2010（6）：405-406，410.

② 肖福芳，申荷永. 论 Empathy 的翻译及其内涵[J]. 心理学探新，2010（6）：18-20；颜志强，苏彦捷. 共情研究主题的变化——来自文献计量学的证据[J]. 心理科学，2017（3）：699-707.

③ Eisenberg N，Strayer J. Critical issues in the study of empathy. In N. Eisenberg，J. Strayer（Eds.），Empathy and its Development[C]. New York：Cambridge University Press，1987：3-13.

④ Hogan R. Development of an Empathy Scale[J]. Journal of Consulting and Clinical Psychology，1969（3）：307-316.

⑤ Gladstein G A. Understanding empathy：Integrating counseling，developmental，and social psychology perspectives[J]. Journal of Counseling Psychology，1983（4）：467-482.

⑥ 潘彦谷，刘衍玲，马建苓等. 共情的神经生物基础[J]. 心理科学进展，2012（12）：2011-2021.

认为共情能够激发人们产生亲社会行为的动机，而这主要是通过共情忧伤（即当个体观察到他人处于真实的忧伤中时，自己也感到忧伤）实现的，共情忧伤程度越高，个体的亲社会行为就越多[1]。Batson 等认为共情在儿童亲社会行为中具有动机功能和信息功能，因为它会使人更容易意识到他人的情绪，构建起对共情对象的情感共鸣，从而促使亲社会行为的产生[2]。大量的实证研究也表明，共情与亲社会行为有紧密联系，如李辽[3]、李百珍[4]发现个体的共情能力与亲社会行为呈显著正相关，对儿童施以共情训练能明显增加其亲社会行为。McMahon 等的研究表明，共情水平比较高的儿童报告的亲社会行为也更多[5]。Strayer 等的实验结果表明，高共情组儿童的利他反应得分显著高于低共情组[6]。Barr 等对多维学校文化背景下青少年的共情与亲社会行为的关系进行了考察，结果发现共情和认知观点采择均与亲社会行为存在正相关[7]。我国学者丁凤琴等对 1990 年之后国内外有关共情和亲社会行为关系的 76 项实证研究进行的元分析显示，共情与亲社会行为之间呈显著的正相关[8]。但也有研究表明二者之间并不存在显著正相关关系，如张嘉玮等的研究结果表明，共情能力的高低虽然与 12～16 岁儿童的亲社会行为具有一定的关系，但并未达到统计学上的显著水平[9]。Underwood 等对 11 项有关共情和亲社会行为关系的研究进行的元分析也显示，二者的相关关系未达到统计学上的显著水平[10]。

　　有关共情和亲社会行为之间关系的研究结果之所以会不一致，可能在于研究

---

[1]　Hoffman M L. Empathy and Moral Development: Implications for Caring and Justice[M]. Cambridge: Cambridge University Press，2000：1-20.

[2]　Batson C D，Turk C L，Shaw L L，et al. Information function of empathic emotion: Learning that we value the other's welfare[J]. Journal of Personality and Social Psychology，1995（2）：300-313.

[3]　李辽. 青少年的移情与亲社会行为的关系[J]. 心理学报，1990（1）：72-79.

[4]　李百珍. 感情移入培养与幼儿亲社会行为关系的实验研究[J]. 学前教育研究，1995（1）：32-33.

[5]　McMahon S D，Wernsman J，Parnes A L. Understanding prosocial behavior: The impact of empathy and gender among African American adolescents[J]. Journal of Adolescent Health，2006（1）：135-137.

[6]　Strayer J，Chang A. Children's emotional and helping responses as a function of empathy and affective cues[C]. Paper presented at the Biennial Meeting of the society for Research in Child Development，Washington，1997：3-17.

[7]　Barr J J，Higgins-D'Alessandro A. Adolescent empathy and prosocial behavior in the multidimensional context of school culture[J]. The Journal of Genetic Psychology，2007（3）：231-250.

[8]　丁凤琴，陆朝晖. 共情与亲社会行为关系的元分析[J]. 心理科学进展，2016（8）：1159-1174.

[9]　张嘉玮，崔光成. 12—16 岁被助儿童的自助能力、移情能力与亲社会行为关系的研究[J]. 心理发展与教育，1993（1）：13，14-17.

[10]　Underwood B，Moore B. Perspective-taking and altruism[J]. Psychological Bulletin，1982（1）：143-173.

者对共情结构的理解还存在分歧，对于测量方法及指标的选用也存在差异。因此，后续研究须认真考虑如何处理好以下两方面的问题：一是更科学地界定概念的内涵，并选用适宜的测量方法和指标，对所得出的结果进行更加谨慎的分析；二是深入探究共情对个体亲社会行为产生影响的深层原因，以揭示共情对亲社会行为作用的机制。

2. 观点采择

观点采择（perspective-taking）能力对个体亲社会行为的影响作用受到了研究者的特别关注。有学者将观点采择等同于角色采择（role-taking），并将其理解为个体将他人与自己的观点区分开来的能力或倾向，包括对他人态度、思想和情感的觉察及设身处地为他人着想的能力[①]。作为一种社会认知能力，观点采择常被比喻为"站在他人的角度看问题""从他人的眼中看世界"。从认知角度来看，观点采择与认知共情、心理理论具有相似性。Underwood 等进行的元分析发现，观点采择和亲社会行为之间呈高度相关，即便是在对年龄因素加以控制的情况下，二者仍呈显著相关[②]。这意味着一个儿童若具有高观点采择能力，就越有可能表现出亲社会行为。有关研究也印证了观点采择能力对个体亲社会行为的影响作用，如 Staub 发现让幼儿分别扮演助人者和被助者的角色，可以促进其亲社会行为的增加[③]。Iannottit 进行的一项角色采择干预训练纵向研究显示，6 岁被试的利他行为有所增加，9 岁被试的角色采择和利他行为的相关性达到了显著水平[④]。

3. 情绪

情绪分为积极情绪和消极情绪两大类。有关积极情绪与亲社会行为之间关系的研究结果呈现出较高的一致性，即积极情绪可促进个体亲社会行为的增加[⑤]。对于消极情绪与亲社会行为的关系，Myers 发现二者之间的关系比较复杂，消极情绪对儿童和成人亲社会行为的影响作用不太一致，对儿童而言，会减少其亲社会行为，对成人而言，却会增加其亲社会行为[⑥]。张晓贤等发现内疚能增加儿童的亲社会行

---

① 李丹. 儿童亲社会行为发展研究述评[J]. 心理科学，2001（2）：202-204.

② Underwood B，Moore B. Perspective-taking and altruism[J]. Psychological Bulletin，1982（1）：143-173.

③ 转引自：张文新. 儿童社会性发展[M]. 北京：北京师范大学出版社，1999：360-375.

④ Iannottit R J. A longitudinal investigation of role taking，altruism，and empathy[J]. Age Differences，1977（3）：1-12.

⑤ 寇彧，唐玲玲. 心境对亲社会行为的影响[J]. 北京师范大学学报（社会科学版），2004（5）：44-49.

⑥ Myers D G. Social Psychology[M]. Beijing：Post and Telecom Press，2005：475-519.

为，但难过却不能促进儿童亲社会行为水平的提高[1]。可见，要厘清情绪对亲社会行为的影响作用，首先需要明晰探讨何种情绪对哪一群体的影响。情绪何以能影响亲社会行为？不同学者用不同的理论模式进行了解释，如社会观模式认为关注积极事件能使人产生积极的社会认知，从而增加助人行为[2]；注意焦点模式试图用社会比较的优越性来进行解释[3]；客观自我意识理论则强调了积极情绪下产生的客观自我意识对个体亲社会行为的影响作用[4]。

4. 个性

国内外学者对个性与亲社会行为之间关系的探讨主要涉及价值取向、自我及个性品质三个方面。价值取向是个体在社会化的过程中逐渐形成的、相对稳定的评价事物的标准和态度。Staub 强调，儿童在社会化过程中形成的道德价值取向会对其社会行为产生一定的影响[5]。李丹[6]、章志光[7]的实证研究结果表明，不同价值取向的儿童在亲社会行为上具有显著差异。在自我方面，研究者主要探讨了个体的自我概念、自尊和自我控制与亲社会行为之间的关系。王楠发现个体的自我概念会对其亲社会行为产生正向的预测作用[8]。胡发稳等发现初中生的自尊水平会对其帮助行为的价值取向和行为意愿产生一定的影响[9]。王勇等[10]的研究表明，儿童的亲社会行为与自尊呈正相关，自尊中的自我胜任感和重要感两个因子对亲社会行为具有较好的正向预测作用。许多研究显示个体的个性品质与其亲社会行为相关，如 Eisenberg 等发现利他、他人取向的个性特质在某些情境中促进了个

---

① 张晓贤，桑标. 儿童内疚情绪对其亲社会行为的影响[J]. 心理科学，2012（2）：314-320.

② Holloway S，Tucker L，Hornstein H A. The effects of social and nonsocial information on interpersonal behavior of males: The news makes news[J]. Journal of Personality and Social Psychology，1977（3）：514-522.

③ Rosenhan D L，Salovey P，Hargis K，et al. The joys of helping: Focus of attention mediates the impact of positive affect on altruism[J]. Journal of Personality and Social Psychology，1981（5）：899-905.

④ 寇彧，唐玲玲. 心境对亲社会行为的影响[J]. 北京师范大学学报（社会科学版），2004（5）：44-49.

⑤ Staub E. A conception of the determinants and development of altruism and aggression: Motives, the self, and the environment. In B. Puka（Ed.），Reaching Out: Caring，Altruism，and Prosocial Behavior[C]. New York: Garland Publishing，Inc，1994：11-40.

⑥ 李丹. 小学儿童亲社会价值取向发展的实验研究[J]. 心理发展与教育，2000（4）：20-24，37.

⑦ 章志光. 学生的价值观、价值取向及其与亲社会行为的关系初探[J]. 社会心理科学，2005（4）：24-32.

⑧ 王楠. 大学生自我概念、亲社会行为与社会适应的关系研究[D]. 石家庄：河北师范大学，2011：35.

⑨ 胡发稳，张智，崔松等. 初中生的自尊、受益者特征与亲社会行为的关系[J]. 社会心理科学，2009（1）：6-11，84.

⑩ 王勇，卢长娥. 幼儿亲社会行为与自尊的特点及其关系[J]. 淮南师范学院学报，2016（1）：57-59.

体亲社会行为的增加[①]。李丹的研究表明，性格开朗外向与较强的亲社会行为呈正相关，焦虑、神经过敏与亲社会行为的相关程度则比较低[②]。刘文等的研究显示，幼儿气质中的重要维度——社会抑制性对幼儿的利他行为有显著影响，爱社交的幼儿的利他行为多于害羞的幼儿[③]。

（二）环境层面的影响因素

在人类发展生态学理论的影响下，生态系统中儿童的社会化问题日益引起研究者的关注。在生态系统理论的视域下，儿童的发展被视为个体与生态环境相互作用的结果，而环境是一个从小到大层层扩散的复杂的生态系统，依次为微观系统、中间系统、外在系统及宏观系统，每一系统都会通过一定方式对个体的发展产生影响[④]。在生态系统理论的指导下，研究者纷纷从不同的系统出发展开了研究，但总体而言有关微观系统对个体亲社会行为影响的研究最为丰富，其中学校生态系统的影响则是近年来日益受到关注的研究主题。

1. 家庭微观系统

在家庭微观系统对个体亲社会行为的影响研究中，父母的教养方式与儿童亲社会行为之间的关系受到了研究者的较多关注。Darling 等的研究结果表明，父母的教养方式对儿童行为的发展具有间接影响[⑤]。Keith 等认为父母的教养方式是促使儿童社会化的背景构造，权威型父母会给儿童责任感的发展提供更多的机会，并让其学习问题解决、协作等方面的诸多重要技能，儿童也会相应地表现出更多的亲社会行为；专制型和放任型父母则很少为儿童提供机会让其体验理性协作的相互作用、发展责任感[⑥]。Eisenberg 等认为在权威型教养方式家庭中成长起来的孩子会

①　Eisenberg N，Miller P A，Schaller M，et al. The role of sympathy and altruistic personality traits in helping：A reexamination[J]. Journal of Personality，1989（1）：41-67.

②　李丹. 影响儿童亲社会行为的因素的研究[J]. 心理科学，2000（3）：285-288，381.

③　刘文，杨丽珠. 社会抑制性与父母教养方式对幼儿利他行为的影响[J]. 心理发展与教育，2004（1）：6-11.

④　Bronfenbrenner U. The Ecology of Human Development：Experiments by Nature and Design[M]. Cambridge：Harvard University Press，1979：3.

⑤　Darling N，Steinberg L. Parenting style as context：An integrative model[J]. Psychological Bulletin，1993（3）：487-496.

⑥　Keith P B，Christenson S L. Parenting styles：Development，problems，and alternatives. In G. Bear，K. Minke，A. Thomas（Eds.），Children's Needs：Development，Problems，and Alternatives[C]. Washington：National Association of School Psychologists，1997：559-566.

表现出更多的亲社会行为，这是因为权威型父母能够与孩子建立起积极的亲子关系，故而孩子会更乐意接纳父母的建议，并将之内化为自己的价值观[①]。李丹的研究结果则表明，教养方式对儿童的亲社会行为并没有显著影响[②]。Carlo 等认为，父母的养育方式与儿童亲社会行为之间的关系具有复杂性和多元性，但对于二者之间相互作用的具体机制等问题，还需要今后进行更深入的研究才能予以解答[③]。

2. 学校微观系统

在学校微观系统中，与儿童人际互动最为密切、对其亲社会行为具有重要影响的两类人群是教师和同伴。然而，从文献回顾来看，研究者对于同伴的影响给予的关注要更多一些，探讨的焦点议题是同伴关系的影响。大多数研究结果显示，同伴关系的状况对个体的亲社会行为具有显著影响，同伴的接纳水平越高、同伴关系越好、人际信任度越高的个体，其表现出的亲社会行为越多[④]，良好的同伴关系还有助于学生亲社会价值观念的形成[⑤]。郭伯良等对儿童亲社会行为和同伴关系的元分析也表明，儿童的亲社会行为和同伴接受之间存在正相关关系，与社会排斥存在负相关关系[⑥]。

在教师方面，研究的重点是师生关系对儿童亲社会行为的影响。相关研究结果均显示，师生关系与儿童的亲社会行为之间的关系密切。例如，芦咏莉等发现，师生关系质量对个体的社会观念和行为均具有显著影响，师生关系质量越高，个体的亲社会价值观水平就越高，表现出的利他行为也会越多[⑦]。Howes 发现，亲社会行

---

① Eisenberg N，Fabes R A. Prosocial development. In N. Eisenberg（Ed.），Handbook of Child Psychology：Vol.3. Social，Emotional，and Personaility Development [C]. New York：Wiley，1998：701-778.

② 李丹. 影响儿童亲社会行为的因素的研究[J]. 心理科学，2000（3）：285-288，381.

③ Carlo G，Roesch S C，Melby J. The multiplicative relations of parenting and temperament to prosocial and antisocial behaviors in adolescence[J]. Journal of Early Adolescence，1998（3）：266-290.

④ 李丹. 影响儿童亲社会行为的因素的研究[J]. 心理科学，2000（3）：285-288，381；王美芳，陈会昌. 小学高年级儿童的学业成绩、亲社会行为与同伴接纳、拒斥的关系[J]. 心理发展与教育，2000（3）：7-11；王丽. 中小学生亲社会行为与同伴关系、人际信任、社会期望及自尊的关系研究[D]. 西安：陕西师范大学，2003：38-40.

⑤ 刘志军. 中学生的道德判断推理水平、同伴关系和亲社会行为关系的研究[J]. 心理科学，2001（5）：629-630.

⑥ 郭伯良，张雷. 近 20 年儿童亲社会与同伴关系相关研究结果的元分析[J]. 中国临床心理学杂志，2003（2）：85，86-88.

⑦ 芦咏莉，董奇，邹泓. 社会榜样、社会关系质量与青少年社会观念和社会行为关系的研究[J]. 心理发展与教育，1998（1）：1-6.

为水平高的儿童的师生关系更为密切，冲突性会更弱①。Birch 等、Fisher 等、Adelman 等发现亲密型师生关系与儿童的亲社会行为呈较高相关，亲密型师生关系下的儿童会表现出大方、开朗的性格和乐于助人的行为②。

综上所述，影响亲社会行为的因素纷繁复杂，个体层面的共情、观点采择、情绪和个性与环境层面的家庭微观系统和学校微观系统等都会对儿童的亲社会行为产生重要的影响。

近年来，随着关于亲社会行为影响因素研究的不断深入，研究者逐渐认识到，不仅某一个因素会单独对亲社会行为产生影响，不同因素之间还有可能存在着更为复杂的交互作用。因此，有学者开始尝试探讨多个因素对儿童青少年亲社会行为的交互影响作用，但这一类研究的数量有限，还处于起步阶段。例如，李亮等的研究表明，共情对初中生羞怯与亲社会行为之间的关系具有调节作用，高水平的共情能力可以调节羞怯对女初中生亲社会行为的影响，而在男初中生中，这种调节作用不显著③。

三、亲社会行为的干预

亲社会行为是积极的社会行为，研究者在对它的产生和发展规律进行不断探索的同时，也就如何培养儿童的亲社会行为展开了大量的干预实验研究。但何为"合适的教育""有效的干预"？这是研究者孜孜以求、心向往之却又长期感到困惑的问题。不同学者从不同的理论视角出发，采用不同的方法进行了干预实验。从文献回顾来看，以下两种方法受到了研究者的高度关注。

（一）共情训练

在共情与亲社会行为相关研究的基础上，研究者以共情训练为突破口开展了

① Howes C. Social-emotional classroom climate in child care，child-teacher relationships and children's second grade peer relations[J]. Social Development，2000（2）：191-204.

② Birch S H，Ladd G W. Children's interpesonal behaviors and the teacher-child relationship[J]. Developmental Psychology，1998（5）：934-946；Fisher D，Kent H，Fraser B. Relationships between teacher-student interpersonal behavior and teacher personality[J]. School Psychology International，1998（2）：99-119；Adelman H S，Taylor L. School counselors and school reform：New directions[J]. Professional School Counseling，2002（4）：235-248.

③ 李亮，张仁杰，于玲. 初中生羞怯与亲社会行为：共情的调节作用及性别差异[J]. 山东师范大学学报（自然科学版），2018（2）：222-226.

大量的亲社会行为干预研究。共情训练是通过提高儿童体察、分辨他人的情绪以及理解他人的情感并与其产生共鸣的能力，从而促进其亲社会行为水平提升的一种干预训练方式。从训练方案来看，有些学者探讨了某一种干预方法的有效性或对几种干预方法的有效性进行了对比，如李幼穗等探讨了角色训练对幼儿助人行为的干预效果①；陈旭对情境讨论、榜样学习和角色扮演三种方法对儿童助人行为干预效果的差异进行了比较②；魏玉桂等比较了情境讨论和角色扮演对儿童分享行为干预效果的差异③；王楠比较了角色扮演、续编故事、听故事和看视频对幼儿亲社会行为的干预效果的差异④。

另外一些学者则探讨了几种干预方法同时使用的共情训练对儿童亲社会行为的促进效果。比较有代表性的是 Feshbach 等设计的共情训练方案⑤，该方案同时综合了辨别和命名情绪、理解他人的观点、体验自我及他人情绪等若干种方法，结果发现通过每周 3 次（每次 15 分钟）共 10 周的干预训练，儿童的亲社会行为普遍得到了增加。我国学者李福芹等也综合若干种方法展开了干预实验研究⑥。虽然研究者运用的方法略有不同，还没有提出一个完全统一的训练方案，但相关研究都印证了综合多种方法对儿童的共情能力进行训练可以显著增加其亲社会行为。

（二）榜样示范

自 20 世纪 60 年代班杜拉提出社会学习理论后，榜样对于儿童亲社会行为的影响就引发了研究者的关注，许多相关实证研究结果也证实了榜样对亲社会行为的干预效果。例如，Rushton 的实验结果显示，让儿童反复观看榜样所表现出来的

①　李幼穗，王晓庄. 角色训练对幼儿助人行为影响的实验研究[J]. 天津师范大学学报（社会科学版），1996（5）：26-29.

②　陈旭. 情境讨论、榜样学习和角色扮演对儿童助人行为影响的实验研究[J]. 西南师范大学学报（哲学社会科学版），1995（1）：30-35.

③　魏玉桂，李幼穗. 不同移情训练法对儿童分享行为影响的实验研究[J]. 心理科学，1994（3）：150-154，193.

④　王楠. 移情训练对 5—6 岁幼儿亲社会行为的影响研究[D]. 西安：陕西师范大学，2012：27-30.

⑤　Feshbach N D，Feshbach S. Empathy training and the regulation of aggression：Potentialities and limitations[J]. Academic Psychology Bulletin，1982（3）：399-413.

⑥　李福芹，叶文君，陈丽. 移情训练对幼儿分享行为的影响的实验研究[J]. 心理科学，1994（1）：17-21；李幼穗，韩映虹，陈淑芳. 不同情境下移情训练对幼儿助人行为的影响[J]. 学前教育研究，2013（2）：43-47，53；唐宁. 共情训练对小学生亲社会行为的影响[D]. 长沙：湖南师范大学，2015：20-42.

利他行为视频，会促进其利他行为的增加，榜样的影响是长期的[①]；周强等发现同伴榜样对幼儿的影响要大于故事榜样，表扬榜样行为有助于培养和强化幼儿的亲社会行为，但对于不同年龄的幼儿应采用不同的榜样形式[②]；张莉的研究结果表明，榜样训练对于幼儿道德认识水平的提高和分享行为的发展具有显著的促进作用[③]；王小娜发现，与教师榜样相比，同伴榜样的影响更大，且多个榜样比单个榜样的影响效果更好[④]。

四、智力障碍儿童亲社会行为的影响因素及干预

关于智力障碍儿童亲社会行为的影响因素，研究者从个体层面主要关注了心理理论和执行功能对智力障碍儿童亲社会行为的影响。魏芳发现中度智力障碍儿童的助人、分享、合作和安慰行为与心理理论呈中等程度的显著正相关，心理理论水平可显著预测这4种亲社会行为的水平[⑤]。彭湘莹的研究显示，智力障碍儿童的心理理论和执行功能与4种典型亲社会行为（助人、分享、合作和安慰行为）呈显著正相关，冷执行功能、热执行功能在心理理论和亲社会行为之间起中介作用[⑥]。从环境层面来看，仅有饶玲探讨了父母教养压力、教养方式对智力障碍儿童亲社会行为的影响，研究结果表明父母教养压力的亲子互动失调维度可以显著负向预测智力障碍儿童的合作行为，教养方式不一致性因子在亲子互动失调与智力障碍儿童合作行为之间起中介作用[⑦]。

对于智力障碍儿童亲社会行为的培养策略，研究者尚未给予足够的关注，研究成果也非常少，目前国内仅有韦小满等对此问题进行了实践探索，但其也只是

① Rushton J P，Fulker D W，Neale M C，et al . Altruism and aggression：The heritability of individual differences[J]. Journal of Personality and Social Psychology，1986（6）：1192-1198.

② 周强，杨梓. 榜样影响儿童利他行为发展的实验研究[J]. 陕西师大学报（哲学社会科学版），1995（1）：156-160.

③ 张莉. 榜样和移情对幼儿分享行为影响的实验研究[J]. 心理发展与教育，1998（1）：26-32.

④ 王小娜. 榜样类型和数量对大班幼儿在园环境公德行为的影响研究[D]. 苏州：苏州大学，2012：21-32.

⑤ 魏芳. 中度智力落后儿童亲社会行为与心理理论的关系[D]. 上海：上海师范大学，2014：28-34.

⑥ 彭湘莹. 智力障碍儿童心理理论、执行功能与亲社会行为的关系[D]. 上海：上海师范大学，2017：31-39.

⑦ 饶玲. 父母教养压力、教养方式与中重度智力落后儿童社会行为的关系[D]. 上海：上海师范大学，2015：23-34.

针对合作和分享这两种亲社会行为探讨了干预策略的效果，且干预方法仅局限于考察角色扮演这一种方法的效果，干预的次数较少，干预的强度也较低，对每种行为只单独干预了一次。其研究结果表明，虽然角色扮演对智力障碍儿童合作行为的干预效果显著，但对其分享行为的短期干预效果并不显著①。

第三节　亲社会行为相关研究存在的问题

自美国学者于 1972 年提出"亲社会行为"这一术语以来，亲社会行为就受到了社会学、心理学及教育学等各领域研究者的广泛关注，相关研究更是层出不穷，也取得了许多有价值的研究成果，这为我们深入认识和理解亲社会行为的结构、特征、影响因素及干预等提供了借鉴。然而，从文献分析来看，现有研究尚存在如下问题。

第一，研究对象类型的局限性。目前，有关亲社会行为的研究主要是以普通儿童青少年为研究对象，针对智力障碍儿童这一特殊群体的亲社会行为开展的理论探讨和实证探索都非常缺乏。从文献梳理来看，截至目前，国内有关智力障碍儿童亲社会行为的专题研究数量极其有限，即便是在国外，有关智力障碍儿童亲社会行为的研究也比较缺乏。以普通儿童青少年为对象的研究成果是否适用于智力障碍儿童亲社会行为的相关研究？是否能够用于指导智力障碍儿童亲社会行为的发展？智力障碍儿童亲社会行为的内涵结构、产生与发展及干预途径等是否还有其他的特殊性？这都有待进一步进行实证考察。

第二，研究视角的局限性。现有的亲社会行为研究多是基于传统的理论分析取向和经典理论视角，采用简化分类的模式，从中选取若干典型行为（通常为帮助、分享、合作和安慰 4 种典型行为，或其中的 1～2 种）作为亲社会行为的代表来进行研究。从实证分析的取向和原型理论的视角出发，在一个更大的框架体系下对亲社会行为的探讨尚处于起步阶段，有待进行更为深入、系统的

---

① 韦小满，焦青，金星等. 弱智学生合作与分享行为的干预实验研究[J]. 中国特殊教育，2005（11）：3-6.

探讨。针对智力障碍儿童的亲社会行为，从实证分析的取向和原型理论的视角进行的专题研究至今仍然鲜见，这使人们难以科学、全面地认识和理解智力障碍儿童亲社会行为的现状及产生与发展规律，也使培智教育的理论研究者和实践工作者难以认清亲社会行为在智力障碍儿童社会适应能力培养中的价值和意义，同时也不利于提升智力障碍儿童亲社会行为培养与干预的针对性和实效性。

第三，研究内容的局限性。现有关于智力障碍儿童亲社会行为的研究零散且不系统，有限的智力障碍儿童亲社会行为特征研究结果不一致，难以得出统一的结论，有待进一步验证，其他领域的研究则极度缺乏，普通儿童亲社会行为相关研究的内容也有待于进一步拓展。首先，对于智力障碍儿童亲社会行为的结构及适宜的测评工具，至今尚未有研究展开探索，理论建构非常缺乏，测评工具亟待开发；关于普通儿童亲社会行为的结构层次的研究也有待进一步深化，测评工具也需进一步完善。其次，对于智力障碍儿童亲社会行为的影响因素及各因素之间的具体作用机制和路径的探讨比较鲜见，当前研究仅从个体层面的某一两种因素进行了初步探索，对于学校这一主导个体社会性发展的微观系统对智力障碍儿童亲社会行为的影响的探讨比较罕见；关于普通儿童亲社会行为影响因素的研究虽然比较丰富，但多是针对某一层面的某一影响因素与亲社会行为的关系展开研究，且大多属于相关研究，能同时从个体和环境两个层面出发考虑两个或两个以上影响因素之间的交互作用，从而更全面地解释多变量之间的复杂关系，预测个体亲社会行为产生和发展规律的研究还比较缺乏。最后，立足于智力障碍儿童这一特殊群体的亲社会行为发展规律开展的针对性干预研究比较鲜见。

综上所述，有关亲社会行为的研究虽然方兴未艾，但依然有较大的发展空间。关于智力障碍儿童的亲社会行为，亟待进行深入研究，研究领域有待于进一步拓展。

第三章

智力障碍儿童亲社会行为研究的内容及逻辑理路

第一节　智力障碍儿童亲社会行为研究的内容

结合所探讨的核心问题及文献分析结果，本书将研究内容具体解构为三个方面。

一、智力障碍儿童亲社会行为的结构和特征

这部分研究旨在探明智力障碍儿童亲社会行为的结构，了解智力障碍儿童亲社会行为的总体水平和发展特点，进而从现象学层面对智力障碍儿童亲社会行为的现状进行描述。该部分研究包含两个子研究。子研究一为"智力障碍儿童亲社会行为问卷"的编制。这一研究从实证分析的取向和原型理论概念表征的新视角出发，以中国普通青少年认同的亲社会行为"四因子模型"（利他性、遵规与公益性、关系性、特质性）为基础，运用核检表、访谈和问卷调查等方法，构建并验证了智力障碍儿童亲社会行为结构模型，并以此模型编制标准化的"智力障碍儿童亲社会行为问卷"。子研究二为智力障碍儿童亲社会行为特征研究。这一研究采用研究一研制的问卷对智力障碍儿童亲社会行为进行大样本调查，评定智力障碍儿童亲社会行为的整体发展水平，并从人口统计学变量等方面对智力障碍儿童亲社会行为的特征进行分析，以更好地确定教育与康复训练的起点和侧重点。

二、学校生态系统对智力障碍儿童亲社会行为的影响路径

这部分以人类发展生态学理论和所建构的智力障碍儿童亲社会行为模型为基础，旨在考察学校生态系统中影响智力障碍儿童亲社会行为发展的环境与个体因素，并探析环境和个体因素对智力障碍儿童亲社会行为的作用机制，从而从机制层面对智力障碍儿童亲社会行为的发生与发展进行解释。这部分研究包含两个子研究。子研究一为师生互动系统对智力障碍儿童亲社会行为的影响路径研究。这一研究采用问卷调查法考察了环境层面的教师心理资本和教师期望与个体层面的特质

共情对智力障碍儿童亲社会行为的影响，并采用回归分析和结构方程模型检验了教师期望与个体共情的中介作用。子研究二为同伴互动系统对智力障碍儿童亲社会行为的影响路径研究。这一研究采用单因素随机区组实验法和问卷法相结合的设计，通过操控同伴之间人际关系情境类型，考察了环境层面的同伴关系与个体层面的特质共情和情绪对智力障碍儿童亲社会行为的影响，并采用回归分析考察了个体情绪的中介作用、个体共情的直接作用和调节作用。

三、智力障碍儿童亲社会行为的干预对策

这一部分研究旨在考察、检验智力障碍儿童亲社会行为综合干预方案的有效性。这部分研究拟以第一部分研究所构建的智力障碍儿童亲社会行为二阶四因子、一阶七因子模型为干预目标，同时基于第二部分研究，选取在师生互动和同伴互动两个子系统中都发挥重要作用的个体共情为突破口，尝试构建一套智力障碍儿童亲社会行为综合干预方案。之后，采用准实验设计中的前测—中测—后测设计，并运用单因素重复测量方差分析及 K 个相关样本的非参数检验等统计方法，对综合干预方案的有效性进行检验，进而从促进层面对智力障碍儿童亲社会行为的干预策略与途径进行探索。

第二节　智力障碍儿童亲社会行为研究的理路

本书研究按照"现象描述→机制解释→促进探索"的技术路线展开，总体框架如图 3-1 所示。第一，在对国内外相关文献进行梳理、分析的基础上，从实证分析的研究取向和原型理论的视角出发，以中国文化背景为基础，探析智力障碍儿童亲社会行为的内部结构，构建智力障碍儿童亲社会行为结构模型，同时严格依循心理测量学的程序，编制一份适用于我国智力障碍儿童亲社会行为的测评问卷。第二，基于构建的智力障碍儿童亲社会行为结构模型，运用编制的测评问卷对我国智力障碍儿童亲社会行为的现状进行大样本调查，从亲社会行为自身涵盖的不同类型

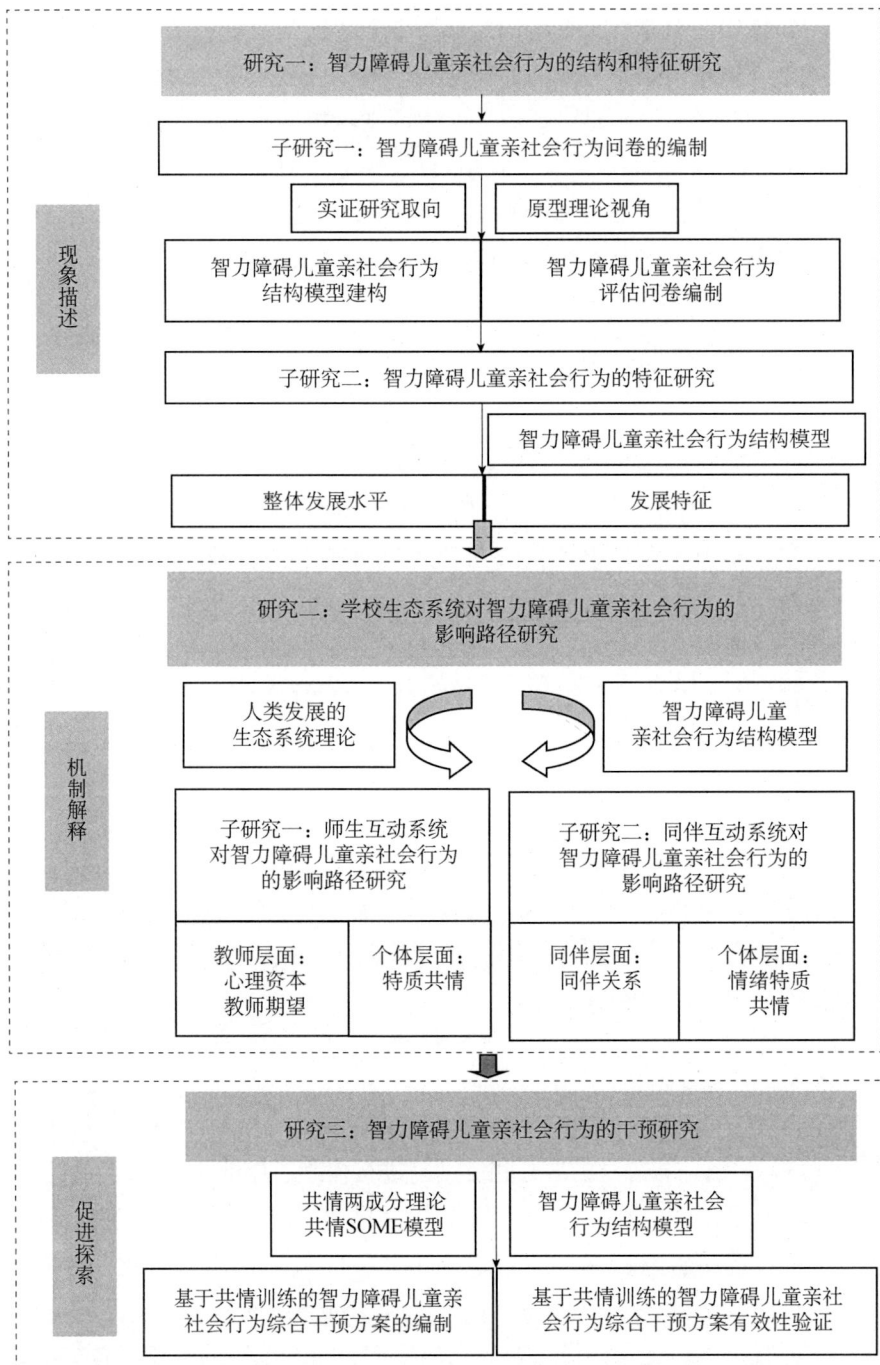

图 3-1　原型理论视野下智力障碍儿童亲社会行为研究路线图

对智力障碍儿童亲社会行为的整体发展状况和基本特征进行分析与讨论。第三，基于人类发展的生态系统理论和构建的智力障碍儿童亲社会行为结构模型，探讨学校生态系统对智力障碍儿童亲社会行为的影响路径和作用机制，具体而言是从师生互动系统和同伴互动系统两个子系统分别探讨学校生态系统对智力障碍儿童亲社会行为的影响作用。第四，依据学校生态系统对智力障碍儿童亲社会行为的影响路径，选取在学校生态两个子系统中都发挥作用的共情作为突破口，同时基于共情的两成分理论和共情加工过程 SOME（self to other model of empathy）模型[①]以及构建的智力障碍儿童亲社会行为结构模型，编制智力障碍儿童亲社会行为干预方案，并运用该方案进行干预实验，检验干预方案的有效性。在上述研究的基础上，对智力障碍儿童亲社会行为的结构与典型特征进行反思和总结，构建智力障碍儿童亲社会行为的学校生态影响模型并对影响路径进行分析，构建智力障碍儿童亲社会行为综合干预模式并对其进行分析。第五，就如何促进智力障碍儿童亲社会行为的发展提出建议。

第三节　智力障碍儿童亲社会行为研究的意义

一、理论意义

（一）丰富智力障碍儿童亲社会行为的实证研究

亲社会行为是多学科共同关注的重要议题。然而，通过对国内外有关亲社会行为研究文献的梳理不难发现，以往有关亲社会行为的研究大多以普通人群作为样本，对特殊群体（如智力障碍儿童）的研究尚不多见。本书研究立足于我国的社会现实和文化背景，从实证的角度出发，采用大样本的问卷调查及访谈等方法探索智

---

① Bird G，Viding E. The self to other model of empathy：Providing a new framework for understanding empathy impairments in psychopathy，autism，and alexithymia[J]. Neuroscience & Biobehavioral Reviews，2014，47：520-532；孟景，沈林. 自闭症谱系障碍个体的共情及其理论与神经机制[J]. 心理科学进展，2017（1）：59-66.

力障碍儿童亲社会行为的结构，描述其发展现状，并采用问卷与实验相结合的方式探讨智力障碍儿童亲社会行为的影响因素，揭示其作用机制，最后采用准实验的方法验证干预方案的有效性。这是针对中国智力障碍儿童亲社会行为问题首次进行的系统化、本土化的探索，研究结果将从现象、解释和促进等不同层面描绘一幅中国智力障碍儿童亲社会行为研究的科学画面，这不仅有助于丰富智力障碍儿童亲社会行为的研究内容，进一步拓宽亲社会行为的研究范围，完善亲社会行为研究的理论体系，而且可以为建构符合中国国情的智力障碍儿童亲社会行为理论奠定坚实基础，并为世界关于亲社会行为的研究提供中国素材。

（二）拓展智力障碍儿童社会适应的研究范畴

尽管智力障碍儿童的社会适应一直是国内外培智教育课程改革的中心议题，然而无论是国外还是国内大多都是从整体上进行宏观层面的探讨，真正从微观层面探索并阐释智力障碍儿童社会适应的研究比较鲜见。本书研究从亲社会行为这一微观视角出发来探讨智力障碍儿童的社会适应与社会融合问题，不仅有助于进一步拓展智力障碍儿童社会适应研究的范畴，促使智力障碍儿童社会适应问题研究从宏观、整体层面的阐释走向微观、具体层面的探索，从而深入、细致地分析智力障碍儿童社会适应的现状与困难所在，揭示其产生机制，并针对性地探究相应的促进策略，还可以深化人们对亲社会行为影响个体社会适应问题的认识，为后续进一步拓展智力障碍儿童社会适应的研究提供思路上的借鉴与参考。

（三）为智力障碍儿童社会适应研究和课程改革提供新视角

以往有关智力障碍儿童社会适应的研究多是从不良适应视角出发，关注如何对其表现出来的问题行为进行矫治或干预。当前，智力障碍的定义已走向了"支持模式"，积极行为支持的理念也在世界范围内很多国家和地区得到认同和践行，但我国从积极的、支持的视角来探讨智力障碍儿童社会适应的研究和实践尚显不足。本书研究从亲社会行为出发来探讨智力障碍儿童的社会适应与社会融合问题，旨在通过增加智力障碍儿童积极的社会行为来达到预防问题行为、提升社会适应能力的目的。这可以为智力障碍儿童社会适应研究提供一个积极的分析视角，为充分发挥智力障碍儿童的主观能动性和挖掘其潜能，培养其积极的情绪和品质，增强其生活的幸福感和生活品质，提供一个具有可操作性的切入点。同时，可以为我国当前促进培智学校课程改革的进一步深化以及教学质量的不断提升，提供一个崭新的视角。

二、实践意义

（一）为科学测评智力障碍儿童的亲社会行为提供可靠的工具

智力障碍儿童亲社会行为的科学评估及针对性的干预能否在操作层面上得以实现，取决于是否有一套可靠的测评工具。然而，从文献分析结果来看，当前无论是国内还是国外都缺乏一套对智力障碍儿童不同类型亲社会行为进行系统区分的有效测评工具。本书研究将基于构建的智力障碍儿童亲社会行为结构模型，开发出一套较为可靠的专门适用于中国智力障碍儿童的教师他评版亲社会行为评估问卷。基于该测评工具，我们可以对智力障碍儿童亲社会行为的发展现状进行系统的、微观的考察和评价，判定智力障碍儿童亲社会行为方面的不足，进而根据评估结果制订更具有针对性、实效性的培养及干预方案。

（二）为学校及教育部门制定有关教育对策提供参考

我国培智学校的课程改革虽然围绕着如何有效提升智力障碍儿童的社会适应能力展开了积极探索，但智力障碍儿童的亲社会行为始终未受到应有的关注。究其根源便在于，未廓清亲社会行为的内涵和结构，因而没有建立对亲社会行为对于社会适应重要性的正确感知。此外，也未厘清智力障碍儿童亲社会行为教育与康复训练活动的基点和影响因素，如何在操作层面上开展高效的教育与康复训练活动，以及进行环境方面的调整和优化。本书研究对智力障碍儿童亲社会行为的内涵、结构、基本特点以及影响路径进行了系统探索，研究结果既可以为学校和教育行政部门重新审视亲社会行为培养与干预在培智学校课程改革中的地位和作用提供参考，也可以为其制定有关的教育决策提供一定的实证依据。

（三）为教师组织有效的教育与康复训练活动提供借鉴

具有针对性和实效性的教育与康复训练活动是提高智力障碍儿童亲社会行为水平的强有力保障。然而，当前适用于智力障碍儿童的系统化、操作化亲社会行为干预方案比较鲜见。本书在基础性研究的基础上，专门为智力障碍儿童设计了一套亲社会行为综合干预方案，并用准实验的方式验证其有效性。最后，又建构了综合干预模式，这是从操作化的角度对智力障碍儿童亲社会行为培养与干预途径进行的实证探索。研究结果既可以为培智学校教师探寻智力障碍儿童亲社会行为培养与干预途径提供借鉴，也可以为提高培养和干预方法的科学性和有效性提供有力的实证依据。

第四章

智力障碍儿童亲社会行为的结构与问卷

　　伴随着特殊教育改革发展步伐的不断加快，大量智力障碍儿童进入学校接受教育已成为不可逆转的趋势。对于智力障碍儿童这样一个庞大的受教育群体而言，如何切实、有效地提高其适应能力，帮助其更好地融入社会，是一个牵涉无数智力障碍儿童家庭、影响培智教育质量提升的重要理论和现实问题，亟待进行深入、系统的研究。

　　亲社会行为的形成和发展是个体社会性发展的重要内容，也是个体适应社会的重要表现。探讨智力障碍儿童亲社会行为的结构和编制相关问卷，可以为深入探讨亲社会行为的本质特性及其内在发展规律，以及制订科学、有效的干预工作方案奠定坚实的基础。目前，已有学者开始尝试从实证分析的研究取向和原型理论视角来探索普通儿童青少年亲社会行为的概念结构，以突破传统亲社会行为理论分析研究取向的局限性。然而，对于智力障碍儿童亲社会行为的内部结构，至今尚未有研究进行深入探讨，始终沿用传统的简化分类模式和弥散的、分化不清晰的工具对智力障碍儿童的亲社会行为进行测评，不仅使相关研究难以摆脱考察范围狭窄、类别区分简单化的不足，而且因为亲社会行为低代价和互惠的特性被遮蔽，导致智力障碍儿童的亲社会行为始终都未引起研究者应有的重视。

　　鉴于此，本章从实证分析的研究取向和原型理论的视角出发，探讨智力障碍儿童亲社会行为的内部结构，探索符合其特点的亲社会行为测评维度，并对基于该维度开发的测评工具的测量学指标进行检验，从而为后续实证研究提供有效的研究工具支持。

第一节　智力障碍儿童亲社会行为结构模型建构的逻辑理路

一、结构模型建构的理据

　　亲社会行为这一复杂的自然概念不像人工概念（即人为制造的概念）那样具

有非常明显的定义特征，其内涵丰富而广阔、复杂而模糊。生活在不同群体之中的个体对其的认识和理解可能会有所不同，同一个体在不同时间也可能对其持有不同的看法，儿童对亲社会行为的认识也会有别于成人。用传统理论分析的研究取向和经典理论的研究视角对亲社会行为这样一个复杂的概念进行表征时，则难以兼顾行为者自身的年龄特征与群体特征对其认识与理解的不同影响，故而存在着对亲社会行为的分类过于简单的局限性。Bergin[①]、寇彧等[②]的实证研究都表明，采用概念的原型分析技术可以得到更多自然情境下亲社会行为的描述性资料，同时析出的亲社会行为构成要素也远超出了传统研究范围，验证了亲社会行为就其本质而言是一个多维度的结构。这表明从实证分析的研究取向和原型理论研究视角出发，对被研究者自身对亲社会行为的原始认识展开深入分析，并在更广的框架范围内对亲社会行为的内部结构进行探讨，不仅是可行的，也是合理的。换言之，要澄清亲社会行为的结构与构成要素，实证分析研究取向和原型理论视角不失为一种更佳、更适宜的表征模式。基于此，本章拟从此研究取向和理论视角出发探索智力障碍儿童亲社会行为的内部结构。

　　鉴于培智教育的最终目标是促使智力障碍儿童能更好地适应社会、融入社会，而不同社会文化背景下的个体对亲社会行为有着不同的认识和独特的理解，本章在探讨我国小学至高中在校智力障碍儿童亲社会行为的内部结构及构成要素，构建相应的测评体系和编制测评问卷时，基于融合的理念，拟以寇彧等基于实证分析的研究取向和原型理论的视角探析的中国普通青少年认同和看重的 43 种亲社会行为类型和四因子模型（利他性、遵规与公益性、关系性和特质性）为基础与依据。因为这些亲社会行为类型是寇彧等通过焦点群体访谈的方法（一种类似于社会学中田野研究的质性研究方法）、记忆实验等方法获得的，它们在很大程度上反映了中国青少年内心深处对亲社会行为的原始认识和态度，涵盖了符合中国青少年群体特异性的表征信息。在此基础上建构智力障碍儿童亲社会行为的结构及要素，有利于培养智力障碍儿童的社会适应能力，也能更好地促使其融入社会。

---

　　① Bergin C，Talley S，Hamer L. Prosocial behaviours of young adolescents: A focus group study[J]. Journal of Adolescence，2003（1）：13-32.

　　② 寇彧，付艳，张庆鹏. 青少年认同的亲社会行为：一项焦点群体访谈研究[J]. 社会学研究，2007（3）：154-173，245.

二、结构模型建构的逻辑

寇彧等构建的亲社会行为四因子模型虽然区分了亲社会行为本身涵盖的不同类型，但每个因子涵盖的众多亲社会行为要素是否都集中在一个线性范围之内，这些亲社会行为要素是否存在更为复杂的内部关系，即是否具有多层次性，其研究中对此问题并未进行深入探讨，而这又是值得关注且深入分析的重要问题。因为这对于进一步拓展亲社会行为研究的理论视角，深化亲社会行为研究的成果，从而更全面、系统地测查亲社会行为本身的发展特点和群体特点，更有针对性地开展相关的教育及康复训练工作，具有重要的理论意义和实践价值。

梳理亲社会行为四因子模型包含的构成要素，我们会发现，除利他性亲社会行为因子包含的基本要素都高度集中于一个因子构想外，其他三个因子分别呈现出两个方向。具体而言，遵规与公益性因子包含对明确规则、规范的遵守和对非明确但传统的社交习俗的遵从两方面的行为，关系性因子则包含在社会交往中主动建立、增进与他人的积极关系和对积极社交关系的维护两方面的行为，特质性因子包含发起这类行为的宜人性内部特征和维护这些行为的愉悦性内部特征两方面的行为。我们由此认为智力障碍儿童亲社会行为应该是一个多维度、多层次的系统构念。基于上述分析，我们假设智力障碍儿童亲社会行为的内部结构不仅包括利他性、遵规与公益性、关系性和特质性4个二阶因子，还应包括7个一阶因子，即利他性、遵守规则、遵从习俗、增进关系、维护关系、宜人性和愉悦性。二阶因子和一阶因子之间的具体关系是：遵规与公益性包含遵守规则和遵从习俗两个一阶因子；关系性包含增进关系和维护关系两个一阶因子；特质性包含宜人性和愉悦性两个一阶因子；利他性本身自成一个一阶因子（表4-1）。

表4-1　智力障碍儿童亲社会行为二阶四因子一阶七因子模型

二阶因子	一阶因子	内涵界定
利他性	利他性	以他人利益为重的行为
遵规与公益性	遵守规则	遵守明确的规则与规范的行为
	遵从习俗	遵从非明确的传统社交习俗的行为
关系性	增进关系	主动建立、增进积极关系的行为
	维护关系	维护社会交往中积极关系的行为
特质性	宜人性	发起积极行为的宜人性内部特征
	愉悦性	维护积极行为的愉悦性内部特征

第二节 "智力障碍儿童亲社会行为问卷"的编制

一、问卷编制的原则

第一，编制的问卷将用于考察小学至高中智力障碍儿童在校期间的亲社会行为表现。问卷不仅要体现亲社会行为的本质内涵和内容结构，还要考虑这一学段智力障碍群体的年龄特征、发展水平及行为表现的场域。

第二，编制的问卷是他评问卷，即由智力障碍儿童的班主任或任课教师担任评价者，对智力障碍儿童的亲社会行为表现进行评定。因此，设计时要充分考虑问卷填写者的特点，尽可能地使用培智教育教师熟悉的语言和表达方式。如果问卷内容涉及特殊教育或心理学领域的专用术语，则转化用词用语，力求措辞既准确又简单明了、通俗易懂，以确保问卷填写者能准确理解。

第三，表述的亲社会行为应由客观行为描述语句而非主观感受判断句组成。

第四，不同维度下的项目进行混合排列，以防止相同维度下的项目排在一起时产生思维定式。

二、问卷编制的程序

（一）编制智力障碍儿童亲社会行为核检表并施测

1. 编制核检表

核检表旨在让被调查者从所列的亲社会行为类型中选择出智力障碍儿童亲社会行为测量结构的基本要素。笔者以寇彧等提炼出的中国青少年认同的 43 种亲社会行为作为核检表的基本素材。但鉴于有些行为的命名专业性偏强，而核检表的调查对象又是一线从事培智教育的教师，如果直接引用专业性行为名称，可能会造成理解困难，同时有些行为也不适宜在学校场域考察，因此笔者共邀请 3 位相关学科（特殊教育学、心理学和教育康复学）的博士对寇彧等提炼出的 43 种亲社会行为进行开放式讨论，同时征求两位特殊教育专家的意见，对43种亲社会行为进行了相应的删减、合并和名称修订，最终形成了包括32种亲社会行为的核检表。具体的删减、合并和名称修订情况如下。

第一，将发生在家庭范围内、不适合在学校考察的行为予以删除，最终删除4项行为，包括"英勇行为""亲情行为""家庭养育""爱护动物"。

第二，将具有相同或相似含义的项目合并，共将14项整合成6项，具体而言，将"帮助""照顾""体力支持""救助"4项整合成"助人行为"；将"捐赠""赠送"2项整合成"主动捐赠"；将"公益行为""利群体"2项整合成"公益行为"；将"公德行为""环保行为"2项整合成"公德行为"；将"发起友谊""增进友谊"2项整合成"主动发起友谊"；将"借出物品""慷慨"2项整合成"大方慷慨"。

第三，用通俗的语言对题目清晰度不佳的行为名称进行修订，共对7项行为名称进行了修订。将"发展技能"修订为"鼓励指导"；将"宜人"修订为"乐观和善"；将"完善自身"修订为"勤快自理""积极锻炼"2项行为；将"讲义气"修订为"保护弱小"；将"接纳"修订为"接纳、不排斥友谊"；将"道歉"修订为"勇于认错"；将"不伤害"修订为"尊重、不伤害他人"。

核检表中的亲社会行为要素被随机排成三种不同序列，避免出现顺序效应。

2. 预访谈和核检表的修订

预访谈旨在考察核检表中所列亲社会行为类型名称及访谈提纲题目设置的清晰度、与研究主题的适配度以及访谈所需时长、题目数量是否合适等，以便对核检表和访谈提纲进行修订。研究者对3名具有高级职称的培智教育教师进行了预访谈，结果如下。

1）题目清晰度。被试认为大部分行为名称及访谈题目清晰，但部分行为名称需要修改，主要建议为：第一，运用习惯用语替换容易引起教师误解的词；第二，使用中性词语，以免让教师感觉对于智力障碍儿童而言要求过高；第三，对一些比较生疏的名词进行解释，以帮助教师澄清名词的含义。

2）时长预估。3名被试完成访谈的时间分别为62分钟、87分钟和59分钟。预访谈中询问了行为名称及题目本身是否容易理解、题目数量是否合适等有关核检表和访谈提纲质量的问题，占用了一些时间，因此估计访谈大约需要1个小时。

根据预访谈被试的建议，笔者对清晰度不佳的行为名称进行了逐条修改。具体而言，使用通俗、中性的语言对容易产生误解的行为名称进行重新命名，对专有名词进行适当的解释。例如，将"遵从习俗"替换成"遵从社交礼仪"，以免教师将其误解为民族习俗；将"忠诚行为"替换成"诚实守信"，以免教师认为此行为对智力障碍儿童的要求过高；将"协调关系"解释为"协调争执、吵架、打架"；将"积极提醒"解释为"提醒他人不要做不利于他人和社会的事"，以使教师都能明晰行为名称的含义。

3. 核检表施测及访谈

笔者以电子邮件的形式将自编"智力障碍儿童亲社会行为核检表"发送给培智教育教师，请其从 32 种亲社会行为类型中选择认可的智力障碍儿童亲社会行为基本要素。共发出核检表 229 份，回收 229 份，回收率为 100%，全部有效。核检表统计结果（表 4-2）表明，培智教育教师对大多数亲社会行为要素都给予了高度认可，但对"鼓励指导""主动捐赠""积极提醒"3 项行为类型的认可度普遍偏低，选择人次都不足 68 人（不足 30%）。从所调查的培智教育教师中选取 30 名教师进行焦点访谈，了解其对所选择的亲社会行为基本要素认可的原因，同时了解其对某些亲社会行为基本要素不认可的原因。我们从访谈中得知，培智教育教师大多认为"鼓励指导""主动捐赠""积极提醒"3 种行为类型对于智力障碍儿童而言要求偏高，在其生活中运用的概率也比较低，在具体操作时甚至还有可能因为把握不好度而产生不良结果。根据培智教育教师的选择结果，同时结合其选择的原因，笔者决定剔除这 3 种行为类型，最终保留 29 种行为类型作为智力障碍儿童亲社会行为的考察要素。

表 4-2 "智力障碍儿童亲社会行为核检表"统计结果（N=229）

序号	亲社会行为名称	频次	百分比（%）	序号	亲社会行为名称	频次	百分比（%）
1	助人行为	197	86.03	12	体谅他人	139	60.70
2	遵从社交礼仪	202	88.21	13	主动捐赠	52	22.71
3	谦让他人	172	75.11	14	公德行为	133	58.08
4	赞美他人	142	62.01	15	分享行为	196	85.59
5	责任义务	152	66.38	16	诚实守信	187	81.66
6	勇于认错	176	76.86	17	关心他人	171	74.67
7	鼓励指导	62	27.07	18	乐观和善	159	69.43
8	大方慷慨	87	37.99	19	公益行为	75	32.75
9	安慰他人	131	57.21	20	协调关系	80	34.93
10	宽容大度	141	61.57	21	提供信息	155	67.69
11	合作行为	192	83.84	22	懂得感恩	198	86.46

续表

序号	亲社会行为名称	频次	百分比（%）	序号	亲社会行为名称	频次	百分比（%）
23	勤快自理	191	83.41	28	尊重他人	210	91.70
24	富有同情心	139	60.70	29	积极提醒	58	25.33
25	主动发起友谊	136	59.39	30	拾物归还	172	75.11
26	保护弱小	97	42.36	31	遵守规章	193	84.28
27	积极锻炼	155	67.69	32	接纳、不排斥友谊	181	79.04

（二）编制智力障碍儿童亲社会行为初始问卷并试测

1. 收集初始问卷信息

笔者通过以下三种途径收集智力障碍儿童亲社会行为初始问卷信息，最后形成了包含 95 个具体项目的智力障碍儿童亲社会行为初始问卷。

1）文献分析。通过检索国内外相关研究文献，选取已有相关标准化量表中与亲社会行为相关较大的测评项目。具体而言，笔者主要借鉴了以下几种标准化量表中的相关项目："儿童行为教师评定量表"[1]、"儿童社会行为教师评定量表"[2]、"优点和缺点问卷（长处和困难问卷）"[3]、"班级戏剧量表"[4]、"社会适应能力评定量表"[5]等，同时借鉴寇彧等的研究中普通青少年对各种亲社会行为的举例[6]，对一些项目做适当的修改，使之适合智力障碍儿童。

2）访谈。笔者从广东的广州市、深圳市，黑龙江的哈尔滨市，新疆的巴音郭楞蒙古自治州、哈密市、塔城市、石河子市，四川的成都市、乐山市，宁夏的石嘴山市、中卫市，湖南的长沙市，山西的太原市、吕梁市，河南的郑州市，北京的海

---

[1] Ladd G W，Profilet S M. The child behavior scale：A teacher-report measure of young children's aggressive，withdrawn，and prosocial behaviors[J]. Developmental Psychology，1996（6）：1008-1024.

[2] Walden T A，Field T M. Preschool children's social competence and production and discrimination of affective expressions[J]. British Journal of Developmental Psychology，1990（1）：65-76.

[3] Goodman R. The strengths and difficulties questionnaire：A research note[J]. Journal of Child Psychology and Psychiatry，1997（5）：581-586.

[4] 陈欣银，Rubin K H，李丹等. 中国和西方儿童的社会行为及其社会接受性研究[J]. 心理科学，1992（2）：3-9，66.

[5] 韦小满. 特殊儿童心理评估[M]. 北京：华夏出版社，2006：282-290.

[6] 寇彧，付艳，张庆鹏. 青少年认同的亲社会行为：一项焦点群体访谈研究[J]. 社会学研究，2007（3）：154-173，245.

淀区、朝阳区、通州区，浙江的温州市，陕西的西安市、榆林市，山东的荣成市、济宁市选取了 30 名培智教育教师和教研员进行访谈，收集智力障碍儿童亲社会行为的具体样例。访谈对象在全国东部、中部和西部的分布具有一定的代表性。访谈主要基于核检表的选择结果进行，请被访谈教师介绍智力障碍儿童在其所认可的行为类型上做出的具体事例，对各个行为类型进行逐一举例。因录音笔故障，有两名被试的访谈录音未能导出，最后实得 28 份录音记录。根据笔录和录音材料，共总结出 30 份访谈记录，除去访谈过程中笔者与被访谈者之间的基本沟通，最后整理出有效访谈资料近 5 万字。

3）开放式行为样例征集。本研究是以保留的 29 项亲社会行为类型为基本构成要素向教师征集行为样例。具体来说，是以电子邮件形式将"智力障碍儿童亲社会行为样例征集表"发送给被调查者，要求其结合智力障碍儿童生活与学习的实际，给每个行为类型尽可能列出 3 个表现样例。填写完成后，请其以电子邮件形式发送给笔者，共发出样例征集表 123 份，回收 109 份，回收率为 88.6%。在被调查者提供的行为样例中，有些样例被多位教师反复提及，故而对相同样例进行了初步整合，最终获得样例 361 条。

2. 问卷题目初稿征求意见

"智力障碍儿童亲社会行为问卷"初始项目形成后，笔者先请 4 名博士、6 名硕士对初始问卷项目的可读性进行评价，检查项目表述是否清晰流畅、是否存在语义模糊，对于可读性低的项目，按照意见和建议进行仔细推敲和修改。之后，邀请 4 名大学教授、研究机构的 1 名研究员和 6 名从事培智教育的高级职称教师对基本形成的初始问卷进行语义分析，主要审核题项的可读性、适当性及简洁性。具体实施方式是以电子邮件方式将问卷项目初稿发送给每一位专家，请其对各个项目进行审核，修改完之后请其将修改意见再发回给笔者。在综合考虑各种意见和建议的基础上，笔者对表述不清的项目进行修改，以避免带有某种导向性或产生歧义，最后形成了含有 95 个题项的预测问卷。

3. 小范围试测

笔者以预测问卷为调查材料，选取 21 名从事培智教育的教师对 21 名智力障碍儿童进行评定。笔者直接询问了作答者对题目表述的相关意见，以了解其是否能明了题意和顺利作答，并估计所需时间。从作答者的反馈结果来看，问卷题目文字表达比较明确、清晰，无不合适的表述，可以继续进行测试。

（三）初测

根据初始问卷的项目数，确定需选取的智力障碍儿童调查人数，由任课教师对其亲社会行为进行初步评定，然后对预测数据进行项目分析和探索性因子分析，参照分析结果，按照严格的项目筛选程序，确定正式问卷包含的项目。

（四）第一次正式测试

根据问卷的项目数，确定从全国培智学校和特殊教育学校选取测评的智力障碍儿童人数，实施正式调查，由其任课教师进行评定。然后，运用正式测试数据进行验证性因子分析、聚合效度检验、内容效度分析和信度分析，考察正式问卷的信、效度。

（五）第二次正式测试

选取大样本的智力障碍儿童进行正式调查，然后进行信度分析和验证性因子分析，考察正式问卷的信、效度的稳定性。

三、被试

笔者根据研究总体设计中的样本采择原则，采用目标抽样法选取被试。

（一）核检表调查和访谈被试

1）预访谈被试。笔者在新疆、广东和黑龙江选取了 3 名培智学校教师作为被试进行预访谈，3 名被试的培智教育教龄都超过了 10 年，且均有高级职称，分别担任副校长、教导主任和教研组组长。预访谈是利用参加特殊教育会议的机会对被试进行面对面的访谈。

2）正式访谈被试。笔者在北京，上海，广东的广州市、佛山市、深圳市，黑龙江的哈尔滨市，宁夏的石嘴山市、中卫市，河南的郑州市，山东的威海市、济宁市，湖南的长沙市，四川的成都市、乐山市，陕西的西安市，新疆的哈密市、库尔勒市、石河子市、塔城市等地选取被试 30 名。教师的培智教育教龄均在 5 年及以上。正式访谈采用两种方式进行：第一，通过调研或参加特殊教育会议，对被试进行面对面的访谈；第二，通过网络或电话方式进行访谈。

3）核检表调查被试。笔者从北京、黑龙江、广东、宁夏、河南、山东、湖南、贵州、四川、江苏、上海、浙江、安徽、陕西、山西、内蒙古、甘肃和新疆共 18 个省（自治区、直辖市）的培智学校或综合类特殊教育学校培智部选取 229 名培智教育教师（培智教育教龄均在 3 年及以上）作为被试，填写"智力障碍儿童亲社会行为核检表"。

（二）样例征集被试

笔者选取 109 名培智教育教师（培智教育教龄均在 2 年以上）填写"智力障碍儿童亲社会行为样例征集表"。被试来源于山西、陕西、江苏、安徽、湖南、重庆、贵州、山东、黑龙江、宁夏、山东、广东、甘肃和新疆共 14 个省（自治区、直辖市）的培智学校或综合类特殊教育学校培智部。

（三）初始问卷项目征求意见被试

笔者共征求了 21 人对"智力障碍儿童亲社会行为初始问卷"的意见，其中高校及研究机构相关领域的教师和研究人员 5 人，基层特殊教育教师 6 人（均具有高级职称，培智教育教龄在 10 年以上），相关专业的硕、博士 10 人。

（四）初测被试

在上海、天津、重庆、黑龙江、山西、陕西、河北、河南、山东、江苏、湖南、广东、四川、浙江和新疆 15 个省（自治区、直辖市）的 30 所培智学校或综合类特殊教育学校培智部中，以年级、障碍程度作为"层"，在分层中随机抽取智力障碍儿童，由其班主任或者任课教师作为评价者，对其亲社会行为做出评价。共发放问卷 590 份，回收问卷 563 份，剔除无效问卷（答案单一、具有一定规律性或缺失值过多者），有效问卷共计 521 份，有效回收率为 92.54%。被评价的智力障碍儿童平均年龄为 13.12 ± 2.78 岁，参与调查的教师共 338 人。被试基本情况见表 4-3。

表 4-3   初测被试基本情况 （N=521）

变量	项目	人数（n）	比例（%）	变量	项目	人数（n）	比例（%）
性别	男	336	64		二年级	67	13
	女	185	36		三年级	85	16
障碍类别	唐氏综合征	98	19		四年级	87	17
	一般性智力障碍	260	50		五年级	64	12
	智力障碍合并孤独症	88	17		六年级	65	12
	智力障碍合并脑瘫	44	8		七年级（初一）	50	10
	智力障碍合并其他障碍	31	6	年级	八年级（初二）	39	7
障碍程度	轻	156	30		九年级（初三）	37	7
	中	251	48		十年级（职高一年级）	16	3
	重	114	22		十一年级（职高二年级）	11	2
学校类型	培智学校	265	51				
	综合性特殊教育学校	256	49				

注：表中数据进行了四舍五入处理，个别数据之和不等于 100。下同

（五）第一次正式施测被试

按照预测被试选取方法，笔者在天津、黑龙江、陕西、河南、山东、江苏、湖南、江西、广东、四川、青海和新疆 12 个省（自治区、直辖市）的 15 所培智学校或综合类特殊教育学校培智部随机抽取智力障碍儿童作为研究对象。调查方式同预测，共发放问卷 580 份，回收问卷 553 份，剔除无效问卷后，有效问卷共 519 份，有效回收率为 93.85%。被评价智力障碍儿童的平均年龄为 13.12±2.76 岁，参与调查的教师共 229 人。被试具体情况见表 4-4。

表 4-4   第一次正式施测被试基本情况 （N=519）

变量	项目	人数（n）	比例（%）	变量	项目	人数（n）	比例（%）
性别	男	348	67		一年级	57	11
	女	171	33		二年级	53	10
障碍类别	唐氏综合征	75	14	年级	三年级	71	14
	一般性智力障碍	326	63		四年级	55	11
	智力障碍合并孤独症	52	10		五年级	62	12

续表

变量	项目	人数（n）	比例（%）	变量	项目	人数（n）	比例（%）
障碍类别	智力障碍合并脑瘫	39	8		六年级	61	12
	智力障碍合并其他障碍	27	5		七年级（初一）	45	9
障碍程度	轻度	151	29		八年级（初二）	47	9
	中度	257	50	年级	九年级（初三）	38	7
	重度	111	21		十年级（职高一年级）	17	3
学校类型	培智学校	216	42		十一年级（职高二年级）	13	3
	综合性特殊教育学校	303	58				

（六）第二次正式施测被试

按照预测被试选取方法，笔者在北京、天津、黑龙江、河北、山东、河南、湖南、上海、江苏、江西、浙江、广东、海南、宁夏、山西、陕西、四川、贵州、重庆、青海、甘肃、云南和新疆等 23 个省（自治区、直辖市）的 72 所特殊教育学校选取智力障碍儿童作为研究对象，调查方式同初测和第一次正式施测。发放问卷1200 份，回收 1105 份，剔除无效问卷后，收回的有效问卷共计 1053 份，有效回收率为 95.3%。被评价智力障碍儿童的平均年龄为 13.13±2.77 岁，参与调查的教师共 468 人。被试具体情况见表 4-5。

表 4-5　第二次正式施测被试基本情况（N=1053）

变量	项目	人数（n）	比例（%）	变量	项目	人数（n）	比例（%）
性别	男	680	65		一年级	151	14
	女	373	35		二年级	212	20
障碍类别	唐氏综合征	201	19		三年级	149	14
	一般性智力障碍	561	53		四年级	92	9
	智力障碍合并孤独症	126	12		五年级	133	13
	智力障碍合并脑瘫	119	11	年级	六年级	83	8
	智力障碍合并其他障碍	46	4		七年级（初一）	95	9
障碍程度	轻度	289	27		八年级（初二）	41	4
	中度	555	53		九年级（初三）	48	5
	重度	209	20		十年级（职高一年级）	30	3

续表

变量	项目	人数（n）	比例（%）	变量	项目	人数（n）	比例（%）
学校类型	培智学校	317	30	年级	十一年级（职高二年级）	19	2
	综合性特殊教育学校	736	70				

四、研究工具和数据分析

1. 研究工具

1）自编"智力障碍儿童亲社会行为核检表"（见附录1）。该核检表以寇彧等采用焦点群体访谈法获得的中国青少年认同的43种亲社会行为为基本素材①，在反复讨论并征求专家意见的基础上编制而成，包括32种亲社会行为类型。

2）自编"智力障碍儿童亲社会行为访谈提纲"（见附录2）。访谈提纲结合"智力障碍儿童亲社会行为核检表"同步实施。提纲问题如下："您为什么赞成××项目？请举例说出智力障碍儿童所做的该类亲社会具体事情或行为。"访谈时，征询被试是否同意录音。无论其是否同意录音，访谈时都进行笔录。访谈后将录音材料和笔记转写成文字材料。

3）自编"智力障碍儿童亲社会行为样例征集表"（见附录3）。样例征集表旨在为29种亲社会行为要素征集具体样例，邀请培智教育教师为每种亲社会行为要素提供3种具体样例。

4）自编"智力障碍儿童亲社会行为问卷（初始问卷）"（见附录4）。初始问卷共包含95个项目，采用利克特5级计分，1~5分别对应"从不"到"总是"。要求培智教育教师参照初始问卷中有关儿童行为的描述，根据智力障碍儿童近一年来的亲社会行为实际表现对其做出评定。

5）自编"智力障碍儿童亲社会行为问卷（正式问卷）"（见附录5）。正式问卷共包含54个项目，计分方式、填写要求同初始问卷。

6）"智力障碍儿童亲社会行为问卷专家评判表"（见附录6）。

---

① 寇彧，付艳，张庆鹏. 青少年认同的亲社会行为：一项焦点群体访谈研究[J]. 社会学研究，2007（3）：154-173，245.

2. 数据分析

采用 SPSS23.0 进行描述性统计、项目分析、探索性因子分析和信度分析等各项统计，采用 Mplus7.0 软件进行验证性因子分析。

第三节　智力障碍儿童亲社会行为结构的探索与检验

一、项目分析

在对问卷进行探索性因子分析之前，首先运用初测数据（$N=521$）对"智力障碍儿童亲社会行为问卷（初始问卷）"的各项目进行区分度分析。笔者主要采用临界比值法（critical ration，CR）和相关法进行项目分析[①]。

1）临界比值法，又称为极端值法、临界比，是按问卷总分从高到低将被试排序后，取得分高的 27% 作为高分组，取得分低的 27% 作为低分组，然后对每个项目在高低分组上的差异进行独立样本 t 检验，以 t 值作为决断值，差异显著的项目进入因子分析行列，对差异未达到显著水平的题项予以删除。

2）相关法。相关法是考察每个项目的得分与总分之间的相关，相关越高，则表明该项目的鉴别力越高。常用标准是项目与总分的相关必须在 0.4 以上，对相关未达到显著水平或相关系数小于 0.4 的项目则予以删除。

运用临界比值法和相关法对初测数据进行项目分析，各项目检验结果见表 4-6。从数据结果来看，所有项目的 t 统计量的绝对值均大于标准值 3，且全为正数，t 检验结果均达到显著性差异水平（$p<0.05$），且所有项目与总分的相关系数均在 0.4 以上（最低为 0.45），说明本数据群所有项目与总分都呈现出中高度相关关系。临界比值法和相关法的检验结果表明问卷的所有项目均满足测量学指标，有良好的鉴别力，故而全部项目都予以保留。

---

① 吴明隆. 问卷统计分析实务：SPSS 操作与应用[M]. 重庆：重庆大学出版社，2010：181-184.

表 4-6　智力障碍儿童亲社会行为初始问卷项目分析结果（*N*=521）

项目号	CR	题总相关	项目号	CR	题总相关	项目号	CR	题总相关
a1	20.63***	0.71**	a33	26.00***	0.77**	a65	22.18***	0.74**
a2	16.16***	0.62**	a34	16.48***	0.64**	a66	25.48***	0.76**
a3	27.29***	0.78**	a35	14.48***	0.58**	a67	22.70***	0.76**
a4	32.39***	0.82**	a36	21.03***	0.73**	a68	20.53***	0.73**
a5	12.17***	0.53**	a37	18.15***	0.71**	a69	21.46***	0.74**
a6	25.31***	0.74**	a38	19.33***	0.69**	a70	26.97***	0.79**
a7	22.32***	0.76**	a39	27.18***	0.79**	a71	30.04***	0.83**
a8	17.90***	0.65**	a40	14.71***	0.63**	a72	19.54***	0.72**
a9	20.21***	0.70**	a41	24.497***	0.78**	a73	22.11***	0.74**
a10	10.52***	0.45**	a42	28.96***	0.82**	a74	21.48***	0.76**
a11	21.00***	0.72**	a43	25.92***	0.78**	a75	27.02***	0.79**
a12	28.48***	0.79**	a44	23.22***	0.78**	a76	22.23***	0.775**
a13	28.72***	0.80**	a45	25.51***	0.79**	a77	27.06***	0.798**
a14	25.07***	0.74**	a46	18.60***	0.68**	a78	24.65***	0.78**
a15	25.35***	0.76**	a47	20.20***	0.74**	a79	20.07***	0.70**
a16	29.80***	0.79**	a48	26.71***	0.80**	a80	22.05***	0.75**
a17	29.08***	0.79**	a49	20.48***	0.75**	a81	27.88***	0.81**
a18	19.90***	0.68**	a50	27.93***	0.83**	a82	24.83***	0.78**
a19	31.10***	0.81**	a51	25.88***	0.80**	a83	26.92***	0.82**
a20	17.94***	0.68**	a52	28.21***	0.81**	a84	24.47***	0.77**
a21	26.05***	0.79**	a53	26.59***	0.78**	a85	13.31***	0.59**
a22	23.91***	0.77**	a54	17.81***	0.68**	a86	22.73***	0.75**
a23	20.76***	0.74**	a55	24.89***	0.78**	a87	25.50***	0.80**
a24	32.47***	0.83**	a56	16.52***	0.63**	a88	15.78***	0.68**
a25	19.81***	0.74**	a57	25.99***	0.77**	a89	23.83***	0.79**
a26	18.92***	0.68**	a58	23.03***	0.78**	a90	23.69***	0.78**
a27	28.26***	0.80**	a59	24.27***	0.79**	a91	33.19***	0.86**
a28	30.68***	0.83**	a60	21.60***	0.73**	a92	29.53***	0.81**
a29	30.33***	0.80**	a61	28.39***	0.81**	a93	24.72***	0.79**
a30	27.526***	0.80**	a62	26.12***	0.78**	a94	23.60***	0.74**
a31	25.10***	0.77**	a63	23.61***	0.75**	a95	20.72***	0.71**
a32	26.97***	0.80**	a64	24.64***	0.78**			

注：*p<0.05；**p<0.01；***p<0.001，下同

二、探索性因子分析

（一）因子分析适合度检验

在运用初测数据（N=521）进行探索性因子分析之前，首先采用 Bartlett 球形检验和 KMO 取样适合度检验（Kaiser-Meyer-Olkin measure of sampling adequacy）方法进行因子分析适合度检验。若 Bartlett 球形检验的 χ^2 值较大，且 $p<0.05$，则表明适合做因子分析。若 KMO>0.90，则表明极适合进行因子分析；若 KMO 为 0.80～0.90，则表明适合性良好；若 KMO 为 0.70～0.80，则表明适合性尚可；若 KMO 为 0.60～0.70，为勉强可以；若 KMO<0.50，则表明极不适合进行因子分析。本研究适合度检验结果表明，Bartlett 球形检验结果达到显著性水平（χ^2=51 271.127，df=4465，$p<0.001$，KMO=0.986），两项检验结果表明本数据群的相关矩阵间有共同因子存在，极适合进行因子分析。

（二）项目筛选和因子抽取

本研究采用的"智力障碍儿童亲社会行为问卷"是按照张庆鹏和寇彧等通过群体焦点访谈、青少年主观评定、记忆实验等方法建立并验证的亲社会行为四因子模型设计而成，且该四因子模型包含的行为要素界定得非常清楚，即各行为归属于哪个层面或构想非常明确，这符合因子分析特殊方法——"分层面个别进行因子分析法"①的基本要求。因此，笔者按照"分层面个别进行因子分析法"的步骤进行因子分析，即以问卷单个维度层面包括的项目变量进行因子分析，而不直接以整个问卷进行因子分析。根据层面的因子分析结果，决定各维度层面所要保留的项目数，以免萃取的因子过多，或包含的项目内容与四维度模型的构想差异太大。

笔者在进行因子分析时，因子抽取的方法采用的是主成分分析法（principal component analysis，PCA），旋转方法采用的是最优转轴法（Promax 斜交旋转），抽取的标准为特征值大于 1，因子提取数量不限定。笔者之所以采用斜交旋转法，是因为寇彧等建立并验证的亲社会行为四因子模型是以概念的原型理论而非经典

---

① 吴明隆. 问卷统计分析实务：SPSS 操作与应用[M]. 重庆：重庆大学出版社，2010：282-298.

理论为理论基础的，借助原型理论分析技术表征概念结构时，不像经典理论那样遵循"全"或"无"法则，而是强调组成概念的成员之间并非存在相互排斥的关系，它们之间可能彼此是重叠的，即概念与概念之间的边界可能是模糊的①。因此，亲社会行为四因子模型包含的因子与因子彼此之间应有某种程度的相关，即因子轴间的夹角不会是 90 度。鉴于初始问卷题项较多，为简化问卷，笔者采用以下标准进行项目筛选：①项目载荷值小于 0.6；②共同度小于 0.4；③双载荷，即在两个因子上均有载荷值。

1. 利他性亲社会行为层面

利他性亲社会行为层面共包含 10 个项目。因子分析适合度检验结果表明，此层面的 Bartlett 球形检验结果达到显著性水平（χ^2=4693.73，df=45，p<0.001），KMO=0.959，表明极适合进行因子分析。因子分析结果（表 4-7）表明，此层面顺利提取出一个共同因子，该因子的特征值为 7.30，一个因子可解释该层面 73.04%的变异量，解释率大于 60%，说明提取的一个因子建构效度良好，保留一个因子是适切的。10 个项目的因子载荷量均为 0.80 以上，大于 0.60，说明各项目均能有效地反映其因素构念，故将 10 个项目全部予以保留。

表 4-7　利他性亲社会行为层面因子分析结果（N=521）

项目编号	因子 1	共同度
t50	0.891	0.794
t12	0.871	0.759
t48	0.870	0.757
t27	0.869	0.756
t3	0.863	0.746
t91	0.854	0.730
t52	0.849	0.720
t14	0.830	0.689
t22	0.823	0.677
t39	0.822	0.675
特征值	7.30	
解释率（累积百分比）（%）	73.04	

① 寇彧，张庆鹏，付艳. 原型理论视野中的亲社会行为研究[J]. 心理与行为研究，2008（2）：137-143.

提取的一个因子就用原构念——利他性进行命名，10 个项目涉及的行为类型有 4 个，即帮助、体力支持、照顾、救助，主要指智力障碍儿童在他人有困难或有需要的时候，能够主动予以帮助、支持，在他人生病或不舒服的时候，能够对其进行照顾、救助。

2. 遵规与公益性亲社会行为层面

遵规与公益性亲社会行为层面共包含 29 个项目。因子分析适合度检验结果显示，该层面的 Bartlett 球形检验结果也达到了显著性水平（χ^2=12 472.658，df=406，$p<0.001$），KMO=0.977，表明极适合进行因子分析。相继剔除 16 个项目后，变异累积率趋于稳定。

因子分析结果（表 4-8）表明，此层面顺利提取出两个共同因子，两个因子斜交转轴后的特征值分别为 6.06 和 5.94，两个因子构念联合解释的变异量为 63.94%，大于 60%，表明保留两个因子是适切的。两因子模型共包含 13 个项目，这 13 个项目的因子载荷量均在 0.698 及以上，大于 0.60，且不存在交叉载荷。两个因子结构清晰，表明能有效地反映其因子构念，故将 13 个项目全部予以保留。

表 4-8 遵规与公益性亲社会行为层面因子分析结果（N=521）

项目编号	因子 1	因子 2	共同度
t6	0.855		0.731
t8	0.803		0.651
t2	0.793		0.631
t46	0.772		0.596
t79	0.763		0.597
t56	0.742		0.554
t34	0.725		0.533
t55		0.886	0.786
t62		0.882	0.779
t82		0.843	0.713
t64		0.836	0.700
t54		0.726	0.529
t1		0.698	0.512
特征值（旋转后）	6.06	5.94	
解释率（累积百分比）（%）		63.94	

基于因子内诸项目反映的内容特征，将两因子命名如下。

因子1命名为"遵守规则"，包括7个项目，涉及5种行为类型，即遵守规则、社会公德、责任义务、勤快自理、积极锻炼，主要指智力障碍儿童在公共生活中能认真遵守各项规则、社会公德，能做力所能及的事情，不懒惰，自己能做的事情尽可能自己做，积极锻炼身体。

因子2命名为"遵从习俗"，包括6个项目，涉及3种行为类型，即遵从社交礼仪习俗、提供信息和协调关系，主要指智力障碍儿童在与人交往中能够有礼貌、懂礼仪，对于他人的询问能积极回应，当同伴发生矛盾时能予以协调。

3. 关系性亲社会行为层面

关系性亲社会行为层面共包含33个项目。因子分析适合度检验结果表明，此层面的 Bartlett 球形检验结果同样达到了显著性水平（χ^2=6148.459, df=136, p<0.001），KMO=0.961，极适合进行因子分析。相继剔除16个项目后，变异累积率趋于稳定。

因子分析结果（表4-9）表明，此层面也顺利提取出两个共同因子，两个因子斜交转轴后的特征值分别为8.78和6.84，两个因子构念联合解释的变异量为65.18%，大于60%，表明保留两个因子比较适切。两因子共包含17个项目，这17个项目的因子载荷量均在0.656及以上，大于0.60，且不存在交叉载荷。两个因子结构清晰，表明能有效反映其因子构念，故保留17个项目。

表 4-9　关系性亲社会行为层面因子分析结果（N=521）

项目编号	因子1	因子2	共同度
t61	0.878		0.771
t16	0.867		0.752
t31	0.860		0.742
t17	0.837		0.708
t93	0.834		0.701
t94	0.833		0.705
t57	0.824		0.680
t15	0.819		0.671
t81	0.813		0.674
t63	0.805		0.648
t26		0.813	0.661

续表

项目编号	因子 1	因子 2	共同度
t20		0.775	0.604
t38		0.775	0.604
t11		0.765	0.605
t85		0.737	0.545
t88		0.729	0.552
t10		0.656	0.457
特征值（旋转后）	8.78	6.84	
解释率（累积百分比）（%）		65.18	

依据因子内诸项目反映的内容特征，将两因子命名如下。

因子 1 命名为"增进关系"，包括 10 个项目，涉及 4 种行为类型，即分享、关心安慰、发起增进友谊、感恩，主要指智力障碍儿童能对他人的不适等表示关心、进行安慰，能够与他人分享，主动发起与他人的交往，不断增进友谊，能怀有感恩之心。

因子 2 命名为"维护关系"，包括 5 个项目，涉及 5 种行为类型，即合作，谦让，认错道歉，接纳，尊重、不伤害，主要指智力障碍儿童能与他人配合完成活动或任务，谦让、接纳他人，犯了错误能够勇于认错并道歉，尊重他人，不伤害他人。

4. 特质性亲社会行为层面

特质性亲社会行为层面共包含 23 个项目。因子分析适合度检验结果显示，该层面的 Bartlett 球形检验结果也达到了显著性水平（$\chi^2=5459.992$，$df=91$，$p<0.001$），KMO=0.954，表明极适合进行因子分析。相继剔除 9 个项目后，变异累积率趋于稳定。

因子分析结果（表 4-10）显示，此层面也顺利提取出两个共同因子，这两个因子斜交转轴后的特征值分别为 8.11 和 5.49，两个因子构念联合解释的变异量为70.30%，大于 60%，说明保留提取的两个因子的建构效度良好。换言之，保留两个因子是适切的。两因子模型共括 14 个项目，这 14 个项目的因子载荷量均在 0.80以上，大于 0.60，且不存在交叉载荷。两个因子结构清晰，表明能有效地反映其因子构念，故 14 个项目全部予以保留。

表 4-10　特质性亲社会行为层面因子分析结果（N=521）

项目编号	因子 1	因子 2	共同度
t53	0.858		0.743
t90	0.853		0.731
t92	0.851		0.725
t41	0.844		0.718
t43	0.843		0.711
t67	0.840		0.713
t68	0.837		0.702
t70	0.830		0.691
t77	0.820		0.683
t83	0.817		0.670
t37		0.850	0.727
t35		0.840	0.717
t40		0.810	0.657
t18		0.806	0.655
特征值（旋转后）	8.11	5.49	
解释率（累积百分比）（%）		70.30	

依据因子内诸项目反映的内容特征，将两因子命名如下。

因子 1 命名为"宜人性"，由 10 个项目组成，涉及 5 种行为类型，即同情、赞美、保护弱小、乐观自信、信守承诺，主要指智力障碍儿童能对他人的不幸遭遇表现出同情和人文关怀，能对他人的优点或进步给予赞美，保持乐观、自信的心态，信守对他人的承诺。

因子 2 命名为"愉悦性"，由 4 个项目组成，涉及 3 种行为类型，即宽容大度、温和友善、诚实，主要指智力障碍儿童在与他人的交往中能够待人温和、友好，不斤斤计较，做人诚实，不撒谎。

三、结构模型的构建

通过理论分析和四个层面的探索性因子分析，笔者构建了智力障碍儿童亲社会行为结构初始模型，即二阶四因子一阶七因子模型。通过 54 个项目考察了 29 种行为类别，组成了 7 个一阶因子，分别为遵守规则、遵从习俗、增进关系、维护关系、宜人性、愉悦性和利他性。其中遵守规则和遵从习俗两个一阶因子形成二阶因子遵规与公益性；增进关系和维护关系两个一阶因子形成二阶因子关系性；宜人性和愉悦性两个一阶因子形成二阶因子特质性；利他性一阶因子单独构成了二阶因子利他性（表 4-11）。

表 4-11　因子命名及包括的行为类型

二阶因子	一阶因子	对应的典型行为	包括的项目编号
利他性（C1）	利他性（C1）	帮助；体力支持；照顾；救助	t3、t12、t14、t22、t27、t39、t48、t50、t52、t91
遵规与公益性（C2）	遵守规则（f2）	遵守规则；社会公德；责任义务；勤快自理；积极锻炼	t2、t6、t8、t34、t46、t56、t79
	遵从习俗（f3）	遵从社交礼仪习俗；协调关系；提供信息	t1、t54、t55、t62、t64、t82
关系性（C3）	增进关系（f4）	分享；关心安慰；发起增进友谊；感恩	t15、t16、t17、t31、t57、t61、t63、t81、t93、t94
	维护关系（f5）	合作；谦让；认错道歉；接纳；尊重、不伤害	t10、t11、t20、t26、t38、t85、t88
特质性（C4）	宜人性（f6）	同情；赞美；保护弱小；乐观自信；信守承诺	t41、t43、t53、t67、t68、t70、t77、t83、t90、t92
	愉悦性（f7）	宽容大度；温和友善；诚实	t18、t35、t37、t40

四、第一次结构模型的检验

（一）构想效度检验

笔者采用验证性因子分析和聚合效度分析两种方法对问卷的构想效度进行检验。

1. 验证性因子分析

笔者通过探索性因子分析得到了智力障碍儿童亲社会行为二阶四因子一阶七因子模型，但这一模型是否合理？是否就是最优模型？这需要进一步验证。为此，笔者借助 Mplus7.0 软件对这一模型的合理性和优越性进行了验证性因子分析。

（1）拟合指标选择

验证性因子分析通常借助结构方程模型来进行。结构方程模型的拟合指数大致可以分为四类。

第一类为基于卡方检验结果的拟合指数。为去除模型本身的复杂程度对卡方检验指标带来的影响，常用卡方与自由度之比（χ^2/df）来评价模型的拟合程度。一般认为，$\chi^2/df>5$ 表示拟合不好，$3<\chi^2/df<5$ 表示拟合较好，$1<\chi^2/df<3$ 表示拟合很好，$\chi^2/df<1$ 则表示拟合过度[①]。卡方受样本量大小的影响较大，样本量越大，χ^2 就越大，在模型不变、df 不变的情况下，χ^2/df 就会越大。因此，大样本研究一般不再将 χ^2/df 作为评价拟合程度的指数。在第一次正式施测时，被试量适中，故而适合使用这一指数。第二次正式施测时，被试量较大，则不再使用这一指数。

第二类为适合度指数。常用指数包括 GFI 和 AGFI。GFI 为拟合优度指数，AGFI 为调整后的拟合优度指数，GFI 类似于回归分析中的可解释变量 R^2，主要反映假设模型可解释观察数据的比例。适合度指数同样要考虑模型的复杂程度，AGFI 就是考虑了模型复杂程度后的 GFI。

第三类为替代性指数。常用的替代性指数为 CFI、TLI 和 RMSEA。TLI 与 CFI 的算法相似，都是用于评价假设模型与独立模型之间差异的指数。TLI 和 CFI 为 0～1，大于或接近 0.90 则比较理想[②]，当样本量较大时，大于或等于 0.80 也可以接受；RMSEA 主要用于对理论模型与饱和模型的差异进行比较，RMSEA<0.1 表示拟合可接受，RMSEA<0.08 表示拟合较好，RMSEA<0.05 表示拟合很好[③]。

第四类为残差分析指数，用于评价观察数据与理论模型之间的相似程度，常用指数为 SRMR，SRMR 为 0～1，小于 0.1 表明拟合可接受，小于 0.08 则认为模型拟合理想[④]。

本研究根据实际情况并结合各种拟合指数的特性，选用 χ^2/df、CFI、TLI、RMSEA 和 SRMR 5 个指标。

（2）模型检验与比较

通过以下两个步骤，对正式问卷数据（N=519）进行验证性因子分析，结果见

---

① 吴明隆. 结构方程模型：AMOS 的操作与应用[M]. 重庆：重庆大学出版社，2009：42-43.

② Hu L，Bentler P M. Cutoff criteria for fit indexes in covariance structure analysis：Conventional criteria versus new alternatives[J]. Structural Equation Modeling：A Multidisciplinary Journal，1999（1）：1-55；温忠麟，侯杰泰，马什赫伯特. 结构方程模型检验：拟合指数与卡方准则[J]. 心理学报，2004（2）：186-194.

③ 吴明隆. 结构方程模型：AMOS 的操作与应用[M]. 重庆：重庆大学出版社，2009：43-44；Steiger J H. Structural model evaluation and modification：An interval estimation approach[J]. Multivariate Behavioral Research，1990（2）：173-180.

④ Hu L T，Bentler P M. Cutoff criteria for fit indexes in covariance structure analysis：Conventional criteria versus new alternatives[J]. Structural Equation Modeling：A Multidisciplinary Journal，1999（1）：1-55.

表 4-12。

表 4-12　智力障碍儿童亲社会行为结构的验证性因子分析结果（*N*=519）

模型	χ^2	*df*	χ^2/df	RMSEA	SRMR	CFI	TLI
虚无模型（M_0）	28 178.846	1 431	19.692				
四因子高阶模型（M_1）	4 969.375	1 367	3.635	0.071	0.060	0.865	0.859
单因子模型（M_2）	7 022.071	1 377	5.100	0.089	0.068	0.789	0.781
四因子模型（M_3）	6 583.753	1 373	4.795	0.085	0.068	0.805	0.797

注：四因子高阶模型（M_0）是指二阶四因子一阶七因子模型

第一步，检验预设模型与观测数据的拟合情况。从拟合指数来看，二阶四因子一阶七因子模型（M_1）的 χ^2/df=3.635，达到理论要求低于 5 的标准，且接近 3 的良好标准；RMSEA 和 SRMR 分别为 0.071、0.060，均达到理论要求的低于 0.08 的良好标准；CFI 和 TLI 分别为 0.865、0.859，都接近理论要求的 0.9 的标准。综合上述各项指标可知，二阶四因子一阶七因子模型（M_1）符合理论假设和测量学的要求。

第二步，检验二阶四因子一阶七因子模型是否为最优模型。基于文献分析，本研究设置了以下两个备择竞争模型：一是单因子模型（M_2）；二是四因子模型（M_3）。单因子模型（M_2）假定 54 个项目拥有一个共同潜变量；四因子模型（M_3）则是根据寇彧等的亲社会行为四因子模型，将遵守规则和遵从习俗两因子的项目合并为遵规与公益性因子，将增进关系和维护关系两因子的项目合并为关系性因子，将宜人性和愉悦性两因子的项目合并为特质性因子，将利他性因子项目归于利他性因子。目前，尚无理论依据支持亲社会行为二因子和三因子，故而未将二因子和三因子模型纳入比较之列。从拟合指数来看，智力障碍儿童亲社会行为二阶四因子一阶七因子模型的拟合最好，单因子模型的拟合最差。

为了进一步比较这三个模型的优劣，本研究又对一些主观指标进行了考察，如 χ^2/df。在 Δdf 一定的情况下，$\Delta\chi^2$ 差值的显著性水平见表 4-13。Δdf 指两个比较模型的自由度之差，$\Delta\chi^2$ 指两个比较模型的卡方之差，通过查卡方分布表可知差异的显著性水平[1]。从 $\Delta\chi^2$ 的差异显著性来看，二阶四因子一阶七因子模型的拟合效果既显著优于单因子模型，也显著优于四因子模型，因此接受拟合效果更好的二阶四因子一阶七因子模型。

① 王孝玲. 教育统计学[M]. 上海：华东师范大学出版社，2007：31.

表 4-13　各比较模型的拟合指标

模型	$\Delta \chi^2$	Δdf	$\Delta \chi^2/df$
M_1—M_2	−2025.696**	−10	−1.464
M_1—M_3	−1614.378**	−6	−1.16

注：当 Δdf=6 时，$p<0.05$ 的标准是 χ^2=12.25，$p<0.01$ 的标准是 χ^2=16.81；当 Δdf=10 时，$p<0.05$ 的标准是 χ^2=18.31，$p<0.01$ 的标准是 χ^2=23.21

2. 聚合效度分析

为了进一步验证评估问卷构想效度的确定性、稳定性和可靠性，本研究在单个题目质量的检验上，增加了聚合效度检验。聚合效度主要用来检验相同构念的多个观测变量在该构念上的聚敛程度。聚合效度检验指标有三个：①每个观测变量的因子载荷量 t 检验达到显著水平，且载荷量要高于 0.5，0.7 以上为理想状态；②各因子构念的组合信度要大于 0.6；③各因子构念的平均方差抽取量（average variance extracted，AVE）要高于 0.5[①]。对"智力障碍儿童亲社会行为问卷"主成分分析模型进行聚合效度检验，检验结果见表 4-14。

表 4-14　"智力障碍儿童亲社会行为问卷"各观测变量的因子载荷及信效度检验结果（N=519）

维度	项目编号	载荷	AVE	组合信度	维度	题目	载荷	AVE	组合信度
f2	t2	0.725***	0.5470	0.8938	f6	t41	0.810***	0.6714	0.9533
	t6	0.840***				t43	0.824***		
	t8	0.749***				t53	0.837***		
	t34	0.677***				t67	0.813***		
	t46	0.734***				t68	0.794***		
	t56	0.697***				t70	0.807***		
	t79	0.744***				t77	0.800***		
f3	t1	0.690***	0.6109	0.9033		t83	0.825***		
	t54	0.676***				t90	0.825***		
	t55	0.843***				t92	0.851***		
	t62	0.847***			f5	t10	0.530***	0.4974	0.8725
	t64	0.800***				t11	0.747***		
	t82	0.815***				t20	0.738***		

① 鞠玉翠，梁磊. 学校道德氛围量表的编制与验证[J]. 华东师范大学学报（教育科学版），2017（3）：80-93，170-171.

续表

维度	项目编号	载荷	AVE	组合信度	维度	题目	载荷	AVE	组合信度
f4	t15	0.781***	0.6689	0.9528	f5	t26	0.771***	0.4974	0.8725
	t16	0.830***				t38	0.765***		
	t17	0.809***				t85	0.664***		
	t31	0.840***				t88	0.691***		
	t57	0.814***			C1	t3	0.841***	0.7002	0.9589
	t61	0.875***				t12	0.849***		
	t63	0.792***				t14	0.795***		
	t81	0.820***				t22	0.798***		
	t93	0.809***				t27	0.850***		
	t94	0.805***				t39	0.797***		
f7	t18	0.761***	0.5808	0.8468		t48	0.856***		
	t35	0.734***				t50	0.881***		
	t37	0.827***				t52	0.842***		
	t40	0.722***				t91	0.854***		

第一，54 个观测变量的因子载荷量 t 检验都达到了显著性水平，且 54 个观测变量的因子载荷量中有 47 个达到 0.7 以上，有 7 个为 0.5～0.7，表明各因子构念在解释其对应的观测变量的变异量时，绝大多数都能解释变异的 50% 以上。因此，整体而言，每个因子构念的观察指标都可以有效地反映其对应的构念特质。

第二，"智力障碍儿童亲社会行为问卷"主成分分析模型中 7 个一阶因子构念的组合信度在 [0.8468, 0.9589]，均达到理论要求的大于 0.6，说明各因子构念内观测变量的同构性较高，模型的内在质量良好。

第三，"智力障碍儿童亲社会行为问卷"主成分分析模型中 7 个一阶因子构念的平均方差抽取量（AVE）分别为 0.5470、0.6109、0.6689、0.4974、0.6714、0.5808、0.7002，除 f5 外，其余各因子的平均方差抽取量高于理论要求的 0.5，而 f5 的平均方差抽取量（0.4974）也已非常接近 0.5，且其组合信度良好。综合各项指标，可以认为该模型的聚合效度良好。

（二）内容效度分析

内容效度是用来考察测量项目对技能、任务、知识等被测对象的代表性程度的[①]。

[①]　威廉·维尔斯曼. 教育研究方法导论[M]. 袁振国主译. 北京：教育科学出版社，2010：362.

本研究认为应从利他性、遵守规则、遵从习俗、增进关系、维护关系、宜人性和愉悦性七个方面考察智力障碍儿童的亲社会行为，这七个方面又分别属于更为概括的利他性、遵规与公益性、关系性和特质性四个方面。目前，评估问卷选择的典型行为是否真的具有代表性？能否以这些典型行为为样本来推测智力障碍儿童亲社会行为的发展情况？这些问题可以通过内容效度评估来回答。本研究采用两种方式来考察问卷的内容效度：①专家评定；②相关检验，即计算单个题目与其所在因子或总问卷的相关系数，若相关系数显著，则认为题目与所属因子或总问卷测量的内容相一致，具有理想的内容效度。

1. 专家评定法

（1）专家人选

笔者邀请国内培智教育领域的 10 名专家进行评定，包括 3 名高校特殊教育和教育康复专业的教师、3 名特殊教育研究员及教研员、2 名培智学校校长、2 名培智学校高级职称教师。笔者以电子邮件形式将问卷发送给专家，由其对问卷结构及评估项目的适宜性进行评定。

（2）评定材料

评定材料包括"智力障碍儿童亲社会行为问卷"修改稿、智力障碍儿童亲社会行为结构模型和自编"专家评判表"。

（3）评分标准

评定材料共包括 39 道题，每题按"0"和"1"进行计分，"0"表示"不认可"，"1"表示"认可"，若不认可，则写出相应的修改建议。

（4）统计结果

专家评定结果显示，绝大部分专家基本认同问卷的各级因子与行为要素构成，仅有 1 人对遵从习俗因子中的"协调关系"要素提出不认可，建议可以不作为考察内容。专家对行为要素对应的考察项目的认可度非常高，其中有 43 道题的认可度为 100%，8 道题的认可度超过了 90%，仅有 3 道题的认可度为 80%。

2. 相关系数统计法

（1）利他性亲社会行为因子

从数据结果来看（表 4-15），各题项与其所属利他性因子得分以及问卷总分的相关均极其显著，相关系数分别在[0.822，0.889]和[0.777，0.858]，均为中等以上相关，表明利他性亲社会行为因子具有较高的内容效度。

表4-15　利他性亲社会行为因子内容效度（N=519）

维度	项目编号	与利他性因子得分相关	与问卷总分相关
利他性	t3	0.863***	0.793***
	t12	0.872***	0.804***
	t14	0.835***	0.749***
	t22	0.823***	0.777***
	t27	0.870***	0.807***
	t39	0.822***	0.785***
	t48	0.868***	0.814***
	t50	0.889***	0.840***
	t52	0.849***	0.827***
	t91	0.852***	0.858***

（2）遵规与公益性亲社会行为因子

从数据结果来看（表4-16），各题项与其所属一阶因子（遵守规则、遵从习俗）得分、二阶因子（遵规与公益性亲社会行为）得分及问卷总分的相关均极其显著，相关系数分别在[0.740，0.867]、[0.685，0.787]和[0.616，0.800]，均为中等以上相关，表明二阶因子遵规与公益性亲社会行为及一阶因子遵守规则、遵从习俗均具有较高的内容效度。

表4-16　遵规与公益性亲社会行为因子内容效度（N=519）

因子	项目编号	与一阶因子得分相关	与二阶因子得分相关	与问卷总分相关
遵守规则	t2	0.765***	0.699***	0.616***
	t6	0.843***	0.787***	0.733***
	t8	0.781***	0.701***	0.640***
	t34	0.746***	0.698***	0.621***
	t46	0.779***	0.715***	0.669***
	t56	0.768***	0.704***	0.620***
	t79	0.784***	0.749***	0.682***
遵从习俗	t1	0.740***	0.698***	0.707***
	t54	0.746***	0.685***	0.686***
	t55	0.867***	0.779***	0.799***
	t62	0.862***	0.775***	0.800***
	t64	0.838***	0.758***	0.780***
	t82	0.835***	0.774***	0.787***

（3）关系性亲社会行为因子

从数据结果来看（表4-17），各题项与其所属一阶因子（增进关系、维护关系）、二阶因子（关系性亲社会行为）得分及问卷总分的相关均极其显著，相关系数分别在[0.642，0.876]、[0.475，0.830]和[0.449，0.832]，相关强度均为中等及以上，表明二阶因子关系性亲社会行为和一阶因子增进关系、维护关系都具有较高的内容效度。

表 4-17　关系性亲社会行为因子内容效度（*N*=519）

因子	项目编号	与一阶因子得分相关	与二阶因子得分相关	与问卷总分相关
增进关系	t15	0.820***	0.776***	0.760***
	t16	0.865***	0.814***	0.794***
	t17	0.841***	0.819***	0.796***
	t31	0.857***	0.802***	0.789***
	t57	0.826***	0.791***	0.784***
	t61	0.876***	0.830***	0.832***
	t63	0.810***	0.774***	0.766***
	t81	0.817***	0.805***	0.813***
	t93	0.835***	0.815***	0.796***
	t94	0.831***	0.763***	0.750***
维护关系	t10	0.642***	0.475***	0.449***
	t11	0.775***	0.716***	0.709***
	t20	0.780***	0.678***	0.664***
	t26	0.802***	0.675***	0.664***
	t38	0.774***	0.676***	0.681***
	t85	0.738***	0.606***	0.585***
	t88	0.749***	0.690***	0.663***

（4）特质性亲社会行为因子

从数据结果来看（表4-18），各题项与其所属一阶因子（宜人性、愉悦性）得分、二阶因子（特质性亲社会行为）得分及问卷总分的相关均极其显著，相关系数分别在[0.815，0.855]、[0.600，0.838]和[0.575，0.823]，相关强度均为中等以上，表明二阶因子特质性亲社会行为和一阶因子宜人性、愉悦性均具有较高的内容效度。

表 4-18　特质性亲社会行为因子内容效度（N=519）

因子	项目编号	与一阶因子得分相关	与二阶因子得分相关	与问卷总分相关
宜人性	t41	0.846***	0.834***	0.792***
	t43	0.842***	0.818***	0.792***
	t53	0.853***	0.812***	0.793**
	t67	0.834***	0.795***	0.767***
	t68	0.835***	0.805***	0.746***
	t70	0.833***	0.815***	0.784***
	t77	0.825***	0.818***	0.785***
	t83	0.823***	0.806***	0.823**
	t90	0.855***	0.838***	0.796***
	t92	0.851***	0.826***	0.822***
愉悦性	t18	0.818***	0.680***	0.674***
	t35	0.826**	0.600***	0.575***
	t37	0.853***	0.708***	0.702***
	t40	0.815***	0.647***	0.618***

（三）信度分析

为进一步了解问卷的可靠性和稳定性，本研究对问卷的内部信度进行了检验。对内部信度检验的目的主要是考察问卷项目是否属单一概念以及项目之间的内部一致性情况。内部一致性系数（Cronbach's α）是常用的信度检验方法。对于总问卷而言，Cronbach's α 最好在 0.80 以上，大于 0.9 为非常理想，小于 0.8 则应考虑对问卷进行修订或重新编制；对于分问卷（或各因子）而言，Cronbach's α 应不小于 0.6，若为 0.7～0.8 则表示信度较高，在 0.80 以上表示信度很理想[①]。本研究采用 Cronbach's α 考察问卷整体及各因子的内部一致性信度，结果发现问卷整体的 Cronbach's α 为 0.984（表 4-19），说明问卷总体上有着很好的内部一致性。4 个二阶因子的 Cronbach's α 在 [0.928，0.959]，均大于 0.9，7 个一阶因子的 Cronbach's α 在 [0.847，0.959]，均大于 0.8，说明本问卷的各因子均有较好的内部一致性。综合各项信度统计指标，可以认为该问卷具有良好的内部一致性。

---

① 吴明隆. 问卷统计分析实务：SPSS 操作与应用[M]. 重庆：重庆大学出版社，2010：248-249.

表 4-19　"智力障碍儿童亲社会行为问卷"的信度分析（N=519）

二阶因子与亲社会行为总体	Cronbach's α	一阶因子	Cronbach's α
利他性	0.959	遵守规则	0.893
遵规与公益性	0.928	遵从习俗	0.899
关系性	0.947	增进关系	0.953
特质性	0.948	维护关系	0.872
亲社会行为总体	0.984	宜人性	0.954
		愉悦性	0.847
		利他性	0.959

五、第二次结构模型的检验

为进一步检验评估问卷的心理测量学属性，避免仅凭一次测试分析建立的模型可能带来的风险，笔者用第二次正式调查所得的数据对评估问卷进行再检验。由于 $N \geqslant$ 1000 时，χ^2 值往往很大，不建议使用 χ^2 准则[①]，本次施测样本大于 1000，故不再使用这一指数。验证性因子分析结果（表 4-20，图 4-1）表明，当样本量扩大时，有三项测量学指标（RMSEA、CFI、TLI）都在原有的基础上有所优化，SRMR 则保持在良好水平。信度检验结果（表 4-21）表明，当样本量扩大时，问卷总体上和各因子依然保持良好的内部一致性。综合上述结果可知，该评估问卷的测量学属性在大规模测试时具有良好的稳定性和可靠性，适宜在智力障碍儿童亲社会行为的测评中广泛使用。

表 4-20　二阶四因子一阶七因子智力障碍儿童亲社会行为结构的验证性因子分析

项目	RMSEA	SRMR	CFI	TLI
第二次测试（1053 人）	0.067	0.060	0.870	0.864
第一次测试（519 人）	0.071	0.060	0.865	0.859

表 4-21　"智力障碍儿童亲社会行为问卷"的信度分析（N=1053）

项目	遵守规则	遵从习俗	增进关系	维护关系	宜人性	愉悦性	利他性	遵规与公益性	关系性	特质性	总体亲社会性
第二次	0.893	0.899	0.953	0.872	0.954	0.847	0.959	0.928	0.947	0.948	0.984
第一次	0.890	0.878	0.948	0.873	0.945	0.827	0.953	0.922	0.946	0.940	0.983

---

① 温忠麟，侯杰泰，马什赫伯特. 结构方程模型检验：拟合指数与卡方准则[J]. 心理学报，2004（2）：186-194.

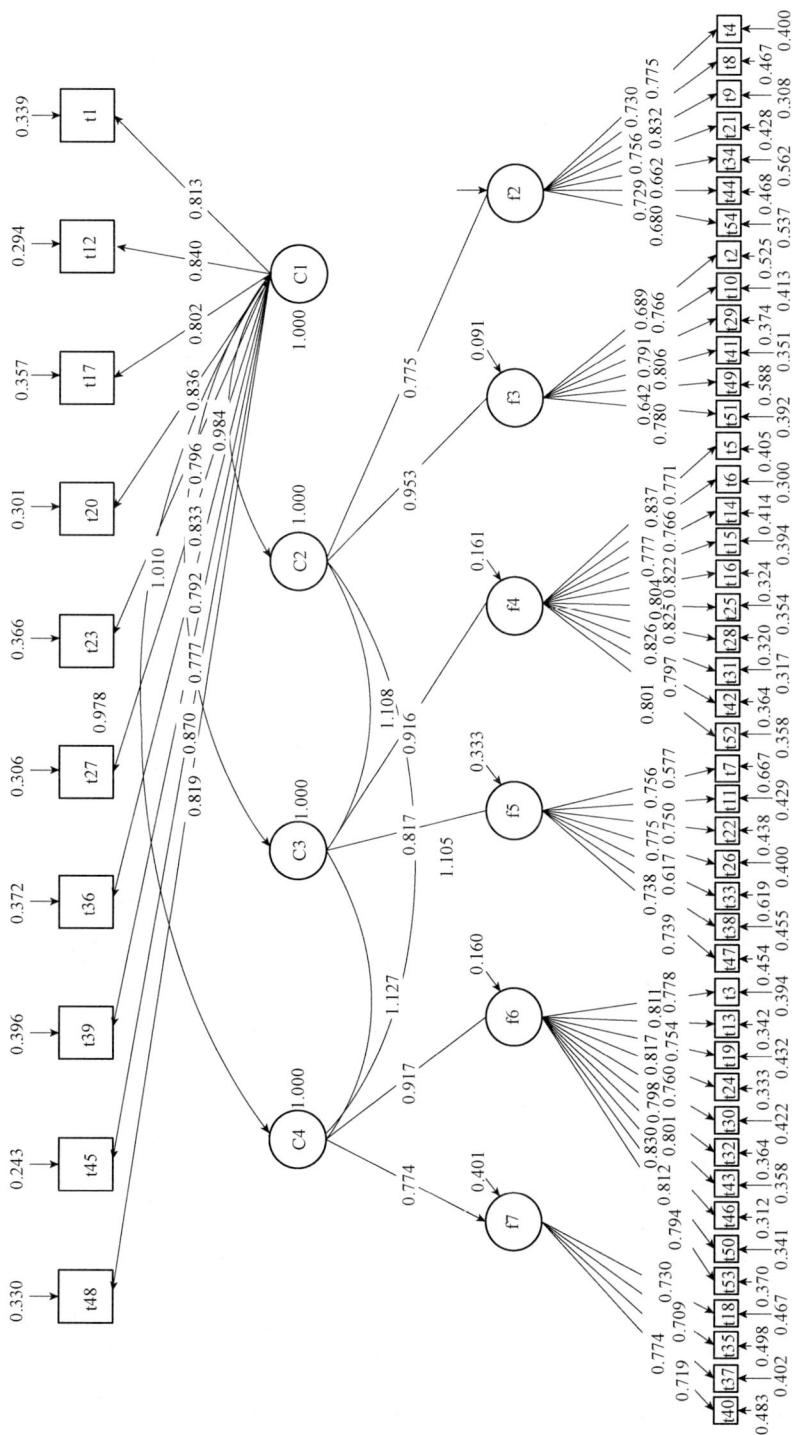

注：C1为利他性亲社会行为，C2为遵规与公益性亲社会行为，C3为关系性亲社会行为，C4为特质性亲社会行为，f2为谦逊性，f3为遵从习俗，f4为增进关系，f5为维护关系，f6为宜人性，f7为愉悦性

图 4-1 智力障碍儿童亲社会行为二阶四因子一阶七因子模型

第四节   智力障碍儿童亲社会行为的结构与问卷质量

一、基于原型理论的智力障碍儿童亲社会行为结构

本研究扎根于中国本土文化背景，以智力障碍儿童这一特殊群体为研究对象，探讨亲社会行为的内容结构。在进行理论建构时，我们基于寇彧等运用概念的原型分析技术获得的亲社会行为类型及其构建的中国青少年认同的亲社会行为四因子模型，通过对类属于每一维度的行为类型进行深入、系统的分析，并征求相关专家的意见，初步建构起智力障碍儿童亲社会行为二阶四因子（利他性、遵规与公益性、关系性和特质性）一阶七因子（利他性、遵守规则、遵从习俗、增进关系、维护关系、宜人性和愉悦性）模型。通过以上步骤建构的智力障碍儿童亲社会行为结构模型，是在充分吸收已有亲社会行为结构研究成果的基础上，对亲社会行为结构进行进一步微观分析的结果。这一多维度、多层次的模型基本上能够达到进一步澄清亲社会行为概念的内部结构、体现其内涵本质的要求。之后，通过实证数据进行的探索性因子分析和验证性因子分析也进一步证实了结构构想，说明本研究得出的智力障碍儿童亲社会行为的结构维度是合理、可行的。

在后续的项目选编阶段，我们亦是严格遵循问卷研制的一般程序，首先以寇彧等提炼出的中国青少年认同的43种亲社会行为作为核检表的基本素材，通过讨论分析、征求意见、预访谈、修订核检表和正式调查，筛选出了培智教育教师认可的智力障碍儿童亲社会行为基本类型。然后，以筛选出的亲社会行为类型为基本要素，通过文献分析、访谈和行为样例征集、征求意见和小范围试测，形成了包含95个项目的初始问卷。以上研制程序确保了选编的项目既能够较全面地反映亲社会行为的内涵，又能契合智力障碍儿童的生活实际、心理和年龄特征。

寇彧等用原型分析技术建构的亲社会行为四因子模型，使亲社会行为结构突破了传统研究对亲社会行为类别划分过于单一的"简化模式"，将亲社会行为纳入一个更为生态化的框架之中，从而较为完整地涵盖了青少年社会化和社会适应过程的重要影响因素——自我、他人和群体。本研究则是在寇彧等研究的基础上，建

构并检验了亲社会行为二阶四因子一阶七因子结构。研究结果进一步证实了智力障碍儿童亲社会行为的内部结构不仅包括 4 个一阶因子，还包括 7 个一阶因子的假设，从而表明亲社会行为概念不仅具有丰富的内涵，其结构体系也更为复杂，是一个多维度、多层次的结构。本研究结果是对亲社会行为本身涵盖的不同行为类型进行的更为系统、微观的区分，这为建构更为立体化的亲社会行为测评体系，继续完善亲社会行为的测评工具提供了一个崭新的视角，也更加准确、完整地反映了亲社会行为本身的发展特点和群体特点，为更深入地探讨亲社会行为的影响因素与作用机制提供了更多、更重要的内部变量，而这对于从操作化的角度进行亲社会行为促进和干预的探索，无疑具有更为重要的价值和意义。

二、“智力障碍儿童亲社会行为问卷”的质量

笔者建构的智力障碍儿童亲社会行为模型是在吸收已有相关亲社会行为结构研究成果的基础上不断深化的结果。“智力障碍儿童亲社会行为问卷”行为要素的形成则是以寇彧等提炼的中国青少年认同的 43 种亲社会行为类型作为基本素材，经过讨论分析、征求各方意见、预访谈、核检表调查等步骤筛选而成。问卷具体项目的形成则是经过了文献分析、访谈和行为样例征集等步骤。初始问卷形成之后，又请硕、博士研究生，一线培智教育教师和行业内专家进行审读与评定，并进行了小范围试测。在初始问卷编写完成后，笔者通过分层取样的方式搜集了用于探索性因子分析的数据资料。初始问卷包括 95 个项目，搜集到的有效样本为 521 份，样本数与变量数之比大于探索性因子分析要求的 5∶1 的标准。基于探索性因子分析结果，笔者初步编制了包含 54 个项目的“智力障碍儿童亲社会行为问卷”，正式施测采集到有效样本 519 份，样本数与变量数之比接近 10∶1，因而具备了获得理想结果的数据条件。在构想效度验证方面，笔者采用验证性因子分析和聚合效度两种方法进行检验，在验证性因子分析中，又设定了两种可能的备择模型，然后经过严格的模型比较，发现在所有竞争模型中，二阶四因子一阶七因子模型（M_1）为最优模型，既较为准确又相对简洁。聚合效度检验也发现，二阶四因子一阶七因子模型的聚合效度良好，各因子构念内观测变量的同构性较高，模型的内在质量良好。这两种检验结果都表明，二阶四因子一阶七因子模型是稳定、合理的，相对于其他结构模型而言有一定的优势，这进一步提升了问卷的有效性。笔者同时采用了专家

评定法和统计分析方法来考察问卷的内容效度，专家评定结果和相关系数分析结果为问卷具有理想的内容效度提供了进一步的佐证。

信度分析结果表明，总问卷的内部一致性信度为 0.980，4 个二阶因子的内部一致性系数都在 0.90 以上，7 个一阶因子的内部一致性系数均在 0.80 以上，这表明问卷的内部一致性信度指标达到了心理测量学的标准。这可能是由于问卷包含的行为类型和项目的形成不是在经典理论的框架下、基于理论分析的研究取向获得的，而是在原型理论的框架下、基于实证分析的研究取向获得的，由此搜集到的行为类型和项目比较可靠，不仅能够比较客观地反映中国青少年中的大多数成员对亲社会行为的原始理解与认同，而且非常贴近中国智力障碍儿童群体的实际情况。这应该可以说是"理论分析"研究取向的问卷项目编制与"实证分析"研究取向的问卷项目编制不同导致的结果。

同时，笔者又通过第二次大样本正式测试进一步检验、评估了问卷的心理测量学属性。检验结果也表明，问卷的测量学属性在大规模测试时也具有良好的稳定性和可靠性，因而适宜在智力障碍儿童亲社会行为的测评中广泛使用。

第五章

智力障碍儿童亲社会行为的特征

适应行为受限是智力障碍的核心特征之一，从这个意义上来说，所有智力障碍儿童都有程度不等的社会适应障碍[①]。韦小满[②]和张福娟[③]有关智力障碍儿童与普通儿童适应行为的比较研究也发现，智力障碍儿童的适应能力明显落后于同龄普通儿童，且其适应行为内部各因子存在着发展的不平衡性。但从智力障碍儿童亲社会行为这一微观层面的社会适应研究文献分析来看，由于研究视角和测量方法不同，目前对于智力障碍儿童亲社会行为的总体发展水平、涵盖的不同行为类型的发展现状以及性别差异、年级/年龄差异、障碍类别差异，研究者还是各执一词、难成一论，这对于培智教育实践尤其是智力障碍儿童社会适应能力的培养非常不利。因为这会致使培智教育一线教育工作者或茫然不知所措，或简单地将得出的某一结论作为对智力障碍儿童进行教育与康复的依据，从而使教育教学与康复训练可能因失之客观而造成定位的窄化、异化与偏狭。此外，对于一些问题，如不同类型学校智力障碍儿童亲社会行为的差异，目前还鲜有学者涉足。

鉴于此，本章将在第四章研究的基础上，对智力障碍儿童亲社会行为进行大样本调查，旨在通过对智力障碍儿童亲社会行为发展现状的考察，准确把握其亲社会行为的特征，了解其心理发展的特殊性，从而为制定更切合智力障碍儿童实际、更有利于其全面发展的学校教育决策及采取更有效的干预措施提供科学依据。本章具体关注以下三个方面的问题。

第一，原型理论视野下的智力障碍儿童亲社会行为整体水平如何？内部不同行为类型发展水平的差异如何？

第二，智力障碍儿童亲社会行为的发展趋势如何？

第三，智力障碍儿童亲社会行为的群体（性别、障碍类型、障碍程度和学校类型）差异如何？

---

① 刘春玲，马红英. 智力障碍儿童的发展与教育[M]. 北京：北京大学出版社，2011：105.

② 韦小满. 智力落后儿童适应行为发展的研究[J]. 北京师范大学学报（社会科学版），1997（1）：37-43.

③ 张福娟. 智力落后儿童适应行为发展特点的研究[J]. 心理科学，2002（2）：170-172，253-254.

第一节 智力障碍儿童亲社会行为的特征研究设计

一、研究对象

本章将第四章初测的 521 名被试数据、第一次正式调查的 519 名被试数据和第二次正式调查的 1053 名被试数据进行组合，合成 2093 人的研究大样本。样本分布遍及北京、天津、上海、黑龙江、河北、山东、河南、湖南、江苏、江西、浙江、广东、海南、宁夏、山西、陕西、四川、贵州、重庆、青海、甘肃、云南和新疆 23 个省（自治区、直辖市）的 72 所特殊教育学校。被评价的智力障碍儿童平均年龄为 13.15±3.06 岁，参与调查的教师共 1035 人。样本基本情况见表 5-1。

表 5-1 被试基本情况（N=2093）

变量	项目	人数（n）	比例（%）	变量	项目	人数（n）	比例（%）
性别	男	1364	65	年级	一年级	208	10
	女	729	35		二年级	332	16
障碍类别	唐氏综合征	374	18		三年级	305	15
	一般性智力障碍	1147	55		四年级	234	11
	智力障碍合并孤独症（又称为低功能孤独症）	266	13		五年级	259	12
	智力障碍合并脑瘫	202	10		六年级	209	10
	智力障碍合并其他障碍	104	5		七年级（初一）	190	9
障碍程度	轻度	596	29		八年级（初二）	127	6
	中度	1063	51		九年级（初三）	123	6
	重度	434	21		十年级（职高一年级）	63	3
学校类型	培智学校	798	38		十一年级（职高二年级）	43	2
	综合性特殊教育学校	1295	62				

二、研究工具

1. 基本信息表

基本信息表主要由两部分构成：第一部分包括被试本人的性别、年龄、民族、年级、障碍类别、障碍程度、生源类别、所在学校类型、是否住宿等个人基本信息；第二部分包括教师的性别、年龄、教龄、培智教龄、是否担任班主任、所教科目、最后学历、专业、接受特教培训次数及职称等个人基本信息。

2. 智力障碍儿童亲社会行为问卷

该问卷采用利克特 5 点计分法，从"从不"到"总是"，依次计 1～5 分，得分越高，意味着智力障碍儿童的亲社会行为水平越高。

三、调查程序

笔者与调查的特殊教育学校取得联系后，首先向该校的相关负责教师说明本研究的目的、被试取样的年级及障碍程度等方面的要求，并对其所提有关疑问加以解释，以确保其完全理解答题的具体要求，同时向其做出保密承诺。本研究以实地调查和邮寄调查相结合的方法搜集数据，在新疆的乌鲁木齐市、昌吉回族自治州、哈密市、巴音郭楞蒙古自治州、石河子市和博尔塔拉蒙古自治州 6 个地州市和上海市实施的问卷调查由笔者担任主试，组织教师以无记名方式填写问卷。其他地区的调查由各校的相关负责教师担任主试，由其组织该校的班主任或者任课教师对智力障碍儿童的亲社会行为真实状况进行匿名评定，然后以邮寄的方式回收问卷。

四、数据统计法

本研究采用 SPSS23.0 进行描述性统计、差异显著性检验和方差分析。

第二节　智力障碍儿童亲社会行为的总体水平与差异比较

一、智力障碍儿童亲社会行为的总体水平

笔者对调查的智力障碍儿童亲社会行为的总均分和各维度的得分进行分析，结果显示（表 5-2），智力障碍儿童亲社会行为的总均分为 3.03 分（5 点计分），略高于理论均值（$M=3.00$）。通过与理论最高值 5.00 分进行比较可以得知，从整体而言，智力障碍儿童的亲社会行为处于中等水平，表现为偏向于"有时"展现出亲社会行为。

表 5-2　亲社会行为总分及各阶因子得分情况（$N=2093$）

项目		M	SD	F	p	LSD
总问卷		3.03	0.90			
二阶因子	利他性①	3.06	1.06	369.74***	0.000	②>①>③>④***
	遵规与公益性②	3.18	0.86			
	关系性③	3.02	0.92			
	特质性④	2.86	0.92			
一阶因子	利他性①	3.06	1.06	913.24***	0.000	②>⑦>⑤>①>④>③>⑥***
	遵守规则②	3.51	0.91			
	遵从习俗③	2.80	0.97			
	增进关系④	2.81	1.05			
	维护关系⑤	3.32	0.93			
	宜人性⑥	2.67	1.00			
	愉悦性⑦	3.34	0.97			

　　对 4 个二阶因子进行重复测量方差分析，结果发现（表 5-2，图 5-1），4 个二阶因子的均值存在极其显著的差异（F=369.74，p=0.000<0.001，偏 η^2=0.15）。多重比较结果表明，遵规与公益性的得分均值（M=3.18）显著高于利他性（M=3.06）、关系性（M=3.02）和特质性（M=2.86）；特质性的得分均值显著低于其他 3 个二阶因子的得分均值，是唯一一个处于中等偏下水平的二阶因子；利他性和特质性的得分均值之间也存在极其显著的差异（p=0.000<0.001），利他性的得分均值显著高于关系性的得分均值。

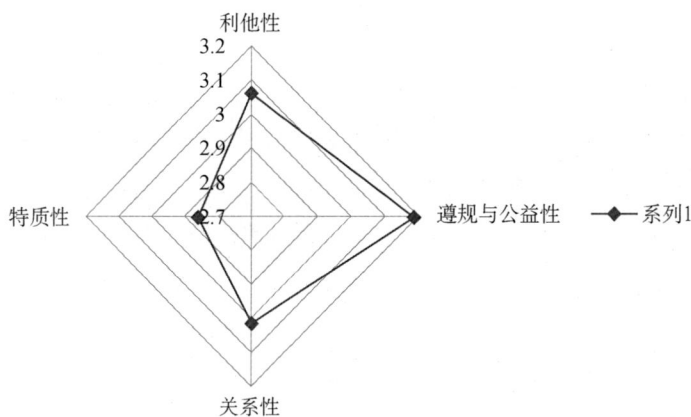

（a）亲社会行为二阶因子得分情况

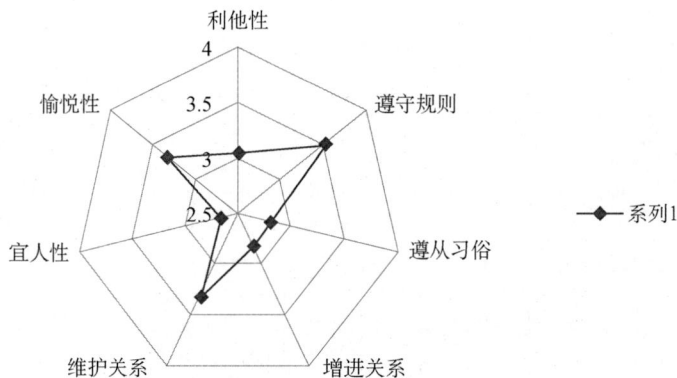

（b）亲社会行为一阶因子得分情况

图 5-1　智力障碍儿童在亲社会行为不同因子上的得分情况

　　对 7 个一阶因子进行重复测量方差分析，结果表明（表 5-2，图 5-1），7 个一阶因子的得分均值也存在极其显著的差异（F=913.24，p<0.001，偏 η^2=0.30）。

多重比较结果表明，遵守规则的得分均值（M=3.51）显著高于其他 6 个一阶因子的得分均值；宜人性的得分均值（M=2.67）则显著低于其他 6 个一阶因子的得分均值，处于中等偏下水平；维护关系（M=3.32）和愉悦性（M=3.34）的得分均值虽显著低于遵守规则的得分均值，但却显著高于利他性（M=3.06）、遵从习俗（M=2.80）、增进关系（M=2.81）和宜人性（M=2.67）的得分均值，而维护关系和愉悦性的得分均值之间的差异不显著；遵从习俗和增进关系的得分均值均显著高于宜人性的得分均值，但二者之间的差异也不显著，且都处于中等偏下水平。

二、智力障碍儿童亲社会行为在人口学变量上的差异

（一）性别差异

对不同性别智力障碍儿童的亲社会行为得分情况进行比较，结果见表 5-3、图 5-2。

表 5-3　不同性别智力障碍儿童亲社会行为得分差异比较（N=2093）

项目	男	女	t	p
亲社会行为	2.97±0.91	3.14±0.88	−4.22***	0.000
利他性	2.99±1.08	3.19±1.02	−4.11***	0.000
遵规与公益性	3.13±0.87	3.28±0.84	−3.68***	0.000
关系性	2.95±0.93	3.14±0.89	−4.60***	0.000
特质性	2.80±0.92	2.96±0.90	−3.86***	0.000
遵守规则	3.46±0.93	3.61±0.88	−3.66***	0.000
遵从习俗	2.76±0.97	2.89±0.96	−3.05***	0.000
增进关系	2.74±1.05	2.94±1.03	−4.33***	0.000
维护关系	3.26±0.94	3.43±0.89	−4.08***	0.000
宜人性	2.62±0.99	2.77±1.00	−3.47***	0.000
愉悦性	3.28±0.98	3.44±0.94	−3.74***	0.000

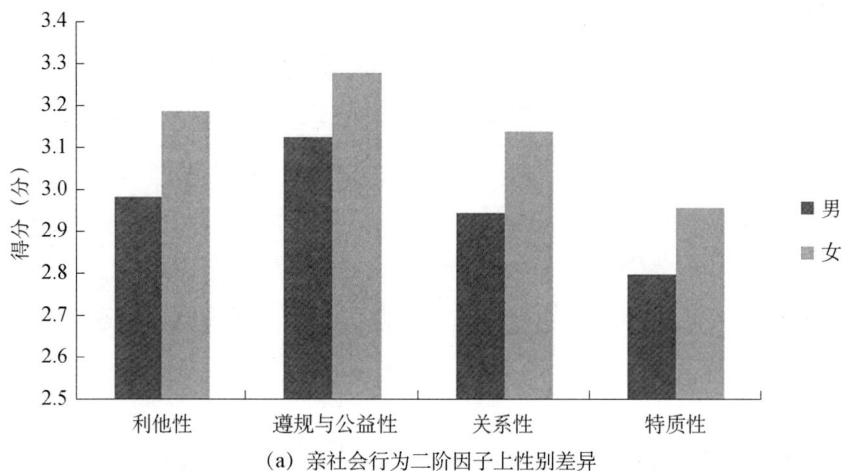

（a）亲社会行为二阶因子上性别差异

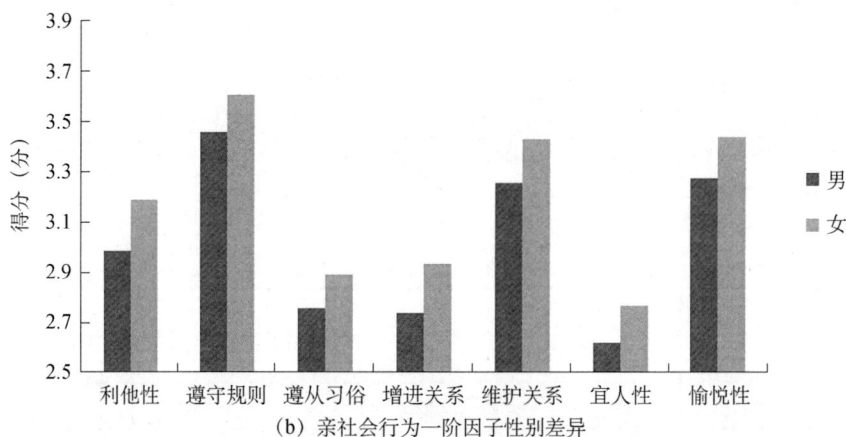

（b）亲社会行为一阶因子性别差异

图 5-2　不同性别智力障碍儿童在亲社会行为不同因子上的得分差异

统计结果表明，智力障碍男生和女生在亲社会行为上的得分、4 个二阶因子和 7 个一阶因子上的得分都存在极其显著的性别差异（$p<0.001$），具体表现为智力障碍女生的亲社会行为总分高于男生，在 4 个二阶因子和 7 个一阶因子上的得分与亲社会行为整体表现结果一致，均是女生高于男生。

（二）年级差异

鉴于被试的年级跨度比较大，且十年级和十一年级的样本量较少，故参照当前关于学段的划分标准对部分年级进行了合并，从而形成了 5 个学段，即小学低段（一至二年级）、小学中段（三至四年级）、小学高段（五至六年级）、初中段（七至九年级）、高中及职高段（十至十一年级）。对不同年级段智力障碍儿童亲社会行为的总平均分和各维度的得分进行差异检验，结果见表5-4和图5-3。

表5-4　不同年级段智力障碍儿童亲社会行为得分差异比较（N=2093）

项目	小学低段 ①	小学中段 ②	小学高段 ③	初中段 ④	高中及职高段 ⑤	F	LSD
A	2.81±0.86	2.96±0.87	3.10±0.92	3.25±0.90	3.26±0.87	18.75***	③④⑤>①②；④>③；②>①
B	2.83±1.02	2.98±1.04	3.13±1.07	3.29±1.07	3.37±1.08	15.19***	④⑤>①②③；③①②；②>①
C	2.97±0.84	3.13±0.83	3.26±0.89	3.39±0.85	3.41±0.82	18.39***	④⑤③>①②；④>③；②>①
D	2.80±0.88	2.96±0.88	3.09±0.94	3.24±0.93	3.22±0.87	17.23***	④⑤③>①②；④>③；②>①
E	2.65±0.88	2.77±0.89	2.94±0.94	3.10±0.90	3.06±0.90	19.06***	④⑤③>①②；④>③；②>①
F	3.31±0.92	3.46±0.88	3.57±0.94	3.69±0.88	3.78±0.83	14.43***	④⑤>①②；⑤>③；③②>①
G	2.57±0.92	2.74±0.93	2.89±0.98	3.04±0.98	2.97±0.97	16.94***	④⑤③>①②；④>③；②>①
H	2.56±0.97	2.75±1.02	2.87±1.07	3.07±1.08	2.99±1.07	16.68***	④⑤>①②；④>③；③②>①
I	3.14±0.92	3.26±0.90	3.39±0.95	3.48±0.90	3.54±0.85	11.72***	④⑤③>①②；②>①
J	2.44±0.96	2.58±0.96	2.75±1.03	2.93±0.99	2.87±1.01	17.97***	④⑤③>①②；④>③；②>①
K	3.16±0.97	3.24±0.96	3.43±0.98	3.52±0.94	3.53±0.88	12.01***	④⑤③>①②

注：A=亲社会行为；B=利他性；C=遵规与公益性；D=关系性；E=特质性；F=遵守规则；G=遵从习俗；H=增进关系；I=维护关系；J=宜人性；K=愉悦性

统计结果表明，在亲社会行为总分、4个二阶因子和7个一阶因子上，智力障碍儿童亲社会行为得分的年级主效应均极其显著（p<0.001）。

1）在亲社会行为总分、4个二阶因子和7个一阶因子上，智力障碍儿童的得分均呈现出小学低段得分最低。随着年级的逐级升高，得分呈不断上升的趋势；从初中段进入高中及职高段，得分走势稍有所不同，在亲社会行为总分、二阶因子利他性、遵规与公益性和一阶因子维护关系、愉悦性上，得分继续呈现出上升的趋势，但在二阶因子关系性、特质性和一阶因子遵守规则、遵从习俗、增进关系和宜人性上，得分呈现出略微下降的趋势。

（a）亲社会行为总分年级差异

（b）亲社会行为二阶因子年级差异

（c）亲社会行为一阶因子年级差异

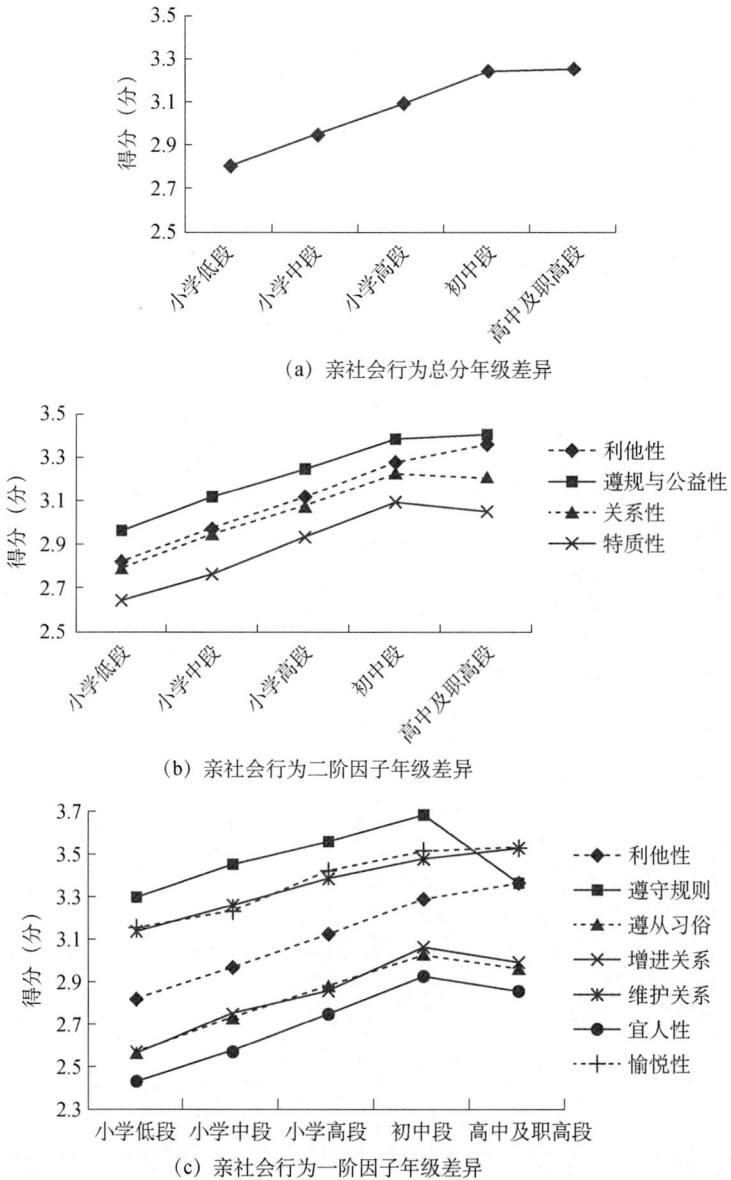

图 5-3　不同年级段智力障碍儿童在亲社会行为总分及不同因子上的得分差异

2）在二阶因子遵规与公益性上，智力障碍儿童的得分在各个年龄段都保持在最高的水平；在二阶因子特质性上，智力障碍儿童的得分在各个年龄段都保持在最低的水平。在一阶因子维护关系和愉悦性上，智力障碍儿童的得分发展趋势和发展水平几乎完全一致，一直保持在相对较高的水平；在一阶因子增进关系和遵从习俗上，智力障碍儿童得分的发展趋势和发展水平也几乎完全一致，一直保持在相对较低的水平。

3）进一步进行 LSD（least significant difference）检验后发现：①在亲社会行为总分，二阶因子遵规与公益性、关系性和特质性以及一阶因子遵从习俗、宜人性上，均表现出小学高段、初中段和高中及职高段显著高于小学低段、小学中段，初中段显著高于小学高段，小学中段又显著高于小学低段的现象。②在二阶因子利他性上，表现出初中段和高中及职高段显著高于小学低段、小学中段与小学高段，小学高段显著高于小学低段和小学中段，小学中段又显著高于小学低段的现象。③在一阶因子遵守规则和增进关系上，均表现出初中段和高中及职高段显著高于小学低段、小学中段，小学高段和小学中段显著高于小学低段的现象；在一阶因子遵守规则上，还表现出高中及职高段显著高于小学高段的现象；在一阶因子增进关系上，又表现出初中段显著高于小学高段的现象。④在一阶因子维护关系上，表现出小学高段、初中段和高中及职高段显著高于小学低段、小学中段，且小学中段高于小学低段的现象。⑤在愉悦性因子上，只表现出小学高段、初中段和高中及职高段显著高于小学低段、小学中段的现象。⑥在亲社会行为总分及各因子上，初中段和高中及职高段均无显著差异。

（三）障碍类型差异

对不同障碍类型智力障碍儿童亲社会行为的总平均分和各因子的得分进行差异检验，结果见表 5-5 和图 5-4。

表 5-5 不同障碍类型智力障碍儿童亲社会行为得分差异比较（N=2093）

项目	唐氏综合征①	一般性智力障碍②	智力障碍合并孤独症③	智力障碍合并脑瘫④	智力障碍合并其他障碍⑤	F	LSD
A	3.10±0.85	3.19±0.85	2.16±0.69	3.19±0.89	2.92±0.94	86.21***	①②④⑤>③；②④>⑤
B	3.18±0.97	3.28±0.99	1.96±0.84	3.07±1.05	3.04±1.06	99.50***	①④⑤>③；②>④⑤
C	3.23±0.81	3.32±0.82	2.48±0.71	3.32±0.86	3.03±0.93	59.63***	①②④⑤>③；①②④>⑤
D	3.09±0.86	3.17±0.86	2.14±0.71	3.24±0.91	2.88±0.94	84.27***	①②④⑤>③；①②④>⑤
E	2.92±0.87	3.00±0.86	2.03±0.72	3.13±0.90	2.73±0.99	74.41***	①②④⑤>③；④>①②⑤；②>⑤
F	3.55±0.88	3.61±0.88	2.99±0.92	3.62±0.89	3.37±0.99	27.004***	①②④⑤>③；②④>⑤

续表

项目	唐氏综合征①	一般性智力障碍②	智力障碍合并孤独症③	智力障碍合并脑瘫④	智力障碍合并其他障碍⑤	F	LSD
G	2.85±0.89	2.98±0.92	1.88±0.71	2.98±0.98	2.64±1.00	84.61***	①②④⑤>③；②>①⑤；④>⑤
H	2.93±0.97	2.99±0.98	1.69±0.71	3.06±1.04	2.66±1.04	107.91***	①②④⑤>③；①②④>⑤
I	3.33±0.89	3.42±0.88	2.79±0.98	3.49±0.91	3.20±0.97	29.08***	①②④⑤>③；④>①⑤；②>⑤
J	2.75±0.94	2.83±0.94	1.71±0.75	2.97±0.99	2.52±1.06	85.71***	①②④⑤>③；①②④>⑤；④>①②
K	3.34±0.94	3.41±0.92	2.86±1.05	3.54±0.95	3.28±1.07	21.00***	①②④⑤>③；④>①⑤

注：A=亲社会行为；B=利他性；C=遵规与公益性；D=关系性；E=特质性；F=遵守规则；G=遵从习俗；H=增进关系；I=维护关系；J=宜人性；K=愉悦性

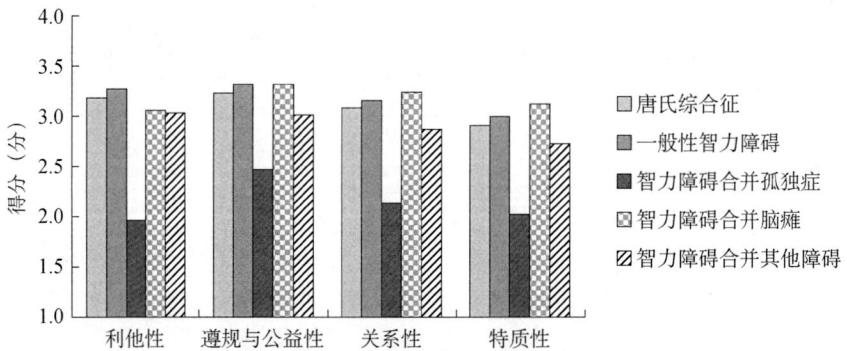

(a) 亲社会行为二阶因子障碍类别差异

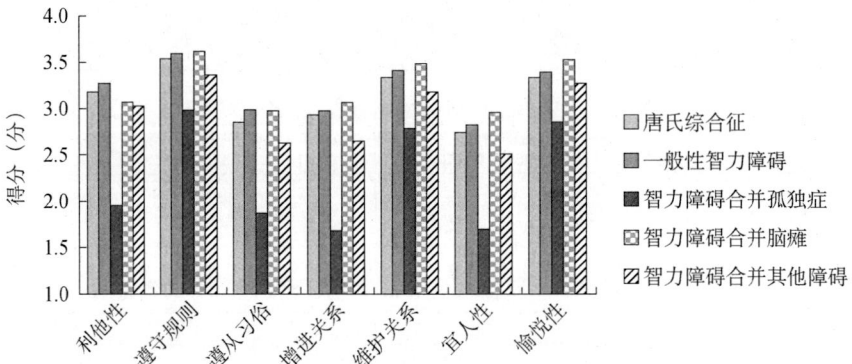

(b) 亲社会行为一阶因子障碍类别差异

图 5-4 不同障碍类型儿童在亲社会行为不同因子上的得分差异

结果表明，在智力障碍儿童亲社会行为的总均分及各因子上，障碍类型的主效应均极其显著（$p<0.001$），进一步进行 LSD 检验后有如下发现。

1）在亲社会行为总均分、4 个二阶因子及 7 个一阶因子上，均呈现出唐氏综合征、一般性智力障碍、智力障碍合并脑瘫和智力障碍合并其他障碍儿童的得分显著高于智力障碍合并孤独症（即低功能孤独症）儿童的现象。

2）在二阶因子遵规与公益性和关系性及一阶因子增进关系、宜人性上，均表现出唐氏综合征儿童的得分显著高于智力障碍合并其他障碍儿童的现象；在二阶因子特质性及一阶因子维护关系、宜人性和愉悦性上，唐氏综合征儿童的得分则显著低于智力障碍合并脑瘫儿童；在二阶因子遵从习俗上，唐氏综合征儿童的得分显著低于一般性智力障碍儿童；在亲社会行为总分、二阶因子利他性及一阶因子遵守规则上，唐氏综合征儿童与一般性智力障碍儿童、智力障碍合并脑瘫儿童及智力障碍合并其他障碍儿童的得分无统计学意义上的显著差异。在二阶因子遵规与公益性、关系性及一阶因子增进关系上，唐氏综合征儿童与一般性智力障碍儿童、智力障碍合并脑瘫儿童均未见显著差异。

3）在亲社会行为总分，二阶因子遵规与公益性、关系性和特质性上，以及除愉悦性之外的 6 个一阶因子上，都表现为一般性智力障碍儿童和智力障碍合并脑瘫儿童的得分显著高于智力障碍合并其他障碍儿童；除在二阶因子利他性上一般性智力障碍儿童的得分显著高于智力障碍合并脑瘫儿童，在二阶因子特质性及一阶因子宜人性上，智力障碍合并脑瘫儿童的得分显著高于一般性智力障碍儿童，在亲社会行为总分及其他各阶因子上，一般性智力障碍儿童和智力障碍合并脑瘫儿童的得分都不存在显著差异。

（四）障碍程度差异

笔者对不同障碍程度智力障碍儿童的亲社会行为差异进行了比较，结果见表 5-6 和图 5-5。

表 5-6　不同障碍程度智力障碍儿童亲社会行为得分差异比较（$N=2093$）

项目	轻度①	中度②	重度③	F	p	两两比较
亲社会行为	3.67±0.69	3.03±0.71	2.05±0.72	663.46***	0.000	①>②>③
利他性	3.76±0.82	3.13±0.86	1.94±0.90	565.75***	0.000	①>②>③
遵规与公益性	3.78±0.66	3.22±0.68	2.28±0.73	599.10***	0.000	①>②>③

续表

项目	轻度①	中度②	重度③	F	p	两两比较
关系性	3.64±0.73	3.07±0.73	2.04±0.75	346.89***	0.000	①>②>③
特质性	3.48±0.74	2.89±0.74	1.92±0.72	633.06***	0.000	①>②>③
遵守规则	4.02±0.67	3.54±0.76	2.71±0.96	606.79***	0.000	①>②>③
遵从习俗	3.49±0.79	2.84±0.78	1.78±0.69	588.05***	0.000	①>②>③
增进关系	3.53±0.86	2.85±0.86	1.72±0.76	329.76***	0.000	①>②>③
维护关系	3.81±0.71	3.38±0.77	2.51±0.99	564.58***	0.000	①>②>③
宜人性	3.36±0.83	2.70±0.83	1.64±0.72	566.67***	0.000	①>②>③
愉悦性	3.78±0.77	3.38±0.84	2.61±1.08	227.53***	0.000	①>②>③

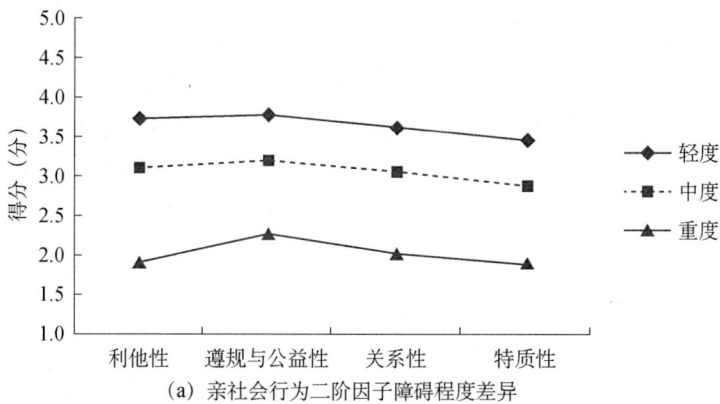

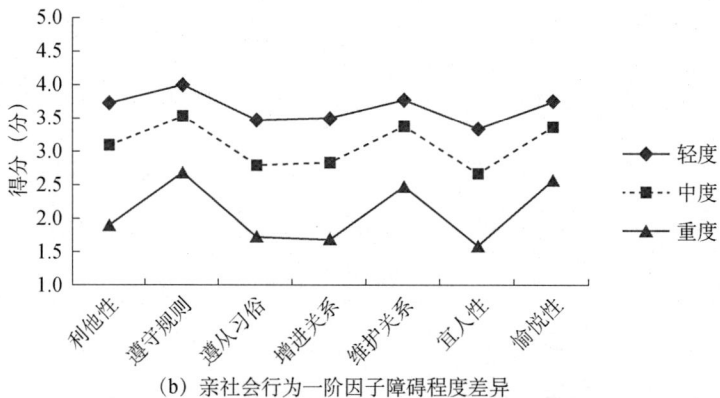

（a）亲社会行为二阶因子障碍程度差异

（b）亲社会行为一阶因子障碍程度差异

图 5-5　不同障碍程度儿童在亲社会行为不同因子上的得分差异

由此可以看出，不同智力障碍程度儿童的亲社会行为在总均分上的差异极其显著（$p<0.001$），具体表现为轻度智力障碍儿童的得分显著高于中度智力障碍儿童，而中度智力障碍儿童的得分又显著高于重度智力障碍儿童，在4个二阶因子和7个一阶因子上，不同智力障碍程度儿童的得分情况与在亲社会行为总均分上的整体表现基本一致。

（五）学校类型差异

对不同类型学校的智力障碍儿童亲社会行为情况进行差异比较，结果见表5-7和图5-6。

表5-7　不同类型学校智力障碍儿童亲社会行为得分差异比较（N=2093）

项目	培智学校	综合性特殊教育学校	t	p
亲社会行为	2.96±0.93	3.07±0.88	−2.72**	0.007
利他性	2.98±1.11	3.11±1.03	−2.56*	0.011
遵规与公益性	3.13±0.88	3.22±0.84	−2.36*	0.018
关系性	2.95±0.95	3.06±0.90	−2.70**	0.007
特质性	2.79±0.95	2.91±0.89	−2.87**	0.004
遵守规则	3.48±0.94	3.52±0.89	−0.93	0.355
遵从习俗	2.71±0.99	2.86±0.95	−3.52***	0.000
增进关系	2.71±1.06	2.87±1.03	−3.28***	0.001
维护关系	3.29±0.98	3.34±0.89	−1.18	0.240
宜人性	2.57±1.03	2.73±0.98	−3.55***	0.000
愉悦性	3.33±0.99	3.34±0.95	−0.29	0.771

统计结果如下。

1）在亲社会行为总分、4个二阶因子及一阶因子遵从习俗、增进关系和宜人性上，均呈现出培智学校的智力障碍儿童的得分显著低于综合性特殊教育学校的智力障碍儿童，其中在亲社会行为总分及二阶因子关系性、特质性上的差异达到了非常显著的水平（$p<0.01$），而在一阶因子遵从习俗、增进关系和宜人性上的差异达到了极其显著的水平（$p<0.001$）。

2）在一阶因子遵守规则、维护关系和愉悦性上，培智学校的智力障碍儿童和综合性特殊教育学校的智力障碍儿童的得分不存在统计学意义上的显著差异。

（a）亲社会行为二阶因子学校类型差异

（b）亲社会行为一阶因子学校类型差异

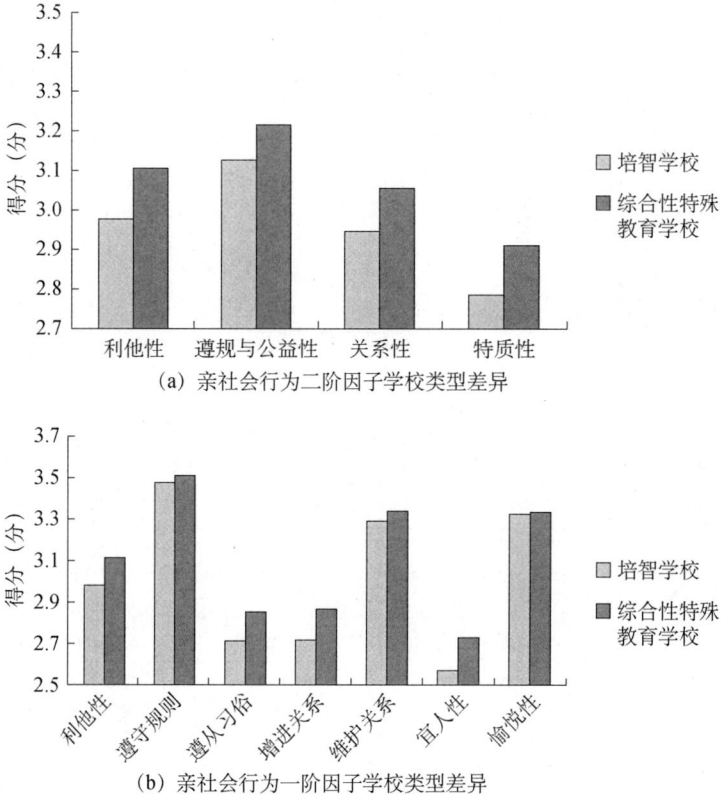

图 5-6 不同类型学校儿童在亲社会行为不同因子上的得分差异

第三节 智力障碍儿童亲社会行为的发展特征分析

一、智力障碍儿童亲社会行为整体处于中等水平，内部发展不均衡

本研究结果显示，智力障碍儿童亲社会行为总体处于中等水平（总均分为3.03分，5点计分）。与张庆鹏等在同一理论构架下对普通青少年亲社会行为的调查结

果（自评总均分为 3.84 分，他评总均分为 3.47 分）[①]，以及张梦圆等在同一理论构架下对普通青少年亲社会行为的研究结果（总均分为 5.6 分，7 点计分，理论均值为 3.5 分）[②]相比可知，智力障碍儿童的亲社会行为水平明显低于普通青少年，此结果与刘春玲等有关智力障碍儿童都有程度不等的社会适应障碍[③]，以及韦小满[④]、张福娟[⑤]有关智力障碍儿童的适应能力明显落后于同龄普通儿童的研究结果相吻合，从而进一步印证了适应行为明显受限是智力障碍儿童的显著特征。

本研究结果与 Severy 等有关智力障碍儿童亲社会行为水平高于普通儿童的研究结果不一致[⑥]，与 Bender 等有关智力障碍儿童亲社会行为水平与普通儿童无差异的研究结果也不同[⑦]，但与魏芳[⑧]、Bacon 等的研究结果相同[⑨]。本研究与 Severy 等的研究结果不一致，可能与多方面的原因有关：一是研究对象数量不同。本研究采取的是大样本广泛施测，而 Severy 等的研究被试数量比较有限，每组被试都不足 15 人。智力障碍群体是一个异质性比较大的特殊群体，调查群体数量过少，则难以兼顾不同障碍类型和障碍程度的影响，如此研究结果会受到被试取样偏差的影响，从而与实际整体情况有出入的可能性就会增大。二是评定内容和范围不同。Severy 等的研究仅针对助人行为进行评定，本研究则是从 4 个维度进行全面调查研究，研究范围更广。此外，Severy 等的研究报告大龄智力障碍儿童试图助人的行为多于普通儿童，但大家往往忽略了后面更重要的一点，就是最后成功助人的案例却很少，试图助人与成功助人是两个不同的概念，在成功完成助人方面，大龄智力障碍儿童组比普通儿童组要少一些，但无显著差异。三是可能与普通儿童识别是否需要帮助的能力有所提升，以及其社会化过程中卷入了其他标准有关。8～10 岁普通儿童可能会受学业成绩及独立压力的影响而产生更强的竞争意识，这有可能弱

---

①　张庆鹏，寇彧. 青少年亲社会行为测评维度的建立与验证[J]. 社会学研究，2011（4）：105-121，244.

②　张梦圆，杨莹，寇彧. 青少年的亲社会行为及其发展[J]. 青年研究，2015（4）：10-18，94.

③　刘春玲，马红英. 智力障碍儿童的发展与教育[M]. 北京：北京大学出版社，2011：105.

④　韦小满. 智力落后儿童适应行为发展的研究[J]. 北京师范大学学报（社会科学版），1997（1）：37-43.

⑤　张福娟. 智力落后儿童适应行为发展特点的研究[J]. 心理科学，2002（2）：170-172，253-254.

⑥　Severy L J，Davis K E. Helping behavior among normal and retarded children[J]. Child Development，1971（4）：1017-1031.

⑦　Bender N N，Carlson J S. Prosocial behavior and perspective-taking of mentally retarded and nonretarded children[J]. American Journal of Mental Deficiency，1982（4）：361-366.

⑧　魏芳. 中度智力落后儿童亲社会行为与心理理论的关系[D]. 上海：上海师范大学，2014：24-25

⑨　Bacon A L，Fein D，Morris R，et al. The responses of autistic children to the distress of others[J]. Journal of Autism and Developmental Disorders，1998（2）：129-142.

化其对同年龄伙伴的助人行为动机。所以，大龄普通儿童外显的亲社会行为水平下降，有可能是其亲社会行为动机水平下降所致，而非实际亲社会行为能力的下降。智力障碍儿童则由于长期处于一种庇护的环境下，其学业成绩和独立方面的压力感受不太强烈，故而其助人能力的提升没有被遮蔽而是得以更好地展现。

本研究与 Bender 等的研究结果不一致也可能与两方面原因有关：一是研究对象数量不同。Bender 等的研究被试数量有限，各组被试只有 14 人，本研究则是大样本测查。二是任务性质不同。Bender 等的研究采用的是简单任务，本研究则是测查被试完成各类日常任务表现出来的一贯行为。被试数量及任务难易度的差异可能会影响最终的研究结果。

本研究与魏芳等的研究结果基本一致，则可能与以下方面的原因有关：一是被试数量比较多，魏芳的研究所选用被试有 83 人，和 Severy 等（每组被试 15 人）、Bender 等（每组被试 14 人）的研究相比，被试数量明显增多，本研究更是大样本调查，被试样本量的增多可以较好地平衡被试异质性大的问题。二是被试的障碍程度有一些共性。魏芳的研究以中度智力障碍儿童为被试，本研究虽然涉及轻度、中度、重度三类智力障碍儿童，但以中度智力障碍儿童为主体，占总体的 51%。这提醒我们在对智力障碍儿童的亲社会行为进行研究时，需要多考虑障碍程度等多种变量的差异，而在进行结果比较时，只有将这些变量尽可能地考虑在内，方能客观地对其特征进行分析。

经过分析发现，智力障碍儿童的亲社会行为在 4 个二阶因子上的发展呈现出显著的不平衡性，其中遵规与公益性、利他性和关系性 3 个二阶因子的得分略高于理论均值，但二阶因子特质性的得分明显低于理论均值，处于中等偏下水平，4 个二阶因子的得分从高到低的排序是遵规与公益性>利他性>关系性>特质性。该结果与张庆鹏等[①]有关普通青少年亲社会行为四因子发展水平差异显著的结果一致，从而印证了张庆鹏等有关个体亲社会行为内部并非均衡发展的研究结论，但亲社会行为四因子发展水平的高低顺序与张庆鹏等的研究不一致。张庆鹏等的研究发现，普通青少年亲社会行为四因子得分高低的顺序为关系性>遵规与公益性>特质性>利他性。这可能与二者各自的社会化发展阶段和重心任务不同有关。对于智力障碍儿童而言，习得社会规范是其进入社会、成为合格公民的基础和前提，是其社会化的首要任务，故而成为培智教育的重心并长期保持了这种重心地位。此外，培智学

---

① 张庆鹏，寇彧. 青少年亲社会行为测评维度的建立与验证[J]. 社会学研究，2011（4）：105-121，244.

校课程设置与改革的"生活化"原则①及个体间较大的异质性，使得以助人为核心的利他性亲社会行为受到较多关注，在实践中得到更多应用，故而在遵规与公益性和利他性两个因子上，智力障碍儿童的得分相对较高。对于普通青少年而言，虽然其也面临着同样的社会化任务，但其社会化发展的重心会随着其对社会规范的较好习得而快速过渡到学习处理个人与他人及社会的关系上，从而导致其在关系性因子上的得分较高，赶上甚至超过了遵规与公益性的发展水平。

　　进一步分析还发现，智力障碍儿童在亲社会行为 7 个一阶因子上的得分差异也很显著，其中遵守规则、愉悦性、维护关系和利他性的得分均高于理论均值，但增进关系、遵从习俗和宜人性的得分明显低于理论均值，7 个一阶因子的得分从高到低排序是遵守规则>愉悦性>维护关系>利他性>增进关系>遵从习俗>宜人性。在 7 个一阶因子中，利他性、增进关系、遵从习俗和宜人性 4 个因子从本质上而言是个体在社会交往中主动表现出来的友好、积极的行为，这是一种主动构建与增强交往双方之间的和谐关系的较高水平亲社会行为。智力障碍儿童在这 4 个因子上的得分较低，从一个侧面反映出其最缺乏的可能是较高水平的亲社会行为，这在某种程度上印证了 Eisenberg 关于"智力和亲社会行为在质量上而不是在数量上呈正相关"②的观点。

二、智力障碍儿童亲社会行为具有显著的性别差异

　　本研究结果显示，智力障碍男生在亲社会行为总均分和各因子上的得分与女生有着极其显著的差异，表现为女生的亲社会行为均显著优于男生。这与张梦圆等③、Russell 等④有关普通青少年亲社会行为性别差异显著的研究结果基本一致，也与 Bacon 等⑤有关智力障碍儿童亲社会行为性别差异显著的研究结果相同，还与

---

① 邓猛，景时，李芳. 关于培智学校课程改革的思考[J]. 中国特殊教育，2014（12）：28-33.

② Eisenberg N，Fabes R. Prosocial development. In W. Damon（Ed.），Handbook of Psychology [M]. New York：Wiley，1998：701-747.

③ 张梦圆，杨莹，寇彧. 青少年的亲社会行为及其发展[J]. 青年研究，2015（4）：10-18，94.

④ Russell A，Hart C H，Robinson C C，et al. Children's sociable and aggressive behaviour with peers：A comparison of the US and Australia，and contributions of temperament and parenting styles[J]. International Journal of Behavioral Development，2003（1）：74-86.

⑤ Bacon A L，Fein D，Morris R，et al. The responses of autistic children to the distress of others[J]. Journal of Autism and Developmental Disorders，1998（2）：129-142.

王雁等[①]、申仁洪[②]有关智力障碍儿童社会适应的性别差异显著的结果相吻合。但与李琳等[③]、魏芳[④]、金星等[⑤]、Walz 等[⑥]有关智力障碍儿童亲社会行为性别差异不显著的研究结果不一致，这可能与研究对象取样不同有关。李琳等、魏芳的研究被试总体数量虽然都超过了 70 人，但男女生的数量相差较大，且女生人数都不足 30 人。此外，也有可能与对障碍程度及年龄段的控制不同有关，如 Walz 等的研究并未对障碍程度及年龄段进行控制，而这都可能会影响统计结果。本研究中的女生数量达到了 729 人，且对年级段等因素做了相应的控制。这说明只有当被试数量足够大，并对各种因素进行控制后，才能将异质性较大的智力障碍儿童亲社会行为的性别特征测查出来。

智力障碍儿童亲社会行为的性别差异可能与传统的性别刻板印象及角色期待有关。在传统社会文化的影响下，父母及教师都会认为女孩更具有亲社会性，故而在教养和教育过程中对女孩会比对男孩更多地鼓励和强化其亲社会行为[⑦]。在传统性别角色期望的影响下，女孩会学会更多的亲社会行为，并在日常生活中表现出更多的亲社会行为[⑧]。智力障碍儿童亲社会行为的性别差异给我们的启示是：父母及教师的期待的确有可能会影响智力障碍儿童亲社会行为的发展状况，较高水平的适宜的期望可能会更有利于其亲社会行为的发展。

三、智力障碍儿童亲社会行为具有显著的年级差异

本研究发现，不同年级段的智力障碍儿童在亲社会行为总均分和各阶因子上的得分均存在极其显著的差异，呈现出从小学低段到初中段智力障碍儿童的亲社

① 王雁，王姣艳. 智力落后学生学校适应行为研究[J]. 中国特殊教育，2004（6）：32-36.
② 申仁洪. 西南少数民族特殊儿童社会适应性研究[M]. 重庆：重庆大学出版社，2014：230-239.
③ 李琳，江琴娣. 学龄期中度智力障碍儿童助人行为发展的研究[J]. 中国特殊教育，2012（9）：34-38.
④ 魏芳. 中度智力落后儿童亲社会行为与心理理论的关系[D]. 上海：上海师范大学，2014：23-24.
⑤ 金星，韦小满. 培智学校学生亲社会行为的实验研究[J]. 中国特殊教育，2010（10）：26-31.
⑥ Walz N C，Benson B A. Behavioral phenotypes in children with Down syndrome，Prader-Willi syndrome，or Angelman syndrome[J]. Journal of Developmental and Physical Disabilities，2002（4）：307-321.
⑦ Power T G，Parke R D. Patterns of early socialization：Mother-and father-infant interaction in the home[J]. International Journal of Behavioral Development，1986（3）：331-341.
⑧ 牛宙，陈会昌，王莉等. 7 岁儿童在助人情境中的行为表现及其与父母教养方式的关系[J]. 心理发展与教育，2004（2）：17-21.

会行为水平逐渐提高，到初中段及之后，亲社会行为得分保持在一个比较高的平稳状态。这与冯莉[①]、杨玲[②]和张梦圆等[③]有关小学普通儿童的亲社会行为随年级的升高而增加的发展趋势相同，也与李琳等[④]、魏芳[⑤]有关智力障碍儿童亲社会行为随年级（年龄）的升高而得分增高的研究结果一致，同时印证了韦小满[⑥]、张福娟[⑦]、岳琪[⑧]、申仁洪[⑨]有关智力障碍儿童适应行为发展趋势的研究结果。然而，本研究结果与张梦圆等有关小学至高中普通青少年亲社会行为的发展趋势不一致。张梦圆等发现，普通青少年亲社会行为总均分呈现出从初中开始随年级的升高而不断下降的趋势，小学生的亲社会行为的得分显著高于高中学生，这主要是由遵规与公益性和关系性两个因子的得分下降所致，其中以遵规与公益性的得分下降尤为突出[⑩]。尽管呈现出下降趋势，但各年级普通青少年的亲社会行为总分及 4 个因子的得分都均未低于 5.4 分（7 点计分，理论均值为 3.50 分），即都远高于理论均值。

智力障碍儿童的亲社会行为从初中开始和普通儿童呈现不同发展趋势的现象值得我们深思。这可能与以下两方面的原因有关：①自我发展水平不同。从小学进入初中后，普通青少年可能很快进入了"自我的第二次诞生""自我的发现"时期，强烈的自主要求和独立意识使得青少年表现出较少的依从行为，他们不但不再刻板地遵守规范，甚至还会挑战现有规范和权威。智力障碍儿童的自我发展速度和水平则要低很多，可能到高中段才出现一些变化，所以一阶因子遵守规则的得分虽有所降低，但降幅不显著。②学校环境、学习压力及社会支持系统不同。普通青少年从小学升入初中或从初中升入高中，学校环境在不断发生变化，之前建立起来的友谊关系难以维持，新的友谊关系建立又需要时间，不断转变的社会支持系统及随着年级的升高而越加强调竞争和个人成就取向的人际氛围，加之网络社交平台与即时通信工具应用能力的增强，诸多因素复合交织作用可能造成了普通青少年随着

---

① 冯莉. 内蒙古小学高年级亲社会行为问卷编制及与自尊关系的研究[D]. 金华：浙江师范大学，2009：48-49.

② 杨玲. 小学低年级学生情绪能力发展及其与亲社会行为关系的研究[D]. 西安：陕西师范大学，2012：27-28.

③ 张梦圆，杨莹，寇彧. 青少年的亲社会行为及其发展[J]. 青年研究，2015（4）：10-18，94.

④ 李琳，江琴娣. 学龄期中度智力障碍儿童助人行为发展的研究[J]. 中国特殊教育，2012（9）：34-38.

⑤ 魏芳. 中度智力落后儿童亲社会行为与心理理论的关系[J]. 上海：上海师范大学，2014：22-23.

⑥ 韦小满. 智力落后儿童适应行为发展的研究[J]. 北京师范大学学报（社会科学版），1997（1）：37-43.

⑦ 张福娟. 智力落后儿童适应行为发展特点的研究[J]. 心理科学，2002（2）：170-172，253-254.

⑧ 岳琪. 辅读学校学生社会适应能力的研究[D]. 上海：华东师范大学，2011：42-43.

⑨ 申仁洪. 西南少数民族特殊儿童社会适应性研究[M]. 重庆：重庆大学出版社，2014：230-239.

⑩ 张梦圆，杨莹，寇彧. 青少年的亲社会行为及其发展[J]. 青年研究，2015（4）：10-18，94.

年级的升高而呈现出实际亲社会行为的减少[①]。智力障碍儿童则大多是在同一所学校完成其整个义务教育段乃至高中段的教育,学校环境比较恒定,学习压力相对较小,其社会网络的亲密性会随着年级的升高而加强,这可能都会对其亲社会行为的发展产生积极影响。初中与高中段智力障碍儿童的亲社会行为的差异不显著,这可能是因为初中段儿童的亲社会行为技能与动机基本上趋于稳定,也可能与此阶段智力障碍儿童学会了一些新的标准有关。

四、智力障碍儿童亲社会行为存在显著的障碍类型差异

本研究还发现,不同障碍类型儿童的亲社会行为存在显著差异,表现为唐氏综合征、一般性智力障碍、智力障碍合并脑瘫和智力障碍合并其他障碍的儿童在亲社会行为总均分和各因子上的得分均显著高于智力障碍合并孤独症儿童;唐氏综合征儿童虽然在亲社会行为总均分,二阶因子利他性、遵规与公益性和关系性,以及一阶因子遵守规则、增进关系上与一般性智力障碍及智力障碍合并脑瘫儿童无显著差异,也在亲社会行为总均分、二阶因子利他性及一阶因子遵守规则上与智力障碍合并其他障碍儿童无显著差异,但在二阶因子特质性及一阶因子维护关系、宜人性和愉悦性上的得分却显著低于智力障碍合并脑瘫儿童,在遵从习俗因子上的得分显著低于一般性智力障碍儿童,在二阶因子遵规与公益性和关系性及一阶因子增进关系、宜人性上的得分显著高于智力障碍合并其他障碍儿童;一般性智力障碍儿童和智力障碍合并脑瘫儿童除在部分因子(二阶因子利他性、特质性及一阶因子宜人性)上有显著差异外,在亲社会行为总均分及大部分因子上都不具有显著差异,但这两类智力障碍儿童在亲社会行为总均分及大部分二阶因子及一阶因子上的得分都显著高于智力障碍合并其他障碍儿童。

本研究发现的智力障碍儿童亲社会行为障碍类型差异与 Sigman 等[②]、Corona

---

① Carlo G, Crockett L J, Randall B A, et al. A latent growth curve analysis of prosocial behavior among rural adolescents[J]. Journal of Research on Adolescence, 2007(2): 301-324; Carlo G, Raffaelli M, Laible D J, et al. Why are girls less physically aggressive than boys? Personality and parenting mediators of physical aggression[J]. Sex Roles, 1999(9-10): 711-729.

② Sigman M, Ruskin E. Social competence in children with autism, Down syndrome and developmental delay: A longitudinal study[J]. Monograph of the Society for Research in Child Development, 1999: 54-65.

等①、Bacon 等②、Jackson 等③、Smith④等有关一般性智力障碍与低功能孤独症儿童亲社会行为存在差异的研究结果一致，也与王雁等⑤有关一般性智力障碍、唐氏综合征与低功能孤独症儿童社会能力的研究结果比较吻合，但与金星等⑥有关孤独症儿童与唐氏综合征儿童、一般性智力障碍儿童在合作行为和对他人痛苦的反应上的差异不显著，以及一般性智力障碍儿童和孤独症儿童在分享行为上的差异不显著的结果不一致。这可能与被试取样有关，金星等的研究中各类儿童样本量比较少（都不超过 20 人），可能难以反映出整体状况。

　　本研究结果与 Sigman 等⑦有关唐氏综合征儿童和一般性智力障碍儿童亲社会行为差异不显著的研究结果基本一致，这可能与两项研究测查的都是自然（或相对自然）生活情境中一贯的亲社会行为表现有关。但本研究结果与 Walz 等⑧、金星等⑨有关唐氏综合征儿童和一般性智力障碍儿童亲社会行为存在差异的研究结果不一致。Walz 等发现唐氏综合征儿童在大部分亲社会行为方面都要好于一般性智力障碍儿童。金星等则发现唐氏综合征儿童的分享行为得分显著低于一般性智力障碍儿童。研究结果的差异可能与研究对象的取样偏差有关，Walz 等的研究对象虽然总体数量比较大，但两类儿童数量的差异较大，且一般性智力障碍儿童人数较少，只有 24 人，唐氏综合征儿童却有 91 人。此外，Walz 等的研究并未明确报告对被试的障碍程度进行过严格的控制，金星等的研究也未对障碍程度进行区分，而障碍程度是一个重要的影响因素，所以其研究结果就有可能是交织着障碍程度的复合作用。由此看来，唐氏综合征儿童虽然表面上显得更具亲社会性，但整体而言，其在日常生活中的亲社会行为实际表现并未显示出比一般性智力障碍儿童、智

①　Corona R，Dissanayake C，Arbelle S，et al. Is affect aversive to young children with autism? Behavioral and cardiac responses to experimenter distress[J]. Child Development，1998（6）：1494-1502.

②　Bacon A L，Fein D，Morris R，et al. The responses of autistic children to the distress of others[J]. Journal of Autism and Developmental Disorders，1998（2）：129-142.

③　Jackson C T，Fein D，Wolf J, et al. Responses and sustained interactions in children with mental retardation and autism[J]. Journal of Autism and Developmental Disorders，2003（2）：115-121.

④　Smith K R M, Matson J L. Social skills：Differences among adults with intellectual disabilities，co-morbid autism spectrum disorders and epilepsy[J]. Research in Developmental Disabilities，2010（6）：1366-1372.

⑤　王雁，王姣艳. 智力落后学生学校适应行为研究[J]. 中国特殊教育，2004（6）：32-36.

⑥　金星，韦小满. 培智学校学生亲社会行为的实验研究[J]. 中国特殊教育，2010（10）：26-31.

⑦　Sigman M，Ruskin E. Social competence in children with autism，Down syndrome and developmental delay：A longitudinal study [J]. Monograph of the Society for Research in Child Development，1999：54-65.

⑧　Walz N C，Benson B A. Behavioral phenotypes in children with Down syndrome，Prader-Willi syndrome，or Angelman syndrome[J]. Journal of Developmental and Physical Disabilities，2002（4）：307-321.

⑨　金星，韦小满. 培智学校学生亲社会行为的实验研究[J]. 中国特殊教育，2010（10）：26-31.

力障碍合并脑瘫儿童及智力障碍合并其他障碍儿童更好，只是在亲社会行为水平上的表现与这三类儿童相当。

本研究结果显示，一般性智力障碍儿童和智力障碍合并脑瘫儿童的亲社会行为整体上无显著差异，但其水平都显著高于智力障碍合并其他障碍儿童。这说明虽然儿童携带的障碍类型越多，对其亲社会行为的形成与发展造成的困难就越多，但智力障碍合并脑瘫对儿童亲社会行为发展造成的困难相对于其他多重障碍而言要小一些，这可能与智力障碍合并脑瘫儿童的主要障碍为中枢性运动及姿势异常，且智力严重低下者较少有关[①]，因而不像智力障碍合并其他障碍（视觉障碍、听觉障碍等）对认知造成的影响那样大。

五、智力障碍儿童亲社会行为存在显著的障碍程度差异

本研究还发现，不同智力障碍程度儿童的亲社会行为存在显著差异，得分呈现出轻度>中度>重度的趋势，这与王雁等[②]、岳琪[③]、申仁洪[④]关于智力障碍程度与社会能力的关系研究结果一致，但与金星[⑤]有关中、轻度智力障碍儿童亲社会行为水平差异不显著的研究结果不一致，这是一个耐人寻味的问题。这可能与诸多因素有关，但智力障碍程度的衡量方式不同是其中一个重要原因。障碍程度与智商密切相关，智商是评定智力障碍程度的核心要素，个体智商对亲社会行为的影响主要是通过认知进行的。信息加工模型认为，个体的亲社会行为需要以相应的认知能力（注意力、记忆力、推理能力等）为基础[⑥]。Eisenberg 也认为亲社会行为需要以几种基本的认知能力为基础，如感知、推理、问题解决和决策能力[⑦]。Han 等的研究进一

---

① Brossard-Racine M，Hall N，Majnemer A，et al. Behavioural problems in school age children with cerebral palsy[J]. European Journal of Paediatric Neurology，2011（1）：35-41；胡莹媛，吴卫红，李燕春等. 小儿脑瘫智能评定研究[J]. 中国康复理论与实践，2005（8）：647-648.

② 王雁，王姣艳. 智力落后学生学校适应行为研究[J]. 中国特殊教育，2004（6）：32-36.

③ 岳琪. 辅读学校学生社会适应能力的研究[D]. 上海：华东师范大学，2011：43-44.

④ 申仁洪. 西南少数民族特殊儿童社会适应性研究[M]. 重庆：重庆大学出版社，2014：230-239.

⑤ 金星. 培智学校 7—15 岁弱智儿童亲社会行为特征与影响因素研究[D]. 北京：北京师范大学，2007：20.

⑥ Crick N R，Dodge K A. A review and reformulation of social information-processing mechanisms in children's social adjustment[J]. Psychological Bulletin，1994（1）：74-101.

⑦ Eisenberg N，Fabes R A. Prosocial development. In N. Eisenberg（Ed.），Handbook of Child Psychology：Vol. 3. Social，Emotional，and Personality Development[C]. New York：Wiley，1998：701-778.

步表明，智力与亲社会行为之间的关系不是一种简单的线性相关，而是取决于情境，具体表现为在完成更为复杂的任务时，聪明学生的亲社会水平要高于其他普通学生[①]。正如 Eisenberg 在分析智力对普通儿童亲社会行为的影响作用时所言，智力主要影响的是亲社会行为的质量而非数量[②]。

从前文智力障碍儿童亲社会行为不同因子发展水平的比较可知，智力对儿童亲社会行为的质量也会产生影响，那么它对数量的影响情况如何？金星的研究显示，轻度和中度智力障碍儿童的亲社会行为无显著差异，由于一些客观因素的存在，该结果需要进一步探讨。因为目前在校智力障碍儿童登记的智商均为早年测试结果，由于当时年龄偏小等各种原因，部分儿童的智商有可能无法完全准确地测试出来，学生智商得分与实际表现有出入的现象占有一定比例。在此情况下探讨智商与亲社会行为的关系，就有可能因部分学生智商与实际不符而影响统计结果。鉴于我国中西部地区特殊教育学校中有相当比例的智力障碍学生未做过智商测试，本研究则是主要考察障碍程度（包括智商和适应行为两种因素）与亲社会行为的关系，结果反映出障碍程度与其亲社会行为的数量也存在相关。

六、智力障碍儿童亲社会行为存在显著的学校类型差异

本研究发现，不同类型学校智力障碍儿童的亲社会行为也存在显著差异，具体表现为培智学校智力障碍儿童在亲社会行为总分、4 个二阶因子及一阶因子遵从习俗、增进关系和宜人性上的得分显著低于综合性特殊教育学校智力障碍儿童，而在一阶因子遵守规则、维护关系和愉悦性上，两类学校的智力障碍儿童的得分差异不显著。这可能与两类学校的同伴生态环境不同有关。培智学校学生是各种类型的智力障碍儿童，发展水平虽也会有一些差异，但整体水平普遍偏低，综合性特殊教育学校学生中则既有智力障碍儿童，也有视觉或听觉障碍儿童。感官障碍儿童的发展虽然也存在障碍，但其智力及社会行为发展整体水平与普通儿童较接近。尽管智力障碍儿童平时都在各自的班级上课，但在课间、课外活动及就餐等情况下，他们有较多的与感官障碍儿童互动的机会。社会学习理论可以解释这种互动对智力障

① Han R，Shi J N，Wu Y，et al. Intelligence and prosocial behavior：Do smart children really act nice？[J]. Current Psychology，2012（1）：88-101.

② Eisenberg N，Fabes R. Prosocial development. In W. Damon（Ed.），Handbook of Psychology[M]. New York：Wiley，1998：701-747.

儿童亲社会行为的积极影响①。在与这类儿童互动中，智力障碍儿童可以观察到感官障碍儿童良好的社会行为，这种行为会因为发生在身边而变得更真实、亲切，更容易引起共鸣，因而更容易让智力障碍儿童将其作为学习的榜样，通过模仿和内化榜样的行为，从而学会更多的亲社会行为。

---

① Grusec J E. Social learning theory and developmental psychology: The legacies of Robert Sears and Albert Bandura[J]. Developmental Psychology, 1992 (5): 776-786.

第六章

师生互动系统对智力障碍儿童
亲社会行为的影响作用

　　智力障碍儿童亲社会行为现状调查研究表明，智力障碍儿童的亲社会行为整体水平不高，内部发展不平衡，且群体差异显著，这一现状是哪些因素影响的结果？这些因素之间相互作用的具体过程或内部机制又是如何的？对此问题进行深入剖析，不仅有助于科学地阐释智力障碍儿童亲社会行为问题的根源，也有利于精准地把握亲社会行为干预的发力点。在儿童发展研究日渐走向生态化的背景下，生态系统对个体亲社会行为的影响作用日益受到关注。Bronfenbrenner 的人类发展生态学理论认为，个体发展受到生物特性和环境力量的双重交互作用，而环境又是一个从微观到宏观层层扩散的复杂生态系统，内部的微观系统（如家庭、学校）是与个体产生最直接互动的近体环境，对儿童发展产生的影响最大[①]。对于学龄智力障碍儿童而言，学校是其人际关系和各类活动的源泉，故而是除家庭之外对个体发展影响最大和最直接的微观系统。

　　然而，从文献分析来看，目前探讨智力障碍儿童亲社会行为影响因素与作用机制的研究比较鲜见，分析学校生态系统影响作用的研究则更为匮乏，但这应该是值得关注的问题。因为对于学龄智力障碍儿童尤其是大量住宿的智力障碍儿童而言，学校是其成长和发展的重要环境。此外，现有关于普通儿童亲社会行为影响因素的研究虽然对学校生态系统的影响开展了初步的探讨，但多是探讨学校微观系统中的某一因素与儿童亲社会行为的关系。事实上，仅证实相关关系是远远不够的，我们更需要了解学校微观系统中的环境因素和个体因素相互作用的具体过程或机制，也就是说明确哪些变量需要借助哪些中间变量才能对亲社会行为产生作用。只有探明这一点，才能揭开亲社会行为在个体与环境的相互作用下形成和发展的复杂机制。但国内外已有的文献并未对此给出清晰的答案。

　　学校生态系统不是一个单一的系统，而是由若干子系统构成，师生互动子系统和同伴互动子系统是学校生态系统中的两个重要子系统[②]。本研究将在学校生态系统框架下，先从师生互动子系统出发，考察教师层面的环境因素与儿童个体因素对

[①]　Bronfenbrenner U. Ecological systems theory. In R.Vasta（Ed.），Six Theories of Child Development：Revised Formulations and Current Issues[C]. Greenwich：JAI Press，1989：185-264.

[②]　陈斌斌，李丹. 班级生态系统对儿童亲社会行为影响的研究述评[J]. 心理科学进展，2008（5）：733-739；Sabol T J，Pianta R C. Recent trends in research on teacher-child relationships[J]. Attachment and Human Development，2012（3）：213-231；Gest S D，Rodkin P C. Teaching practices and elementary classroom peer ecologies[J]. Journal of Applied Developmental Psychology，2011（5）：288-296；Hendrickx M M H G，Mainhard M T，BoorKlip H J，et al. Social dynamics in the classroom：Teacher supportand conflict and the peer ecology[J]. Teaching and Teacher Education，2016，53：30-40.

智力障碍儿童亲社会行为的影响与作用机制。同伴互动子系统对智力障碍儿童亲社会行为的影响与作用机制将在第七章进行讨论。

第一节　师生互动系统与智力障碍儿童的亲社会行为

一、教师心理资本与智力障碍儿童的亲社会行为

根据生态系统理论的 PPCT（process-person-contex- time）模型[①]，教师作为师生互动系统中影响儿童发展的"重要他人"，其自身的诸多特征都会直接或间接地对儿童亲社会行为的形成和发展产生影响。但在教师的众多特征中，哪一种或哪些特征处于基础地位或发挥着核心作用？若能厘清这一点，对于在纷繁复杂的特征要素中抓住问题的核心具有决定性作用。

文献回顾发现，教师心理资本可能是需要加以认真考虑的重要核心特征之一。心理资本是一种介于特质和状态之间的"类状态"变量，是个体在成长和发展过程中表现出来的一般的、积极的心理状态或能力，是能够对个体的认知和行动产生重要影响的核心心理要素[②]。它的构成要素包括自信、乐观、希望和韧性[③]。自信是指在面对具有挑战性的教学任务时，依然相信自己有能力成功完成；乐观是指对当前和未来教学工作持有乐观和肯定的态度；希望是指能锁定教学目标，并在必要时重新选择实现目标的路线以取得成功；韧性是指在面对教学困难和逆境时，能坚持、很快恢复和采取迂回策略取得成功。大量研究也表明，心理资本能够对个体产生比

[①]　Bronfenbrenner U，Ceci S J. Nature-nurture reconceptualized in developmental perspective：A bioecological model[J]. Psychological Review，1994（4）：568-586.

[②]　Luthans F，Avolio B J，Avey J B，et al. Positive psychological capital：Measurement and relationship with performance and satisfaction[J]. Personnel Psychology，2007（3）：541-572；Luthans F，Avolio B J，Walumbwa F O，et al. The psychological capital of Chinese workers：Exploring the relationship with performance[J]. Management and Organization Review，2005（2）：249-271.

[③]　Luthans F，Avolio B J，Avey J B，et al. Positive psychological capital：Measurement and relationship with performance and satisfaction[J]. Personnel Psychology，2007（3）：541-572.

人力资本和社会资本更大的影响，它与工作场所中的绩效存在显著的相关[①]，可以有效提高个体的工作满意度[②]，预防与减轻其工作的倦怠感，且心理资本整体的预测作用要大于单个维度[③]。然而，且不论教师心理资本对教师个体及学校组织产生什么样的影响，学生必将是最终的获益者，恰如学生是教师职业倦怠的最终牺牲者一样[④]。虽然相关研究表明教师的一些自身特征会对儿童的亲社会行为产生重要影响，热情的教师所教的学生更乐于助人[⑤]，遗憾的是，迄今为止，有关心理资本对后果变量的影响研究都主要集中在心理资本对教师个体及学校组织的影响上，对教师心理资本与学生发展之间的关系仍缺乏应有的关注。鉴于培智教育的复杂性、艰巨性和收效缓慢对教师情绪劳动卷入的高要求，而心理资本水平的高低又可能会影响情绪劳动的卷入状况，故而有必要深入考察教师心理资本对智力障碍儿童亲社会行为发展的影响。

二、教师期望与智力障碍儿童的亲社会行为

文献分析还发现，教师期望是影响儿童发展的另一个重要特征。期望也称期待、预期，是一种可变化的心理状态，是人们在不断反映外界信息的基础上，依靠经验所产生的对自己或他人行为结果的某种预测性认知[⑥]。教师期望由 Rosenthal 等在研究中首次提出，并将其理解为教师在了解学生现状的基础上，对学生未来行为或学业表现做出的预测[⑦]。自此之后，国内外学者大多都是基于此理解对教师期望展开相关研究，但也有学者在此基础上对教师期望的概念内涵进行了补充，对期望的范畴进行了拓展，如 Lane 等认为教师期望是教师对学生的学业表现、行为规

---

①　Luthans F，Youssef C M. Emerging positive organizational behavior[J]. Journal of Management，2007（3）：321-349.

②　Youssef C M，Luthans F. Positive organizational behavior in the workplace：The impact of hope，optimism，and resilience[J]. Journal of Management，2007（5）：774-800.

③　汪明，张睦楚. 特教教师心理资本与职业倦怠的关系研究[J]. 中国特殊教育，2015（9）：49-57；吴伟炯. 中小学教师心理资本及其相关因素研究[D]. 广州：广州大学，2011：97-115.

④　武新春，张军. 教师职业倦怠预防[M]. 北京：中国轻工业出版社，2009：39.

⑤　叶子，姜勇. 论影响儿童社会性发展的教师自身特征[J]. 学前教育研究，1997（4）：20-21.

⑥　朱智贤. 心理学大词典[M]. 北京：北京师范大学出版社，1989：10.

⑦　罗森塔尔，雅各布森. 课堂中的皮格马利翁——教师期望与学生智力发展[M]. 唐晓杰，崔允漷译. 北京：人民教育出版社，2003：230.

范和社会关系提出的期望①。国内学者杨丽珠等提出，教师期望是教师在对学生的过去和现状全面了解的基础上，对学生未来的学业成就、人格特征和行为表现等做出的预测性认知②。综合国内外学者的观点可以看出，教师期望的内涵包括两个方面：一是教师对学生过去和现状的全面了解；二是对学生的未来进行预测，包括学生的学业发展、行为表现及人格发展等各个方面。

　　虽然教师期望早期研究大多将关注点聚焦于其对学生学业成绩和智力的影响上，呈现出"重学业，轻人格"的现象③，但近年来研究者已经开始关注教师期望对学生社会性发展的重要作用，并认为此主题研究会成为未来教师期望研究的重点之一④。Wentzel 等发现，儿童大多会按照教师确立的社会目标而努力做出亲社会行为，并表现出社会责任感⑤。教师期望与特殊儿童发展的关系已受到学者密切关注，相关研究更是层出不穷。然而，从研究内容来看，大多数研究还是就教师期望在促进特殊儿童发展中的重要性，以及教师期望与特殊儿童学业成就和社会化发展关系的宏大叙事进行的探讨，抑或是关于教师期望对教师教学行为的影响研究⑥，真正从微观层面出发对教师期望与智力障碍儿童亲社会行为关系的专题研究还比较鲜见。

三、智力障碍儿童的共情与亲社会行为

　　在师生互动系统中，智力障碍儿童本人是另一个重要的"人"，其自身的特征

　　① Lane K L，Wehby J H，Cooley C. Teacher expectations of students' classroom behavior across the grade span：Which social skills are necessary for success?[J]. Exceptional Children，2006（2）：153-167.

　　② 杨丽珠，张华. 小学教师期望对学生人格的影响：学生知觉的中介作用[J]. 心理与行为研究，2012（3）：161-166.

　　③ 杨丽珠，李淼，陈靖涵等. 教师期望对幼儿人格的影响：师幼关系的中介效应[J]. 心理发展与教育，2016（6）：641-648.

　　④ 杨丽珠，张华. 小学教师期望对学生人格的影响：学生知觉的中介作用[J]. 心理与行为研究，2012（3）：161-166.

　　⑤ Wentzel K R. Motivating students to behave in socially competent ways[J]. Theory into Practice，2003（4）：319-326；Wentzel K R，Filisetti L，Looney L. Adolescent prosocial behavior：The role of self-processes and contextual cues[J]. Child Development，2007（3）：895-910.

　　⑥ Ivey J K. Outcomes for students with autism spectrum disorders：What is important and likely according to teachers?[J]. Education and Training in Developmental Disabilities，2007（1）：3-13；Gresham F M，Sugai G，Horner R H. Interpreting outcomes of social skills training for students with high-incidence disabilities[J]. Exceptional Children，2001（3）：331-344.

也会对其行为表现产生影响。前文的研究表明，人口统计学变量如性别、年级、障碍类型等都会对智力障碍儿童亲社会行为的形成和发展产生影响。文献梳理还发现，共情是儿童亲社会行为个体影响因素中广受关注的热点[①]。研究者不仅从行为学层面考察了共情对亲社会行为的影响，而且从神经生物学层面为考察该问题寻找了证据。丁凤琴等对近几十年来有关共情与亲社会行为之间关系的实证研究进行的元分析表明，共情与亲社会行为呈显著正相关[②]。社会信息加工模型也认为，个体亲社会行为产生的基础是对他人求助线索的编码和体验，即共情[③]。

四、师生互动系统对智力障碍儿童亲社会行为的影响构想

根据人类发展的生物生态系统模型，师生互动系统中的教师特征是一种处于相对静止状态的人的特征，虽然它对师生相互作用的方向和效力具有影响作用，但真正导致个体变化发展的主要机制还是最近过程（proximal process），即师生的交互作用[④]。师生交互作用的实质是内因与外因作用的过程，而这一过程必然会遵循外因通过内因发生作用的规律。此外，最近过程对发展的影响作用会因发展个体的特征及其所处的近或远背景和发生最近过程的时机不同而在本质上迥然相异[⑤]。与教师心理资本相比，教师期望由于是对儿童能力及行为表现的期望，在教师自身的个人特征中，可能是处于距离智力障碍儿童较近的背景特征，故而它极有可能是师生互动中教师调动自身心理资本这一内部资源的重要体现，也很可能是师生互动中对智力障碍儿童亲社会行为产生作用的教师方面的近端因素；共情则因为是儿童自身的特征而在师生互动系统居于近背景，很可能是师生互动对儿童亲社会

① Stocks E L，Lishner D A，Waits B L，et al. I'm embarrassed for you：The effect of valuing and perspective taking on empathic embarrassment and empathic concern[J]. Journal of Applied Social Psychology，2011（1）：1-26；Balconi M，Canavesio Y. Prosocial attitudes and empathic behavior in emotional positive versus negative situations：Brain response（ERPs）and source localization（LORETA）analysis[J]. Cognitive Processing，2013（1）：63-72；Telle N T, Pfister H R. Not only the miserable receive help: Empathy promotes prosocial behaviour toward the happy[J]. Current Psychology，2012（4）：393-413.

② 丁凤琴，陆朝晖. 共情与亲社会行为关系的元分析[J]. 心理科学进展，2016（8）：1159-1174.

③ Crick N R，Dodge K A. A review and reformulation of social information-processing mechanisms in children's social adjustment[J]. Psychological Bulletin，1994（1）：74-101.

④ 丁芳. 一种正在演进着的人类发展观——人的发展的生物生态学模型述评[J]. 华东师范大学学报（教育科学版），2009（2）：58-63.

⑤ 代杏子. Bronfenbrenner 生态系统学说及演化：交互作用发展观探索[D]. 上海：华东师范大学，2011：11.

行为产生作用的近端因素。

　　基于以上分析，本研究提出师生互动子系统对智力障碍儿童亲社会行为的影响路径构想，即教师期望和智力障碍儿童共情在教师心理资本对智力障碍儿童亲社会行为的影响中起显著的中介作用。模型构想见图 6-1。

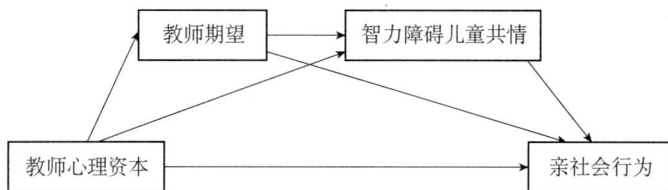

图 6-1　教师心理资本、教师期望、智力障碍儿童共情与亲社会行为关系假设模型

第二节　师生互动系统对智力障碍儿童亲社会行为影响的研究设计

一、研究对象

　　研究对象为第四章研究中第一、二次正式施测对象的组合，共计 1572 名智力障碍儿童。样本人口学特征如下：男生 1028 人，女生 544 人；唐氏综合征儿童 276 人，一般性智力障碍儿童 887 人，智力障碍合并孤独症儿童 178 人，智力障碍合并脑瘫儿童 158 人，智力障碍合并其他障碍儿童 73 人；轻度 440 人，中度 812 人，重度 320 人；培智学校 533 人，综合性特殊教育学校 1039 人；一年级至高二（职高二）年级的人数分别为 208 人、265 人、220 人、147 人、195 人、144 人、140 人、88 人、86 人、47 人、32 人。被评价的智力障碍儿童平均年龄为 13.16±3.15 岁。

　　参与调查的教师共 696 人。其中，男教师 99 人，女教师 597 人；年龄 25 岁以下的 138 人，25～35 岁的 300 人，36～45 岁的 173 人，46 岁及以上的 85 人；培智教龄为 5 年以下的 372 人，5～10 年的 158 人，11～15 年的 68 人，15 年以上的 98 人；班主任 390 人，非班主任 305 人，缺失 1 人；最后学历为大学专科及以下的 221 人，本科及以上的 475 人；最后学历专业为特殊教育的 278 人，普通师范类的 310 人，非师范类的 107 人，缺失 1 人；接受特教培训 2 次及以下的 268 人，3～4 次的 141 人，5 次及以上的 287 人。

二、研究工具

1. 智力障碍儿童亲社会行为问卷

采用第四章研究中编制的"智力障碍儿童亲社会行为问卷"。

2. 中文版格里菲斯共情测验（他评版）

本研究使用肖运华修订的"中文版格里菲斯共情测验（他评版）"[①]。原版"格里菲斯共情测验"（Griffith Empathy Measure，GEM）是由 Dadds 等改编自"布赖恩特共情指针量表（儿童和青少年版）"[②]，共包含两个维度（认知共情和情绪共情），由 23 个项目组成，其中 6 个项目用来测量认知共情，9 个项目用来测量情绪共情。采用利克特 9 点计分方式（-4=非常不同意，4=非常同意），得分越高，代表共情水平越高。该问卷属于特质共情测量问卷，既适用于普通人群，也适用于特殊人群。"格里菲斯共情测验"原本为父母他评问卷，本研究参照 Deschamps 等[③]研究中的改编方法，将父母他评版的"中文版格里菲斯共情测验"改编为教师他评版，具体做法如下：一是删去不适合在学校情景测评的两个认知共情项目，测验最终构成项目有 21 个；二是对题目中的人称进行处理，以适合学生的称呼习惯，如将题目中"我的孩子"改为"该生"。计分方式与原问卷保持一致。"中文版格里菲斯共情测验"的内部一致性信度 Cronbach's α 为 0.86，重测信度为 0.85，验证性因子分析表明整个问卷的结构效度良好（RMSEA=0.06，CFI=0.92，TLI=0.89）。在本研究中，总问卷的内部一致性系数为 0.897（见附录 7）。

3. 教师心理资本问卷

本研究选用了张文编制的"教师心理资本问卷"[④]。它是目前国内有关教师心

[①] 肖运华. 中文版格里菲斯共情测验父母版信效度研究及高功能孤独症谱系障碍儿童面部表情识别的特征[D]. 南京：南京医科大学，2015：1-12.

[②] Dadds M R，Hunter K，Hawes D J，et al. A measure of cognitive and affective empathy in children using parent ratings[J]. Child Psychiatry & Human Development，2008（2）：111-122.

[③] Deschamps P K H，Been M，Matthys W. Empathy and empathy induced prosocial behavior in 6-and 7-year-olds with autism spectrum disorder[J]. Journal of Autism and Developmental Disorders，2014（7）：1749-1758.

[④] 张文. 中小学教师心理资本问卷的编制及其特征分析[D]. 重庆：西南大学，2010：14-28.

理资本较为系统、引用率也相对较高的测量工具之一，由自信、乐观、希望和韧性4个维度组成，包括19个项目。采用利克特6点计分，1代表"非常不同意"，6代表"非常同意"，得分越高，说明该方面的资本越多（见附录8）。该问卷具有较好的信、效度，总问卷的Cronbach's α 为0.822，4个维度的Cronbach's α 在0.62～0.80，各维度与总问卷的相关在0.58～0.82，高于各维度间的相关（0.15～0.52）。本研究中总问卷的Cronbach's α 为0.881。

4. 教师期望测量

本研究借鉴Levin等[1]和陈晓晨等[2]的研究方法设计了教师期望的测量方式。具体做法是：教师对智力障碍儿童的整体发展潜能和亲社会行为发展潜能分别进行评定，共两个项目，第一道题目采用以往研究中使用过的"教师期望评定简表"（该简表常被作为"教师期望问卷"的校标工具）[3]测量教师期望的办法，请教师根据儿童目前的表现对其发展潜能进行评定，包括"发展潜能较弱""发展潜能中等""发展潜能较强"三个选项[4]；第二道为自编题目，编制方法借鉴了"教师期望评定简表"，请教师根据儿童目前的表现对其掌握的54项亲社会行为的发展潜能进行评定，即包括"能掌握少部分行为""能掌握一半左右行为""能掌握大部分乃至全部行为"三个选项。两道题均采用利克特3点计分，"发展潜能较弱""能掌握少部分行为"分别计1分，"发展潜能较强""能掌握大部分乃至全部行为"分别计3分。计算两道题目的平均分，分数越高，表明教师的期望越高。本研究中，两道题目的相关系数为 $r=0.721$，$p<0.001$。

三、数据处理

本研究采用SPSS23.0和Amos22.0统计软件对数据进行统计分析。

---

[1]　Levin S，van Laar C，Sidanius J. The effects of ingroup and outgroup friendships on ethnic attitudes in college：A longitudinal study[J]. Group Processes and Intergroup Relations，2003（1）：76-92.

[2]　陈晓晨，蒋薇，时勘. 青少年跨群体友谊与群际态度的关系研究[J]. 心理发展与教育，2016（3）：285-293.

[3]　李淼，杨丽珠，杜文轩. 幼儿教师期望的问卷编制及发展特点[J]. 中国健康心理学杂志，2015（10）：1543-1548.

[4]　范丽恒. 教师期望效应研究[M]. 北京：中国社会科学出版社，2008：163-165.

第三节　师生互动系统对智力障碍儿童亲社会行为影响的检验

一、共同方法偏差的控制与检验

本研究是通过被试报告的方式来采集多个变量的数据，由此就可能产生由同一被试报告导致的共同方法偏差问题。为此，本研究在问卷设计阶段，通过选用信、效度较好的成熟量表作为测量工具，适当变换指导语，减少项目的顺序效应，平衡问卷项目的正向题和反向题，保护被试的匿名性等方式进行了程序控制，以减少可能存在的偏差。统计上，在进行数据分析之前，采用 Harman 单因子检验法进行共同方法偏差的检验[①]。该方法的基本假设是：如果把所有变量放到一个因子分析之中，若只有单独一个因子被析出或者是某一个因子可以解释大部分变量的变异，那么就可以判定存在严重的共同方法偏差[②]。本研究将教师心理资本、期望、智力障碍儿童共情和亲社会行为问卷的所有项目一同纳入，进行未经旋转的探索性因子分析。结果表明，特征根大于 1 的因子共析出了 12 个，第一个因子可解释变异的 34.96%，低于 40%的临界标准，说明本研究不存在明显的共同方法偏差问题。

二、智力障碍儿童共情的发展水平

对智力障碍儿童共情的总均分和各维度的得分进行分析，结果显示（表 6-1）：智力障碍儿童共情的总均分为 0.29 分（9 点计分），标准差为 1.31，位于理论均值（$M=0.00$）附近，与理论最高值 4 分比较可知，智力障碍儿童的共情处于中等水平。其中，认知共情的得分为 -0.14 ± 1.87，情绪共情的得分为 0.47 ± 1.53，对这两个维

---

① Podsakoff P M，MacKenzie S B，Lee J Y，et al. Common method biases in behavioral research：A critical review of the literature and recommended remedies[J]. Journal of Applied Psychology，2003（5）：879-903.

② 周浩，龙立荣. 共同方法偏差的统计检验与控制方法[J]. 心理科学进展，2004（6）：942-950.

度进行相关样本 *t* 检验发现，认知共情水平显著低于情绪共情水平（*t*= −11.46，*p*<0.001，Cohen'*d* = 0.29）。

表 6-1 智力障碍儿童共情总均分及各维度得分情况（*N*=1572）

项目		*M*	*SD*	*t*	*p*	Cohen'*d*	比较
总问卷		0.29	1.31				
子维度	认知共情①	−0.14	1.87	−11.46***	0.000	0.29	①<②***
	情绪共情②	0.47	1.53				

三、培智教育教师心理资本的发展水平

对培智教育教师心理资本的总均分和各维度的得分进行分析，数据显示（表 6-2）：教师心理资本的总均分为 4.62±0.61（6 点计分），高于理论均值（*M*=3.50），表明培智教育教师的心理资本总体处于中等偏上水平。教师心理资本各子维度的均分（自信、乐观、希望和韧性维度的得分分别为 4.62±0.70、4.36±0.78、4.79±0.73、4.73±0.62）均高于理论均值。对组成教师心理资本的 4 个维度进行重复测量方差分析，结果表明，4 个维度的均值也存在极其显著的差异（*F*=327.65，*p*<0.001，偏 η^2= 0.17），希望（4.79 分）这一维度的得分显著高于韧性（4.73 分）、自信（4.62 分）和乐观（4.36 分），韧性这一维度的得分又显著高于自信和乐观，乐观这一维度的得分最低，显著低于其他三个维度。

表 6-2 培智教育教师心理资本总均分及各维度得分情况（*N*=696）

项目		*M*	*SD*	*F*	*p*	偏 η^2	两两比较
总问卷		4.62	0.61				
子维度	自信①	4.62	0.70	327.65***	0.000	0.17	③>④>①>②***
	乐观②	4.36	0.78				
	希望③	4.79	0.73				
	韧性④	4.73	0.62				

四、师生互动系统各变量与儿童亲社会行为的相关分析

在控制了人口统计学变量后，本研究对教师心理资本、教师期望、智力障碍儿

童共情与亲社会行为总均分进行了相关分析。相关分析结果（表6-3）与我们的预期一致，智力障碍儿童的亲社会行为与共情、教师心理资本及教师期望均在 $p<0.001$ 的水平上达到了显著正相关，这4个变量之间的相关系数在 0.10～0.73。这表明智力障碍儿童共情、教师心理资本及教师期望的水平越高，智力障碍儿童的亲社会行为水平就越高。

表6-3　各研究变量的平均数、标准差与相关系数

项目	M	SD	亲社会行为	共情	教师心理资本	教师期望
亲社会行为	3.03	0.89	1			
共情	0.29	1.31	0.67***	1		
教师心理资本	4.62	0.90	0.14***	0.10***	1	
教师期望	2.02	0.69	0.73***	0.56***	0.18***	1

本研究进一步考察了教师心理资本、教师期望、智力障碍儿童共情与亲社会行为各维度之间的相关关系。结果表明，各变量在结构内和结构间均存在显著的正相关，相关系数的方向与大小也和预期相符。其中，教师心理资本各维度与智力障碍儿童亲社会行为各维度的相关在 0.08～0.17，教师心理资本各维度与教师期望的相关在 0.13～0.19，教师心理资本各维度与智力障碍儿童共情的相关在 0.05～0.09；教师期望与智力障碍儿童亲社会行为各维度的相关在 0.54～0.70，教师期望与智力障碍儿童共情各维度的相关在 0.38～0.49，智力障碍儿童共情各维度与亲社会行为各维度的相关在 0.21～0.58。

五、教师期望、智力障碍儿童共情的中介作用检验

（一）教师心理资本的直接效应检验

笔者运用回归分析方法检验了教师心理资本对智力障碍儿童亲社会行为的直接效应。结果（表6-4）发现，在控制了性别、年龄、培智教龄等人口学变量的作用后，教师心理资本对智力障碍儿童亲社会行为的正向预测作用达到了显著水平（$\beta=0.14$，$p<0.001$），即教师心理资本水平越高，智力障碍儿童的亲社会行为水平也越高。

表 6-4　教师心理资本对智力障碍儿童亲社会行为影响的回归分析

因变量	R	R^2	ΔR^2	F	B	β	t	p
亲社会行为	0.14	0.02	0.02	32.89***	2.06	0.14	5.74***	0.000

（二）链式多重中介模型检验

1. 总体中介效应的估计与检验

笔者以教师心理资本、教师期望、智力障碍儿童共情与亲社会行为之间的显著相关关系为基础，进一步探讨了教师心理资本、教师期望、智力障碍儿童共情影响亲社会行为的作用机制。笔者采用柳士顺等[①]提出的链式多重中介效应的检验程序，检验了教师期望和智力障碍儿童共情的中介效应。笔者以教师心理资本作为预测变量，以智力障碍儿童亲社会行为作为效标变量，以教师期望和智力障碍儿童共情为中介变量进行了三步回归分析。第一步，检验教师心理资本对智力障碍儿童亲社会行为的直接效应，结果显示，教师心理资本对亲社会行为的预测作用显著（$\beta=0.14$，$p<0.001$）。第二步，以教师期望（M_1）和智力障碍儿童共情（M_2）为效标变量，以教师心理资本为预测变量，分别建立教师心理资本对教师期望和智力障碍儿童共情的回归方程，结果显示，教师心理资本对教师期望的预测作用（$\beta=0.18$，$p<0.001$）和对智力障碍儿童共情的预测作用（$\beta=0.10$，$p<0.001$）都极其显著。第三步，以智力障碍儿童亲社会行为作为效标变量，以教师心理资本、教师期望和智力障碍儿童共情作为预测变量建立回归方程，结果显示，当教师期望和智力障碍儿童共情进入方程之后，教师心理资本对智力障碍儿童亲社会行为的回归系数由原来的显著（$\beta=0.14$，$p<0.001$）变为不显著（$\beta=0.01$，$p>0.05$）（表 6-5），说明教师期望或智力障碍儿童共情在教师心理资本与智力障碍儿童亲社会行为之间起到了完全中介作用。

表 6-5　教师期望和智力障碍儿童共情中介模型的估计与检验回归分析结果

项目	标准化回归方程	R^2	B	SE	β	t	p
回归一	$Y=0.14X$	0.02	0.21	0.04	0.14	5.74***	0.000
回归二	$M_1=0.18X$	0.03	1.07	0.03	0.18	7.32***	0.000
	$M_2=0.10X$	0.01	−0.68	0.05	0.10	3.90***	0.000

---

① 柳士顺，凌文辁. 多重中介模型及其应用[J]. 心理科学，2009（2）：407，433-435.

续表

项目	标准化回归方程	R^2	B	SE	β	t	p
回归三	$Y=0.01X+0.51M_1+0.38M_2$	0.63	0.02	0.02	0.01	0.78	0.434
			0.66	0.02	0.51	2.35*	0.019
			0.26	0.01	0.38	20.55***	0.000

笔者采用偏差校正的非参数百分位 Bootstrap 方法检验总体中介效应并估计置信区间[①]。具体而言，通过有放回的随机抽样来重新构造样本分布（本研究构造了 5000 个样本，每个样本容量均为 1572 人），由此可以获得参数估计的置信区间及稳健标准误。如果 95%置信区间不包括 0，则表明有统计显著性[②]。结果显示（表6-6），总体中介效应的 95%置信区间为 [0.1302，0.2508]，不包括 0。此外，Sobel 检验显示，总体中介效应在 0.001 的水平上显著（与教师期望相对应的 $Z=7.0459$，$p<0.001$；与智力障碍儿童共情相对应的 $Z=3.8355$，$p<0.001$）。95%置信区间和 Sobel 检验结果都表明，教师期望和智力障碍儿童共情在教师心理资本与智力障碍儿童亲社会行为之间的中介效应显著，在模型中，中介效应与总效应的比值为0.9046，即中介效应占总效应的 90.46%。由此可见，将教师期望和智力障碍儿童共情两个变量同时作为中介变量是合理的。

表6-6　教师期望和智力障碍儿童共情中介模型的效应估计值及 95%置信区间

路径	间接效应估计	SE	95%置信区间	
			下限	上限
心理资本→教师期望→亲社会行为	（0.182×0.509）/0.144 = 0.6433	0.0305	0.1302	0.2508
心理资本→共情→亲社会行为	（0.098×0.384）/0.144 = 0.2613	0.0159	0.0245	0.0870
心理资本→亲社会行为总间接效应	0.6433+0.2613=0.9046	0.0305	0.1302	0.2508

2. 链式多重中介效应的估计与检验

（1）检验教师期望在教师心理资本与智力障碍儿童共情之间的中介效应

本研究以教师心理资本为预测变量，以教师期望为中介变量，以智力障碍儿童共情为效标变量，进行三步回归分析。第一步，检验教师心理资本对智力障碍儿童

① 方杰，张敏强. 中介效应的点估计和区间估计：乘积分布法、非参数 Bootstrap 和 MCMC 法[J]. 心理学报，2012（10）：1408-1420；温忠麟，叶宝娟. 中介效应分析：方法和模型发展[J]. 心理科学进展，2014（5）：731-745.

② Erceg-Hurn D M，Mirosevich V M. Modern robust statistical methods：An easy way to maximize the accuracy and power of your research[J]. American Psychologist，2008（7）：591-601.

共情的直接效应，结果显示，教师心理资本对智力障碍儿童共情的预测作用显著（β=0.10，p<0.001）。第二步，以教师期望为效标变量，以教师心理资本为预测变量，建立教师心理资本对教师期望的回归方程，结果显示，教师心理资本对教师期望的预测作用显著（β=0.18，p<0.001）。第三步，以智力障碍儿童共情为效标变量，以教师心理资本和教师期望为预测变量建立回归方程，结果表明，当教师期望进入方程之后，教师心理资本对智力障碍儿童共情的回归系数由原来的显著（β=0.10，p<0.001）变为不显著（β=0.00，p>0.05），说明教师期望在教师心理资本与智力障碍儿童共情之间起完全中介作用（表6-7）。

表6-7　教师期望中介模型的估计与检验回归分析结果

项目	标准化回归方程	R^2	B	SE	β	t	p
回归一	$Y=0.10X$	0.01	−0.68	0.05	0.10	3.90***	0.000
回归二	$M=0.18X$	0.03	1.07	0.03	0.18	7.32***	0.000
回归三	$Y=0.00X+0.56M$	0.32	−1.82	0.05	0.00	−0.17	−0.862
				0.04	0.56	26.32***	0.000

本研究采用偏差校正的非参数百分位 Bootstrap 方法对中介效应进行检验。采取有放回的随机抽样方法，重复取样 5000 次，计算 95%置信区间。结果显示（表6-8），95%置信区间为[0.1406，0.2467]，不包括 0，说明教师期望在教师心理资本与智力障碍儿童共情之间的中介效应显著。由此得出结论：教师期望在教师心理资本与智力障碍儿童共情之间起完全中介作用。

表6-8　教师期望中介模型的效应估计值及 95%置信区间

路径	SE	95%置信区间	
		下限	上限
教师心理资本→教师期望→共情	0.0269	0.1406	0.2467

（2）检验共情在教师期望和智力障碍儿童亲社会行为之间的中介效应

本研究以教师期望为预测变量，以智力障碍儿童共情为中介变量，以亲社会行为为效标变量，进行三步回归分析，进一步探讨教师期望、智力障碍儿童共情影响亲社会行为的作用机制。第一步，检验教师期望的直接效应，结果显示，教师期望对智力障碍儿童亲社会行为的预测作用显著（β=0.73，p<0.001）。第二步，以智力障碍儿童共情为效标变量，以教师期望为预测变量，建立教师期望对智力障碍儿童共情的回归方程，结果显示，教师期望对智力障碍儿童共情的预测作用显著（β=

0.56，$p<0.001$）。第三步，以智力障碍儿童亲社会行为为效标变量，以教师期望和智力障碍儿童共情为预测变量建立回归方程，结果显示，当共情进入方程之后，教师期望对智力障碍儿童亲社会行为的回归系数有所下降，但依然显著（$\beta=0.51$，$p<0.001$），说明智力障碍儿童共情在教师期望与亲社会行为之间起到了部分中介作用（表6-9）。

表6-9　智力障碍儿童共情中介模型的估计与检验回归分析结果

项目	标准化回归方程	R^2	B	SE	β	t	p
回归一	$Y=0.73X$	0.53	1.13	0.02	0.73	41.95***	0.000
回归二	$M=0.56X$	0.31	−1.85	0.04	0.56	26.67***	0.000
回归三	$Y=0.51X+0.38M$	0.63	1.62	0.02	0.51	27.54***	0.000
				0.01	0.38	20.47***	0.000

本研究采用偏差校正的非参数百分位Bootstrap方法检验中介效应，采取有放回的随机抽样方法，重复取样5000次，计算95%置信区间。结果显示（表6-10），95%置信区间为[0.2434，0.3090]，不包括0，说明共情在教师期望与智力障碍儿童亲社会行为之间的中介效应显著，中介效应与总效应的比值为0.2915，即中介效应占总效应的29.15%。由此得出结论：共情在教师期望与智力障碍儿童亲社会行为之间起到了部分中介作用。

表6-10　智力障碍儿童共情中介模型的效应估计值及95%置信区间

路径	间接效应估计	SE	95%置信区间 下限	上限
教师期望→共情→亲社会行为	（0.56×0.38）/0.73 =0.2915	0.0168	0.2434	0.3090

（3）检验链式中介效应结构方程模型

根据研究假设，使用结构方程模型对假设模型进行检验，以教师心理资本为自变量，以教师期望和智力障碍儿童共情为中介变量，以智力障碍儿童亲社会行为为因变量，使用结构方程模型来考察教师期望和智力障碍儿童共情在教师心理资本与智力障碍儿童亲社会行为之间的链式中介效应，结果表明（表6-11，图6-2），链式中介作用模型的各项拟合指数分别为CFI=0.991，TLI=0.988，NFI=0.989，RFI=0.985，IFI=0.991，RMSEA=0.052，都在理论要求的良好范围内（因$N\geqslant1000$时，χ^2值往往很大，不建议使用χ^2准则[①]，故而不考虑χ^2/df）。

---

① 温忠麟，侯杰泰，马什赫伯特. 结构方程模型检验：拟合指数与卡方准则[J]. 心理学报，2004（2）：186-194.

表 6-11 教师期望和智力障碍儿童共情在教师心理资本与智力障碍儿童亲社会行为
之间的中介作用模型拟合指数

项目	CFI	TLI	NFI	RFI	IFI	RMSEA
链式中介模型	0.991	0.988	0.989	0.985	0.991	0.052

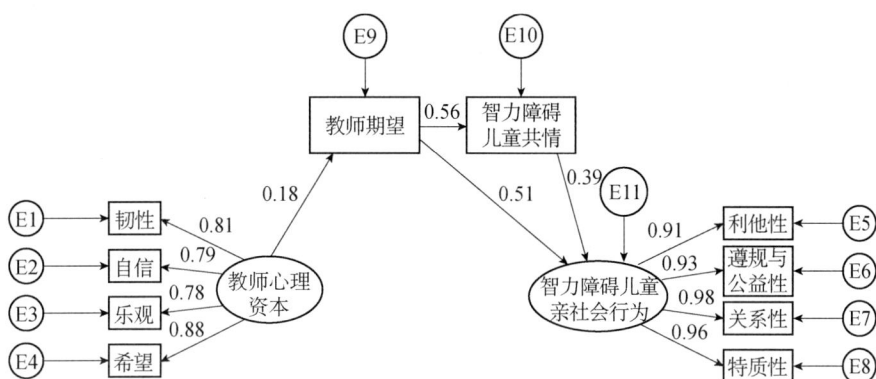

图 6-2 教师期望和智力障碍儿童共情在教师心理资本与智力障碍儿童亲社会行为
之间的中介作用模型图

第四节 师生互动系统对智力障碍儿童亲社会行为
影响的分析

一、智力障碍儿童共情总体处于中等水平，内部不平衡

本研究结果显示，智力障碍儿童的共情总体处于中等水平，但在认知共情和情绪共情两个子维度上具有发展的不平衡性，认知共情水平显著低于情绪共情。与肖运华用同种研究工具对普通儿童的测查结果（总均分为 1.69 分，认知共情均值为 0.64 分，情绪共情均值为 1.32 分）[1]相比可知，智力障碍儿童共情的发展水平明显

---

[1] 肖运华. 中文版格里菲斯共情测验父母版信效度研究及高功能孤独谱系障碍儿童面部表情识别的特征[D]. 南京：南京医科大学，2015：26.

低于普通儿童。这可能与共情尤其是认知共情的发展需以认知能力的发展为基础有关。认知共情的发展前提是个体不但能够区分自我与他人的表征，还能抑制自我中心化偏差[①]。然而，智力障碍给儿童认知发展带来的不利影响却具有广泛性[②]，这使其认知共情的发展面临着诸多阻抗，一方面难以摆脱自我中心的禁锢；另一方面其"共享表征"（即自己做过的动作、体验过的情绪产生的心理表征与知觉到他人同样动作、情绪产生的心理表征的重复部分）和"知觉-行动机制"（即当个体知觉到他人的情绪时，激活其储存在大脑镜像神经元系统中的共享表征，将他人情绪自动地转化成为自身情绪，从而体验到他人的感受）[③]的发展也受到诸多限制。故而智力障碍儿童不仅在总体上而且在不同维度上均落后于普通儿童，但相对而言，智力障碍给儿童认知共情造成的消极影响更为显著。

二、培智教育教师心理资本总体处于中等偏上水平，但内部差异显著

本研究发现，培智教育教师的心理资本整体上处于中等偏上水平，但在心理资本的4个维度上表现出明显的发展不平衡性，其中希望得分最高，乐观得分最低。培智教育教师心理资本发展的整体状况与汪明等有关普通小学、幼儿园教师、综合类特殊教育教师心理资本的结果基本一致，都处于中等偏上水平，整体仍有较大提升空间，同时也与上述各类教师心理资本内部的洼地一样，都位于乐观维度。乐观是对未来事件的积极期望，表现为个体在遭遇负性事件时呈现出积极的解释风格。培智教育教师和普通中小学、幼儿园教师、综合类特殊教育教师一样，对现在与将来的乐观感受较弱。这可能与教师职业的整体吸引力和竞争力还不够大有关。教师职业的整体经济收入和社会地位与某些行业还存在较大差异。近年来，国家及各地虽然都积极采取各项举措大力支持特殊教育发展，培智教育教师职业的地位与待遇都有所提高，但由于特殊教育尤其是培智教育起步晚、基础薄弱，目前依然是整个教育事业的薄弱环节。培智教育的艰巨性与复杂性及培智教育教师难以获得较

---

① 张慧，苏彦捷. 自我和他人的协调与心理理论的神经机制[J]. 心理科学进展，2008（3）：480-485.

② 刘春玲，马红英. 智力障碍儿童的发展与教育[M]. 北京：北京大学出版社. 2011：75-94；赵小红. 近30年大陆地区智力落后儿童的认知研究进展[J]. 中国特殊教育，2010（8）：14-19.

③ 黄翯青，苏彦捷. 共情的毕生发展：一个双过程的视角[J]. 心理发展与教育，2012（4）：434-441.

高的职业成就感，加之教师职业的整体吸引力和竞争力还不够大，故而容易导致一些培智教育教师感到自己所获得的收益与其实际付出并不完全对称，这种付出与感知到的收益不匹配和不协调会在一定程度上对培智教育教师的乐观感受产生消极影响。这提示我们，培智教育教师心理资本水平的提升，有赖于特殊教育教师乃至整个教师职业地位与待遇的进一步提高，也取决于教师职业的崇高感和荣誉感能否充分得到彰显。

三、师生互动系统对儿童亲社会行为的影响：多重中介效应分析

（一）师生互动系统中各变量与儿童亲社会行为之间的关系

本研究相关矩阵显示，教师心理资本与智力障碍儿童亲社会行为呈显著正相关。回归分析表明，教师心理资本对智力障碍儿童亲社会行为具有显著的正向预测作用，即随着教师心理资本的增加，智力障碍儿童亲社会行为的水平也会逐渐提高，这进一步印证了生物生态学模型有关人的特征是对最近过程（即个体与环境相互作用）的方向和动力最有影响力的因素这一观点①。心理资本作为个体积极能量的集合体，可以为培智教育教师提供更多的心理能量，激发其工作动机，保持工作活力，调节其态度和行为，补充其实现工作要求消耗的工作资源②，故而兼具动力特征和资源特征。从方向来看，它还是能够促进最近过程的发展性生成特征，正因为如此，才会对智力障碍儿童的亲社会行为具有明显的增益性作用。

本研究还发现，培智教育教师的心理资本与教师期望呈显著正相关，这说明教师的心理资本水平越高，其对智力障碍儿童的期望水平也越高。此结果印证了柳心德③、徐君藩④等学者关于教师的个人特征（如信心和偏见的强弱程度，对待学生的态度以至于意志特征等）会对教师期望的形成产生重要影响的观点，也与Jussim

---

①　丁芳. 一种正在演进着的人类发展观——人的发展的生物生态学模型述评[J]. 华东师范大学学报（教育科学版），2009（2）：58-63.

②　毛晋平，莫拓宇. 中小学教师心理资本、情绪劳动策略、工作倦怠的关系研究[J]. 教师教育研究，2014（5）：22-28，35；Fredrickson B L. The role of positive emotions in positive psychology: The broaden and build theory of positive emotions[J]. American Psychologist，2001（3）：218-226.

③　柳心德. 教师期望和自我实现预言的效应[J]. 教育研究，1985（11）：33-39.

④　徐君藩. 关于教师对学生期望的形成[J]. 高等师范教育研究，1989（5）：37-42.

等①等有关教师效能感与对学生期望之间关系的研究结果相一致，即自我效能感高的教师倾向于对所有学生抱有切合实际的高期望。换言之，教师对学生的期望更积极，也会更有可能致力于促使每个学生充分发挥潜能。

本研究也发现，教师心理资本与智力障碍儿童共情呈显著正相关。回归分析表明，教师心理资本对智力障碍儿童共情具有正向回归效应，即教师心理资本水平越高，智力障碍儿童共情的水平也越高，这与洪秀敏等②有关教师自我效能感与儿童社会情感发展关系的研究结论一致。这可能是由于教师工作属于高负荷情绪劳动的行业，培智教育工作的复杂性和艰巨性则需要教师投入更多的情绪劳动，而心理资本又与个体对工作的满意度和愉快度有关③。心理资本水平高的培智教育教师由于能够运用的心理资源比较富足，其在工作中会更多地处于一种积极情绪状态，也会更关注智力障碍儿童的需求，并对其情绪变化更为敏感。培智教育教师在教育过程中表露出来的积极情绪会被智力障碍儿童直接感知到，并会被其奉为模仿的榜样。同时，对于培智教育教师对自己及他人情绪、需求关注的体验，不仅会不断丰富智力障碍儿童的"共享表征""知觉-行动机制"，也会促进其自我的"客体化"，因而共情水平会不断得到提高。

本研究同时发现，教师期望既与智力障碍儿童的亲社会行为呈显著正相关，也与智力障碍儿童的共情呈显著正相关，此结果与熊庆秋等④有关教师期望与轻度智力障碍女生社会能力和问题行为关系的研究结果一致，也与杨丽珠等⑤有关教师期望与儿童人格（包括亲社会性）的关系以及 Good 等⑥关于教师期望效应对学生个性和社会性发展作用的研究结果一致。培智教育教师的期望之所以会与智力障碍儿童的共情和亲社会行为发展水平之间具有密切关系，可能与教师期望不同，则教师对智力障碍儿童的教学内容和行为反馈也会有差别有关。Rosenthal 的四因素模型认为，教师给高期望的学生创设的社会情感气氛（气氛）要更加温暖，教授的内

①　Jussim L，Smith A，Madon S，et al. Teacher expectations. In J. Brophy（Ed.），Advances in Research on Teaching. Vol.7：Expectations in the Classroom[C]. Greenwich：JAI Press，1998：1-48.

②　洪秀敏，庞丽娟. 教师自我效能感对儿童发展的作用及其机制[J]. 学前教育研究，2006（6）：44-47.

③　Youssef C M，Luthans F. Positive organizational behavior in the workplace：The impact of hope，optimism，and resilience[J]. Journal of Management，2007（5）：774-800.

④　熊庆秋，李欣晏，周伟珍等. 6—11 岁轻度智力障碍儿童行为适应性及其与支持性体系关系的研究[J]. 中国教育学刊，2015（S1）：64-67.

⑤　杨丽珠，张华. 小学教师期望对学生人格的影响：学生知觉的中介作用[J]. 心理与行为研究，2012（3）：161-166.

⑥　Good T L，Brophy J E. 透视课堂[M]. 陶志琼等译. 北京：中国轻工业出版社，2002：128.

容（输入）、给其回答和提出问题的机会（输出）及对其行为的反馈（反馈）[①]都会比低期望学生更多。即便是在课后，教师与高期望学生的互动也会更频繁、更亲密[②]。教师微妙的行为差别会被学生感受到并做出相应的解释，学生一旦感知到教师对自己给予高期望，就会与教师建立亲密的心理联系，也会更愿意接受和内化教师的期望及要求，并与老师、同伴发生积极的互动行为。师生之间互动频率和质量的提高，一方面会有利于师生双方建立亲密的情感关系，从而促进智力障碍儿童共情水平的提高；另一方面会使智力障碍儿童表现出更愿意帮助他人、高水平的自控能力和活泼外向等行为，以此获得教师的表扬，保证良好的师生关系维持下去[③]。教师对智力障碍儿童行为的期望最终变成了客观的社会现实，便产生了自我实现预言效应。

此外，本研究发现智力障碍儿童共情与亲社会行为呈显著相关，回归分析表明，共情对亲社会行为具有显著的正向预测作用，即共情水平越高，智力障碍儿童越会表现出亲社会行为，这与以往有关共情与亲社会行为关系的研究结果一致[④]。这与共情和亲社会行为都需要认知、情绪系统的参与有关。共情是个体在观察他人面部表情、辨别他人情绪线索的基础上，通过认知系统来推测他人的心理状态并做出选择性的反应的能力或状态[⑤]。根据 Crick 等的社会信息加工模型，个体亲社会行为产生的机制如下：第一阶段是对他人求助的线索进行编码；第二阶段是对线索进行解释和表征，这两个阶段恰巧分别为共情的情绪共情和认知共情产生过程[⑥]。正因为如此，共情被视为个体亲社会行为产生的基础[⑦]，共情能力高的个体更容易对求助者的内心感受和需要感同身受，从而做出亲社会行为。换言之，在共情的诱发下，个体产生了对他人行为的判断和相应的情绪体验，也更容易感知到他人

① Rosenthal R. Covert communicationin laboratories，classrooms，and the truly real world[J]. Current Directions in Psychological Science，2003（5）：151-154.

② de Jong R J，van Tartwijk J，Verloop N，et al. Teachers' expectations of teacher-student interaction：Complementary and distinctive expectancy patterns[J]. Teaching and Teacher Education，2012（7）：948-956.

③ O'Connor E，Dearing E，Collins B. Teacher-child relationship and behavior problem trajectories in elementary school[J]. American Educational Research Journal，2011（1）：120-162；杨丽珠，李淼，陈靖涵等. 教师期望对幼儿人格的影响：师幼关系的中介效应[J]. 心理发展与教育，2016（6）：641-648.

④ 岳童，黄希庭. 认知神经研究中的积极共情[J]. 心理科学进展，2016（3）：402-409.

⑤ 杨楠，张魁，耿耀国. 儿童心理理论、移情与攻击行为的关系研究综述[J]. 中国特殊教育，2011（12）：87-91.

⑥ Crick N R，Dodge K A. A review and reformulation of social information-processing mechanisms in children's social adjustment[J]. Psychological Bulletin, 1994（1）：74-101.

⑦ 肖凤秋，郑志伟，陈英和. 亲社会行为产生机制的理论演进[J]. 心理科学，2014（5）：1263-1270.

的求助与诉求，从而促进了其亲社会行为的产生①。

（二）教师期望和智力障碍儿童共情的链式中介作用

本研究的多重中介效应检验发现，教师期望和智力障碍儿童共情在教师心理资本对智力障碍儿童亲社会行为的影响中起着显著的中介作用。在教师期望和智力障碍儿童共情参与分析前，教师心理资本能显著预测智力障碍儿童的亲社会行为水平，但当教师期望和智力障碍儿童共情参与分析后，教师心理资本对智力障碍儿童的亲社会行为的影响并不显著。进一步检验发现，教师期望在教师心理资本与智力障碍儿童共情之间起完全中介作用，智力障碍儿童共情在教师期望与智力障碍儿童亲社会行为之间起部分中介作用，这意味着教师心理资本水平越高，其对智力障碍儿童的期望也就越高。教师期望水平的提高既会直接促进智力障碍儿童亲社会行为水平的提高，也会通过促进智力障碍儿童共情水平的提高而间接促进其亲社会行为水平的提高。也就是说，教师心理资本无法单独影响智力障碍儿童的亲社会行为，必须通过教师期望才能对其产生影响。

由此来看，教师心理资本对智力障碍儿童亲社会行为的影响主要是通过两条路径起作用：一是教师心理资本通过教师期望这一中介变量间接影响智力障碍儿童亲社会行为；二是教师心理资本通过教师期望—智力障碍儿童共情这一链式中介变量间接影响智力障碍儿童亲社会行为。该结果提示我们，要提升智力障碍儿童亲社会行为的水平，最根本的是要通过各种措施激发和提高培智教育教师的心理资本水平，即让培智教育教师对当前和未来都充满积极的信念，在面对充满挑战性的工作时，依然相信自己有能力应对并愿意为此付出必要的努力，即便身处逆境和被问题困扰，也会对既定的目标锲而不舍，并通过恰当路径实现目标，只有这样才能使其在智力障碍儿童亲社会行为培养过程中拥有持久而稳定的内在动力。

本研究对教师期望和智力障碍儿童共情在教师心理资本与智力障碍儿童亲社会行为之间起链式中介作用的发现具有一定的现实意义。一方面，它进一步表明，教师心理资本对智力障碍儿童亲社会行为的影响机制是复杂的，而非简单、直接的线性关系，还会受到各种因素（如教师期望和智力障碍儿童共情）的影响；另一方面，教师期望和智力障碍儿童共情在教师心理资本与智力障碍儿童亲社会行为之间起链式中介作用的发现有利于将抽象的理论范畴转化为可操作的内容。从具体

---

① 丁凤琴，陆朝晖. 共情与亲社会行为关系的元分析[J]. 心理科学进展，2016（8）：1159-1174.

效应值来看，在上述两条路径中，以教师心理资本通过教师期望来影响智力障碍儿童亲社会行为为主（占总效应的 64.33%），教师心理资本通过教师期望和智力障碍儿童共情来间接影响的效应也占有相当比例（占总效应的 26.13%）。这说明教师期望和智力障碍儿童共情都是教师心理资本与智力障碍儿童亲社会行为关系的重要中介变量。因此，要提高智力障碍儿童亲社会行为的水平，除了考虑如何进一步提升培智教育教师的心理资本水平，帮助其建立以人本主义潜能论为指导的期望教育观，使其相信并努力挖掘每一个智力障碍儿童的潜在能力和发展空间，同时努力提升智力障碍儿童的共情水平，也不失为有效的途径。

第七章

同伴互动系统对智力障碍儿童亲社会行为的影响作用

在学校生态系统中，智力障碍儿童的亲社会行为不仅会受到师生互动子系统的影响，而且会受到同伴互动子系统的影响。同伴互动子系统是儿童与同伴之间互动形成的微观社会环境①。对于学龄智力障碍儿童而言，同伴在其生活中的作用日益增强，同伴互动成为其社会生活的重要内容，也成为满足其社会交往需要、获得支持和安全感乃至实现积极发展的重要源泉②。群体社会化发展理论认为，同伴群体对儿童的个性形成具有长远影响③。基于此，本章将在学校生态系统框架下，从同伴互动子系统出发，探讨同伴层面的环境因素与儿童个体因素对智力障碍儿童亲社会行为的影响与作用机制。

第一节　同伴互动系统与智力障碍儿童的亲社会行为

一、同伴关系与智力障碍儿童的亲社会行为

笔者通过对文献进行分析发现，目前研究者主要是从同伴关系这一主题来考察同伴互动对儿童亲社会行为发展的影响。同伴关系是同龄人或心理发展水平相当的个体在交往过程中建立和发展起来的关系④。同伴关系是儿童生活经验中重要的社会关系之一，在儿童发展中发挥着成人无法取代而又独特的重要作用。依据交往的复杂程度，同伴关系可分为个体特征、人际互动、双向关系和群体4个水平⑤。由于群体水平的同伴关系反映的是儿童在群体中个体间的同伴接纳或排斥、喜欢

①　任萍，郭雨芙，秦幸娜等. 中小学班级生态系统及其与个体学校适应的关系[J]. 北京师范大学学报（社会科学版），2017（5）：31-39.

②　Wen M，Lin D H. Child development in rural China：Children left behind by their migrant parents and children of nonmigrant families[J]. Child Development，2012（1）：120-136.

③　Harris J R. Where is the child's environment? A group socialization theory of development[J]. Psychological Review，1995（3）：458-489.

④　邹泓. 同伴关系的发展功能及影响因素[J]. 心理发展与教育，1998（2）：39-44.

⑤　Rubin K H，Bukowski W，Parker J G. Peer interactions，relationships，and groups. In W. Damon，E. Nancy (Eds.)，Handbook of Child Psychology. Vol. 3：Social，Emotional，and Personality Development[C]. New York：Wiley，1998：619-700.

或不喜欢状况，体现了儿童潜在的社交胜任力和在同伴群体中的社交地位，故而现有关于同伴关系与儿童社会行为的研究大多是探讨群体水平的同伴关系（即群体中个体间的同伴接纳或排斥）①对儿童亲社会行为的影响效应，本研究也主要是从群体水平的同伴关系出发开展研究。

诸多研究表明，同伴关系与儿童的亲社会行为有显著的相关性。郭伯良等对亲社会行为和同伴关系的相关研究进行的元分析显示，个体的亲社会行为与同伴接纳呈正相关，与同伴拒绝呈负相关②。Zimmer-Gembeck 等发现，早期同伴的接受性会对个体后期的亲社会性产生积极影响，早期有被同伴拒绝经历的儿童在后期则会有更多的攻击性表现或适应不良行为③。Twenge 等④、姚小雪⑤、Kothgassner 等⑥的研究发现，无论是真实社会排斥还是虚拟社会排斥都容易导致个体亲社会行为的减少。

尽管研究者对同伴关系与儿童亲社会性行为之间的关系进行了诸多探讨，也有学者对特殊儿童的同伴关系现状进行了一些调查⑦，然而对于智力障碍儿童同伴关系与其亲社会行为的关系，还鲜有学者进行研究。智力障碍儿童的亲社会行为总是发生在同伴交往的背景之中，与其同伴关系有着紧密的联系。关系主义取向的中国文化一向强调人际关系的合理性，这也一直被视为中国文化最显著的特性之一⑧，故而人际关系的价值取向与格局就成为东西方文化差异的重要体现⑨。正因为如此，考察同伴关系与亲社会行为的关系就成为一项不仅关系到智力障碍儿童个人社会性发展和学校适应，还关乎智力障碍群体社会融入水平与质量的重要课

---

① 刘少英，王芳，朱瑶. 幼儿同伴关系发展的稳定性[J]. 心理发展与教育，2012（6）：588-594.

② 郭伯良，张雷. 近 20 年儿童亲社会与同伴关系相关研究结果的元分析[J]. 中国临床心理学杂志，2003（2）：85，86-88.

③ Zimmer-Gembeck M J，Geiger T C，Crick N R. Relational and physical aggression，prosocial behavior，and peer relations：Gender moderation and bidirectional associations[J]. Journal of Early Adolescence，2005（4）：421-452.

④ Twenge J M，Baumeister R F，DeWall C N，et al. Social exclusion decreases prosocial behavior[J]. Journal of Personality and Social Psychology，2007（1）：56-66.

⑤ 姚小雪. 社会排斥对听障大学生亲社会行为的影响：特质共情与状态共情的中介作用[D]. 西安：陕西师范大学，2015：29-38.

⑥ Kothgassner O D，Griesinger M，Kettner K,，et al. Real-life prosocial behavior decreases after being socially excluded by avatars，not agents[J]. Computers in Human Behavior，2017，70：261-269.

⑦ 江小英，王婧. 农村小学生对随班就读同伴接纳态度的调查报告[J]. 中国特殊教育，2013（12）：10-18；吴支奎. 普小学生对随班就读弱智生接纳态度的研究[J]. 中国特殊教育，2003（2）：18-24.

⑧ 黄光国，胡先缙等. 人情与面子：中国人的权力游戏[M]. 北京：中国人民大学出版社，2010：162-166.

⑨ 杨宜音. 试析人际关系及其分类——兼与黄光国先生商榷[J]. 社会学研究，1995（5）：18-23；黄四林，韩明跃，张梅. 人际关系对社会责任感的影响[J]. 心理学报，2016（5）：578-587.

题，具有重要的学术价值和现实意义。

二、智力障碍儿童的情绪与亲社会行为

根据生态系统理论的 PPCT 模型，同伴关系对智力障碍儿童亲社会行为的影响还是会因同伴互动系统中个体特征的不同而在本质上迥然相异。然而，在同伴关系与个体亲社会行为之间有哪些个体特征在发挥着重要作用？其作用的具体过程或机制又是怎样的？这些问题还需要进一步深入研究。

笔者经过文献分析发现，情绪可能是一个值得考虑的重要个体特征。诸多研究表明，情绪会影响人们的亲社会行为。Isen 的实验研究结果表明，成功会使个体产生满足感和愉快情绪，愉快情绪会促使个体产生利他行为；失败则会使个体产生懊丧和不愉快情绪，消极情绪会阻碍人的利他行为的产生[1]。Baron 等的研究表明，处于良好情绪状态的个体会产生更多的助人行为[2]。张晓贤等的研究则发现，难过情绪不能促进儿童亲社会行为水平的提高[3]。

三、智力障碍儿童的特质共情与亲社会行为

第六章的研究表明，在影响智力障碍儿童亲社会行为的诸多因素中，共情也是一个重要的个人预测指标，且在师生互动系统对智力障碍儿童的亲社会行为影响中起着中介作用。笔者经过文献分析发现，共情在人际关系评价与儿童亲社会行为之间也发挥着中介作用。Twenge 等认为，当个体遭到社会排斥时，可能会关闭其共情系统，以免感知到的社交拒绝给其带来疼痛感，进而会导致亲社会行为的

---

① Isen A M. Success, failure, attention and reaction to others: The warm glow of success[J]. Journal of Personality and Social Psychology, 1970（4）: 294-301.

② Baron R A, Thomley J. A whiff of reality: Positive affect as a potential mediator of the effects of pleasant fragrances on task performance and helping[J]. Environment and Behavior, 1994（6）: 766-784; Salovey P, Myaer J D, Rosenhnan D L. Mood and helping: Mood as a motivator of helping and helping as a regulator of mood. In M. S. Clark（Ed.）, Prosocial Behavior: Review of Personality and Social Psychology[M]. Newbury: Sage, 1991: 215-237; Glomb T M, Bhave D, Miner A G, et al. Doing good, feeling good: Examining the role of organizational citizenship behaviors in changing mood[J]. Personnel Psychology, 2011（1）: 191-223.

③ 张晓贤，桑标. 儿童内疚情绪对其亲社会行为的影响[J]. 心理科学，2012（2）: 314-320.

减少[1]；Thompson 等的研究表明，安全型依恋能够提高个体的共情水平，并进一步增进其亲社会行为[2]。姚小雪的研究结果显示，共情在社会排斥对紧急情境和非紧急情境亲社会行为的影响中均起着中介作用[3]。

然而，值得注意的是，共情分为特质共情和状态共情两类。特质共情被视为个体长期以来形成的了解他人的内心体验或得以感知他人的情感的一般能力，是一种比较稳定的人格特质；状态共情是个体在特定情境中的认知、情感反应，反映的是人与环境的交互作用，因而具有即刻性。Twenge 等、Thompson 等和姚小雪所开展的这三项研究对共情在人际关系与亲社会行为之间所起作用的探讨主要是从两个方面进行的。一是考察特质共情在长期以来的人际关系对日常亲社会行为影响中的中介作用；二是考察状态共情在实验室情境诱发的人际关系在对亲社会行为（或亲社会行为倾向）影响中的中介作用。但关于特质共情对某一特定人际情境下个体亲社会行为的影响，目前还鲜有报道。对某一特定人际情境的感知（被接纳或被排斥）会对状态共情产生影响，却可能难以使个体的特质共情发生改变，这意味着特质共情不会成为人际关系对亲社会行为的影响的中介变量。在该特定人际情境中，特质共情是否还会对亲社会行为产生影响？这也是一个值得深入探讨的问题。

四、同伴互动系统对智力障碍儿童亲社会行为影响的构想

相关研究已表明，同伴关系与儿童的亲社会行为有显著的相关性，关系评价与情绪也存在显著的相关。例如，Leary 等发现，被接纳会促进个体自尊水平的提升，同时引发其产生积极的情绪体验；被排斥或被拒绝则会在导致其状态自尊水平降低的同时，引发其产生消极的情绪体验，如沮丧、悲伤、孤独及焦虑等[4]。研究表明，情绪会影响人们的亲社会行为。综合有关理论分析和实证研究还可以推论：特

① Twenge J M，Baumeister R F，DeWall C N，et al. Social exclusion decreases prosocial behavior[J]. Journal of Personality and Social Psychology，2007（1）：56-66.

② Thompson K L，Gullone E. Prosocial and antisocial behaviors in adolescents：An investigation into associations with attachment and empathy[J]. Anthrozoös，2008（2）：123-137.

③ 姚小雪. 社会排斥对听障大学生亲社会行为的影响：特质共情与状态共情的中介作用[D]. 西安：陕西师范大学，2015：29-38.

④ Leary M R，Baumeister R F. The nature and function of self-esteem：Sociometer theory[J]. Advances in Experimental Social Psychology，2000，32：1-62.

质共情作为一种人格特质和个体的一般能力，在特定情境下同样会成为个体亲社会行为的重要影响因素。有研究也表明，特质共情对其他变量与亲社会行为的关系具有调节作用，如于玲发现特质共情在羞怯与亲社会行为的关系中起到了调节作用[1]，钟毅平等发现观点采择在自我与他人重叠和助人行为之间起到了调节作用[2]，观点采择就相当于认知共情。基于以上实证研究和理论分析，本研究提出同伴互动子系统对智力障碍儿童亲社会行为的影响作用构想，即不同同伴关系类型下智力障碍儿童的亲社会行为存在显著差异；情绪在同伴关系对智力障碍儿童亲社会行为的影响中起中介作用。特质共情对具体情境中智力障碍儿童的亲社会行为具有正向预测作用。特质共情在关系类型对亲社会行为的影响中起调节作用。研究假设模型见图 7-1 。

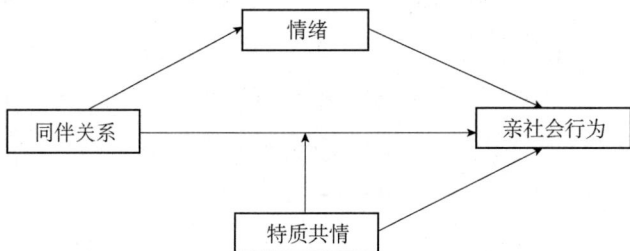

图 7-1　同伴关系、情绪、特质共情与亲社会行为关系的假设模型

第二节　同伴互动系统对智力障碍儿童亲社会行为影响的研究设计

一、研究被试

来自上海市 4 所培智类学校的 121 名智力障碍儿童参加了本研究，其中被接

---

①　于玲. 初中生羞怯与亲社会行为的关系：共情的调节作用[D]. 济南：山东师范大学，2016：23-36.
②　钟毅平，杨子鹿，范伟. 自我-他人重叠及观点采择类型对助人意愿的影响[J]. 中国临床心理学杂志，2015（1）：63-66.

纳组 40 人，控制组 41 人，被排斥组 40 人。因前期研究发现性别、年级、障碍类型和障碍程度均对这些儿童的亲社会行为具有影响，故在组间和组内均匹配了男女生、年级段比例。鉴于目前培智学校唐氏综合征和一般性智力障碍儿童以及轻度和中度智力障碍儿童数量分布的实际情况，故只在各组间匹配了唐氏综合征和一般智力障碍、轻度与中度智力障碍儿童的人数。智力障碍的程度由各学校进行综合评定后确定，具体而言是根据儿童入学时提供的智力测验结果（即医院评估结果），同时结合其在校的实际适应行为表现进行评判。被试平均年龄为 12.21±2.27 岁，所有被试的肢体运动功能均健全，并能用语言进行交流。被试的性别、年级、障碍类型和障碍程度情况见表 7-1。

表 7-1　各组被试的性别、年级、障碍类型和障碍程度基本情况（N=121）

项目		被接纳组 n（%）	控制组 n（%）	被排斥组 n（%）	合计
性别	男	22（55）	22（54）	21（53）	65
	女	18（45）	19（46）	19（47）	56
年级段	二至四年级	10（25）	12（29）	11（28）	33
	五至六年级	15（38）	14（34）	14（35）	43
	七至九年级	15（38）	15（37）	15（38）	45
障碍类型	唐氏综合征	7（17）	9（22）	6（15）	22
	一般性智力障碍	33（83）	32（78）	34（85）	99
障碍程度	轻度	12（30）	13（32）	13（33）	38
	中度	28（70）	28（68）	27（68）	83
小计		40	41	40	121

注：表中括号外数据为人数，括号内数据为百分比

二、研究设计

本研究采用实验法和问卷法相结合的方法，考察同伴互动子系统对智力障碍儿童亲社会行为的影响效应与路径。

实验采用单因素随机区组实验设计，自变量同伴关系分为被接纳组、控制组和被排斥组 3 个水平，因变量为亲社会行为发展情况，通过帮助、体力支持、遵守规则、遵从礼仪习俗、分享、合作、同情和宽容 8 种具体亲社会行为来测查。这 8 种

行为分别选自前期研究中确立的亲社会行为二阶四因子一阶七因子模型。选取的基本原则如下：一是兼顾 4 个二阶因子和 7 个一阶因子；二是行为在所属因子上的载荷量较高，代表性较强；三是能够通过设置情境观察行为表现。其中，帮助和体力支持选自一阶因子利他性；遵守规则和遵从礼仪习俗选自二阶因子遵规与公益性和一阶因子遵守规则、遵从习俗；分享、合作选自二阶因子关系性和一阶因子增进关系、维护关系；同情、宽容选自二阶因子特质性和一阶因子宜人性、愉悦性。年级、性别、障碍类型和障碍程度为区组变量，年级分为低（二至四年级）、中（五至六年级）、高（七至九年级）三个区组；性别分为男、女两个区组；障碍类型分为唐氏综合征和一般性智力障碍两个区组；障碍程度分为轻度和中度两个区组。

（一）同伴关系操控

结合已有研究和智力障碍儿童的特点，本研究参照相互认识范式（get acquainted）[①]操控同伴关系类型。之所以选用该范式，是因为相对于在线式网络掷球范式而言，相互认识范式的接纳和拒绝反馈具有即时、明确、直接、接近真实生活情境的特点，采用这种范式操控同伴关系类型，可有效地提高研究的生态效度。同时，相对于孤独终老范式而言，相互认识范式的反馈又具有一次性、暂时性的特点，不会产生长久而强烈的影响，其消极影响比较容易消除，也更符合实验的伦理要求。

具体操控流程如下：由两名实验助手和两名来自不同班级的真被试组成临时小团体。主试 1 做完自我介绍后，让主试 2 为临时小团体的每位成员拍一张照片，然后要求临时小团体的 4 名成员按照"滚雪球"的规则进行自我介绍，以帮助大家相互认识和了解。之后，主试告诉被试下面的游戏实验（对于二至四年级被试，告知这是游戏）需要两两合作来完成，每名被试需要依次到主试 2 处从 4 人临时小团体（照片）中选出（用手点选）最喜欢与其合作进行下面实验（游戏）的 1 名伙伴（被试本人除外），选择时电脑屏幕背对着其他成员，选择照片过程中和选择完后都不能说出被选择人的名字。依次选完后，主试 2 统计选择结果，主试 1 负责监督，避免成员之间互相交流选择结果。3 分钟后，主试 2 让被试依次进行单独反馈。通过采用不同的反馈方式（表 7-2），将同伴关系操控为三个不

① Twenge J M，Baumeister R F，Tice D M，et al. If you can't join them，beat them：Effects of social exclusion on aggressive behavior[J]. Journal of Personality and Social Psychology，2001（6）：1058-1069.

同水平，即被接纳组、被排斥组和控制组。给被试反馈选择结果的顺序为：真被试 1—假被试（实验助手）1—真被试 2—假被试（实验助手）2，以避免产生顺序效应和真被试之间的交流，同时给实验助手预留出足够的时间去取后续实验所需器材。

表 7-2　同伴关系类型操控方式

同伴关系	单独反馈方式
被接纳组	告知："要告诉你一个好消息，刚才你们组里的每个人都选择了你，他们都想与你合作进行下面的实验。"
被排斥组	告知："很抱歉，但我还得告诉你，你组没有人选择你，也就是说他们都不想让你做他们的合作伙伴。你只能单独去做后面的实验。"
控制组	告知："刚才发现我把你们几个同学的名字弄混了，现在得重新数一遍看看有多少人选择了你，等数好了再告诉你结果。你先去教室等一会儿。"

（二）情绪评定

本研究借鉴 Twenge[①]、丁瑛等[②]的研究中对情绪以及消极心理体验进行测量的方法，采用被试主观报告，同时结合观察被试的表情与肢体动作，以及在处理完实验操控的消极影响后与被试核对之前情绪状态的方式，综合评定被试在实验操控后的情绪体验即时状态。使用 5 级计分方式（1=很难受，2=有点难受，3=一般，4=有点高兴，5=很高兴）。

具体操作流程如下：给被接纳组被试反馈完结果后，分步询问两个问题，一是听到这个结果，你感觉高兴吗？二是你是有点高兴还是很高兴？给被排斥组被试反馈完结果后，也分步询问两个问题，一是听到这个结果你感觉难受吗？二是你是有点难受还是很难受？对于接纳组被试，主要依据其口头回答的结果，外加微笑表情，对其情绪状态给予评定；对于被排斥组被试，依据口头回答的结果、表情（伤心、僵硬程度）和肢体动作（点头或摇头），以及处理完实验操控消极影响后核对之前情绪状态时的确认回答或默许，进行综合评定。

---

① Twenge J M，Baumeister R F，DeWall C N，et al. Social exclusion decreases prosocial behavior[J]. Journal of Personality and Social Psychology，2007（1）：56-66.
② 丁瑛，宫秀双. 社会排斥对产品触觉信息偏好的影响及其作用机制[J]. 心理学报，2016（10）：1302-1313.

（三）因变量及其测查指标的操作性定义

本研究测查的目标行为是智力障碍儿童的亲社会行为，对于亲社会行为测查的操作方法、指标及计分方式，是在参照和借鉴诸多已有研究（Hastings 等[1]、Bower 等[2]、金星等[3]、张真[4]、李琳等[5]和魏芳[6]等研究）方案设计思路的基础上，立足于本研究第四章构建的智力障碍儿童亲社会行为结构模型，进行添加、改编、丰富和完善设计而成。具体操作办法是通过设置亲社会行为模拟情境，然后观察并记录智力障碍儿童面对该情境表现出的具体行为，进而评定得分。因此，本研究将亲社会行为的操作性指标定义为"儿童在模拟情境中的具体亲社会行为反应类型"。

1. 亲社会行为模拟情境设计原则

第一，生态性原则，即创设的情境要尽可能地接近现实的自然生活，以观察儿童真实的行为表现。

第二，发展性原则，即创设的情境对智力障碍儿童亲社会行为能力的要求要与其年龄发展水平和能力相当。

第三，参与性原则，即创设的情境要能够激发儿童参与到情境之中、与他人进行交流互动的积极性，从而诱发要观测的行为。

第四，可操作性原则，即创设的情境要便于在实验室中得以具体实现，并且这些行为应该是可观察、可测量的。

2. 亲社会行为模拟情境设置方案

以往研究多是针对某一种或几种亲社会行为设计模拟情境，并未考虑亲社会行为的结构。本研究则根据前期研究确立的亲社会行为结构模型，按照亲社会行为情境设计的基本思路，同时结合智力障碍儿童的实际情况，对亲社会行为模拟情境进行改编和增创，最终设置了覆盖亲社会行为的 4 个二阶因子和 7 个一阶因子的

① Hastings P D，McShane K E，Parker R，et al. Ready to make nice：Parental socialization of young sons' and daughters' prosocial behaviors with peers[J]. The Journal of Genetic Psychology，2007（2）：177-200.

② Bower A A，Casas J F. What parents do when children are good：Parent reports of strategies for reinforcing early childhood prosocial behaviors[J]. Journal of Child and Family Studies，2016（4）：1310-1324.

③ 金星，韦小满. 培智学校学生亲社会行为的实验研究[J]. 中国特殊教育，2010（10）：26-31.

④ 张真. 比较母亲和老师对幼儿亲社会行为的评价：一致性和预测性[J]. 心理科学，2012（4）：926-931.

⑤ 李琳，江琴娣. 学龄期中度智力障碍儿童助人行为发展的研究[J]. 中国特殊教育，2012（9）：34-38.

⑥ 魏芳. 中度智力落后儿童亲社会行为与心理理论的关系[D]. 上海：上海师范大学，2014：17-19.

8种亲社会行为模拟情境。为了增强模拟情境的生态性，本研究按照体力支持→帮助→分享→同情→合作→遵守规则→遵从礼仪习俗→宽容的顺序将8个模拟情境整合成符合事件发展顺序的整体情境（表7-3）。

表7-3　智力障碍儿童亲社会行为情境设置方案

测查行为	模拟情境
1. 体力支持	被试一个人在实验室等待期间，实验助手抱着一个很沉的箱子，并提着一个包，艰难地推门进入，观测被试在看到实验助手手里东西太多、拿起来费力、行动吃力时的反应
2. 帮助	疲惫的实验助手吃力地将所抱的箱子往桌子上放的时候，因为太累，在把箱子的一个角放在了桌子上时，因为粗心而没有把箱子放稳，箱子从桌子上掉了下来，里面的东西（铅笔、本子、书等）散落了一地，实验助手弯腰去捡拾散落的东西，观察被试在此情况下的反应
3. 分享	主试进入实验室，告诉大家实验仪器还没有准备好，大家要等几分钟，担心大家等得着急，就给大家找了一个玩具——皮球，让大家边玩边球边等。然后，将皮球给真被试，并告诉两名被试，自己去找找看是否还有别的玩具能给大家玩，之后离开实验室，观测之后被试的行为反应
4. 同情	实验助手看着被试玩球，自言自语地说道："一个球不够玩，我去跟老师再要一个球来玩。"然后，往外走，这时不小心被椅子绊了一下，摔倒在地，大叫一声"哎呦"，并抱着膝盖，观察被试在此情景下的反应
5. 合作	主试进入实验室，告知被试实验仪器还未调好，所以又给大家找了一个玩具——磁力片，建议二人照着图片用磁力片搭个球，并将磁力片盒子放到实验助手前，然后说自己要再去调一下实验仪器，离开实验室。实验助手主动打开盒子拿出磁力片，并照着图示和说明开始搭建图形，观察被试的反应
6. 遵守规则	主试进入，告知仪器还没调好，建议等待期间再玩个"投球进洞"游戏，并用带来的玩具材料展示玩法：在离纸箱（带洞纸箱）1.5米左右（用丝带标出界线）的地方投球。规则如下：每人投6个球，不能捡起来重复投且要全部投完；站在线外投，不能越线。奖励方式如下：投进几个球就取几张卡通贴画奖励自己。各练习1次后，给每人分6个球，开始投球，主试说去调试实验仪器然后离开，观察被试在游戏中的反应
7. 遵从礼仪习俗	主试再次进入，告知实验仪器要拿回去修理，今天的实验不能做了，等仪器修好了再来找大家做游戏实验。实验虽做不成，但依然要将礼品赠送给被试，对实验助手说来得匆忙先带来一份礼物，先给被试（真被试），之后给她取礼物。观察真被试在接受礼物时的反应；主试去给假被试取礼物前，告知真被试与假被试一起把玩具收拾好后就直接回班，对其说"再见"，并挥手告别，观察被试在他人与自己告别时的反应
8. 宽容	在整理玩具时，实验助手自言自语地说："渴死我了！"然后，过去拿起矿泉水，倒两纸杯水，自己喝时，给被试也递一杯，说："你也喝点吧！"此时，其假装被水呛着了，咳嗽时不小心将瓶里的水洒到了被试身上，观察被试对此的反应

3. 亲社会行为测量指标的操作性定义

本研究将智力障碍儿童在每种模拟情境中发生的行为反应都量化成测查记录表的指标，并根据不同行为体现的亲社会程度进行赋值。以往研究采用了3点、4点和5点计分方式。鉴于智力障碍儿童在具体情境中的多种行为反应，本研究借鉴张真的研究中细化计分的思路①，采用6点计分，以便对儿童的行为反应进行更细致、精确的区分。每种模拟情境中智力障碍儿童的行为反应类型及相应的赋分方式见表7-4。采用此测量指标，本研究通过观察智力障碍儿童面对这些情境时的行为表现进行得分评定。

表7-4　模拟情境中智力障碍儿童行为反应的类型及相应分值

	模拟情境中行为反应类型指标	编码	得分
体力支持	1. 看到实验助手后，立刻（5秒内）过去帮着提东西	非常主动	6
	2. 看到实验助手调整抱姿，并自言自语"好重呀！"时，能立刻（5秒内）过去帮助提东西	比较主动	5
	3. 看到实验助手手上的包掉了蹲下捡，并自言自语说"要是有人帮我一下就好了！"时，能立刻（5秒内）过去帮助提东西	有点主动	4
	4. 听到实验助手发出明确的针对性求助"你帮我提一下吧！"时，能过去帮助提包	有点被动	3
	5. 听到实验助手发出第二次明确的针对性求助时，能过去帮助提包	比较被动	2
	6. 在实验助手两次明确针对性的求助下，还是没有反应，或明确拒绝，或有其他不当行为	非常被动	1
帮助	1. 看到东西散落，马上（5秒内）过去帮助拾东西	非常主动	6
	2. 听到实验助手自言自语说"怎么撒得到处都是呀！"时，立刻（5秒内）过去帮助拾东西	比较主动	5
	3. 听到实验助手自言自语说"要是有人帮我捡一下就好了！"时，能立刻（5秒内）过去帮助拾东西	有点主动	4
	4. 听到实验助手发出明确的针对性的求助"你帮我捡一下吧！"时，能过去帮助拾东西	有点被动	3
	5. 听到实验助手发出第二次明确的针对性求助时，能过去帮助提包	比较被动	2
	6. 在实验助手两次明确针对性的求助下，还是没有反应，或明确拒绝，或有其他不当行为	非常被动	1
分享	1. 拿到玩具后，能立刻（5秒内）邀请实验助手与其一起玩或让实验助手先玩	非常主动	6
	2. 实验助手走到其旁边观看，当看到实验助手渴望的神情时，能立刻（5秒内）送给实验助手玩或邀请其一起玩	比较主动	5
	3. 当听到实验助手自言自语说"要是我能玩会儿就好了！"时，能立刻（5秒内）把玩具给对方玩或邀请其一起玩	有点主动	4
	4. 当实验助手发出明确的、针对性的请求"你给我玩会儿吧！"时，能把玩具给对方玩	有点被动	3
	5. 当听到实验助手发出第二次明确的针对性请求时，能把玩具给对方玩	比较被动	2
	6. 在实验助手两次针对性的请求下，还是毫无反应，或明确拒绝，或有其他不当行为	非常被动	1

---

① 张真. 比较母亲和老师对幼儿亲社会行为的评价：一致性和预测性[J]. 心理科学，2012（4）：926-931.

续表

	模拟情境中行为反应类型指标	编码	得分
同情	1. 看到实验助手摔倒，立刻（5秒内）过去，关切询问，或主动帮助其揉腿，或扶实验助手站起来	非常主动	6
	2. 当实验助手边揉腿边面朝其露出疼痛表情时，能立刻（5秒内）过去关心询问，或帮助其揉腿，或扶实验助手站起来	比较主动	5
	3. 当实验助手边呻吟边喃喃地说"好疼啊！"时，能立刻（5秒内）过去关心询问，或帮助其揉腿，或扶实验助手站起来	有点主动	4
	4. 实验助手试图起来但很困难，向其发出明确请求"你扶一下我吧！"时，能过去扶	有点被动	3
	5. 听到实验助手发出第二次明确的针对性请求时，能过去扶	比较被动	2
	6. 在实验助手两次针对性的请求下，还是毫无反应，或明确拒绝，或有其他不当行为	非常被动	1
合作	1. 看到实验助手在搭磁力片时，能主动过去合作，如问需要什么形状（颜色）的，或问要不要××，并将相应的磁力片递给对方，或自己把磁力片搭在合适部位，或征求建议搭在相应部位	非常主动	6
	2. 只观看，但无主动配合；听到实验助手自言自语说"这应该搭个××颜色的××（形状）"等时，能立刻（5秒内）过去找来递给对方，或放在对方说的地方	比较主动	5
	3. 听到实验助手自言自语说"还得再拿××个××（形状）的搭在这里"时，能立刻（5秒内）过去找来递给对方	有点主动	4
	4. 听到实验助手发出明确请求"你给我拿××个方块（或三角形）的磁力片"时，能立刻（5秒内）过去拿递给对方	有点被动	3
	5. 听到实验助手发出第二次明确请求"你拿××个方块（或三角形）的磁力片过来搭在这里！"时，能立刻（5秒内）过去拿递给对方	比较被动	2
	6. 在实验助手两次针对性的请求下，还是毫无反应，或明确拒绝，或有其他不当行为	非常被动	1
遵守规则	1. 游戏中，两项规则都能全部遵守	非常遵守	6
	2. 游戏中，某一项规则犯规了1次	比较遵守	5
	3. 游戏中，某一项规则犯规2次，或两项规则各犯规1次	有点遵守	4
	4. 游戏中，某一项规则犯规3~4次，或两项规则犯规累计达3~4次	有点不遵守	3
	5. 游戏中，某一项规则犯规5~6次，或两项规则犯规累计达5~6次	比较不遵守	2
	6. 游戏中，两项规则犯规累计达7次及以上	非常不遵守	1
遵从礼仪习俗	1. 两次致谢，且注视对方且用口头和摆手两种方式回应"再见"	非常遵从	6
	2. 致谢，注视对方，用摆手或口头其中一种方式回应"再见"	比较遵从	5
	3. 致谢，注视对方、口头和摆手回应"再见"，两项中只做到其中一项；或致谢，但不注视对方，用口头或肢体回应"再见"	有点遵从	4
	4. 无致谢，注视，口头回应"嗯"或点头，或摆手回应；不注视，用口头和（或）摆手某一种方式回应"再见"	有点不遵从	3
	5. 无致谢，注视，但无口头或肢体回应"再见"；或者不注视，只应答	比较不遵从	2
	6. 无致谢，不注视，无反应	非常不遵从	1

续表

模拟情境中行为反应类型指标		编码	得分
宽容	1. 被洒上水后，不生气，看到对方抱歉的表情，立刻宽慰对方	非常宽容	6
	2. 不生气，听到对方致歉和看到对方帮助擦拭被洒到的水时，回复表示原谅	比较宽容	5
	3. 不生气，听到对方致歉和看到对方帮助擦拭被洒到的水时，没有回复表示原谅	有点宽容	4
	4. 生气（发火、哭泣等），听到和看到对方帮助擦拭被洒到的水时，回复表示原谅对方	有点不宽容	3
	5. 生气（发火、哭泣等），听到致歉后，未回复表示原谅，但不再生气，也不再追究	比较不宽容	2
	6. 生气（发火、哭泣等），听到致歉后，仍然生气、不原谅，或有其他不当反应	非常不宽容	1

将智力障碍儿童在体力支持和帮助模拟情境中行为反应的得分相加，视为利他性亲社会行为得分；将智力障碍儿童在遵守规则和遵从礼仪习俗模拟情境中行为反应的得分相加，视为遵规与公益性亲社会行为得分；将智力障碍儿童在分享和合作模拟情境中行为反应的得分相加，视为关系性亲社会行为得分；将智力障碍儿童在同情和宽容模拟情境中行为反应的得分相加，视为特质性亲社会行为得分。将上述 8 个模拟情境中行为反应的得分相加，视为实验观测的智力障碍儿童亲社会行为总分，得分越高，表明智力障碍儿童的亲社会行为水平越高。

三、主试与实验助手

本实验由两名主试和两名实验助手共同实施。主试由笔者本人和另一名接受过培训的特殊教育专业博士研究生担任，实验助手由接受过培训的特殊教育专业的研究生担任。因本实验持续进行了一个半月，鉴于研究生有课程，故安排了 4 名实验助手，每次实验根据其课程安排，进行两两组合，配合实施实验。4 名实验助手的身高与体重相似，每次实验期间均以中学生的装束参加实验。实验前，先由笔者对另一名主试和实验助手进行专门的培训，使其了解本实验的目的和操作流程，之后进行反复的相互配合演练，确保主试和实验助手均能熟练按照实验的操作流程实施实验，并且做到自然、逼真。

四、研究工具

本研究的研究工具分为实验器材与评量工具两种，具体如下。

（一）实验器材

实验器材分为通用器材和情境器材两种。通用器材为索尼高清摄像机两台、桌子两张、椅子（凳子）两把。体力支持和帮助模拟情境器材为两个装满物品的纸箱和包；分享模拟情境器材为两个皮球（预备两盒橡皮泥和两套拼图）；合作模拟情境器材为两盒磁力片；遵守规则模拟情境器材为两个带洞的纸箱、12个彩色球、两条彩色丝带、若干包卡通贴画；遵从礼仪习俗模拟情境器材为盒装精美小香皂和卡通动物形钥匙链若干套；宽容模拟情境器材为矿泉水若干瓶、一次性纸杯、餐巾纸。

（二）评量工具

1. 观察记录工具

观察记录工具为自编"儿童行为表现观察记录表"（见附录9），主要包括智力障碍儿童基本信息和观察记录点两部分。基本信息包括性别、年龄、年级、障碍类别、障碍程度及组别；观察记录点包括体力支持、帮助、同情、分享、宽容、合作、遵守规则、遵从礼仪习俗8种模拟情境中的行为表现类型。

2. 共情问卷

选用"中文版格里菲斯共情测验"，同第六章。

五、研究程序

（一）预实验

选择3名智力障碍儿童（2名三年级轻度智力障碍儿童、1名五年级中度智力障碍儿童）和1名5岁正常儿童进行预实验。通过预实验，确定指导语和实验所需时间。

（二）正式实验

整个实验分为四部分，如图7-2～图7-6所示。

第一部分为人际关系情境类型操控。在将2名被试与2名实验助手组成一个临时小团体后，2名主试和2名实验助手参照相互认识范式一起完成对被试同伴关系类型的操控，并根据被接纳组和被排斥组被试在被反馈完临时小团体成员所

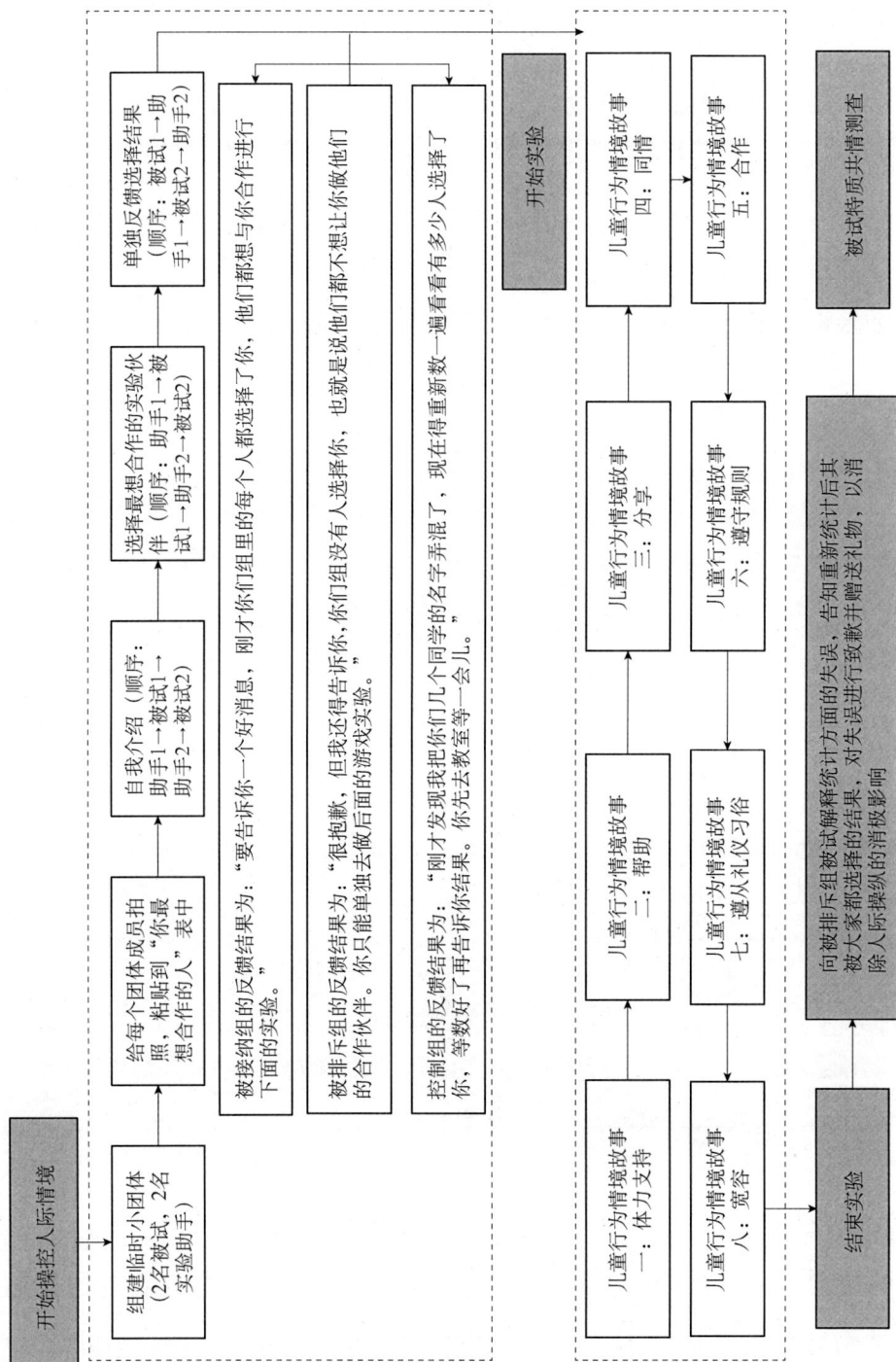

图 7-2　研究整体流程示意图

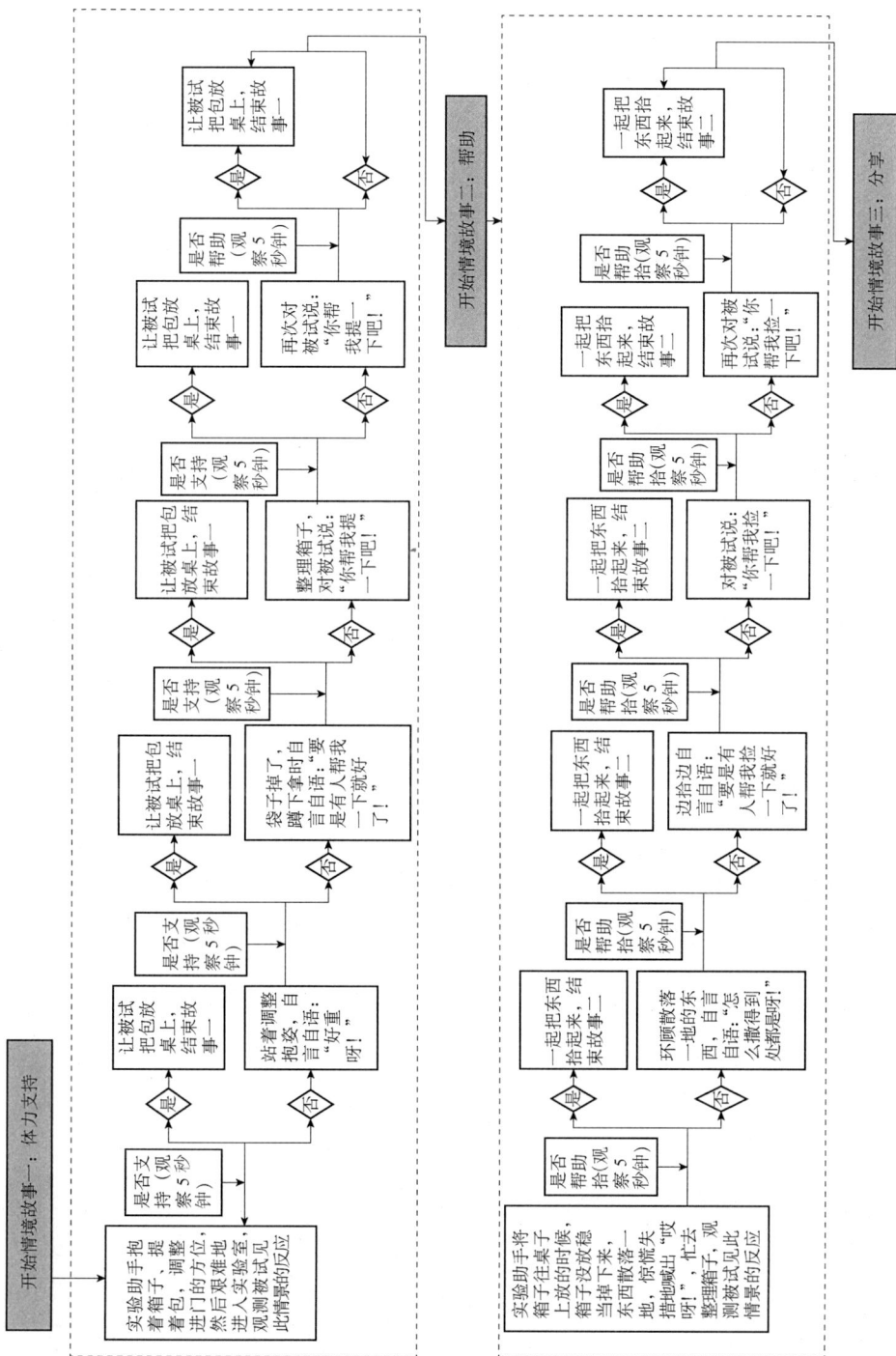

图 7-3 体力支持和帮助情境故事流程示意图

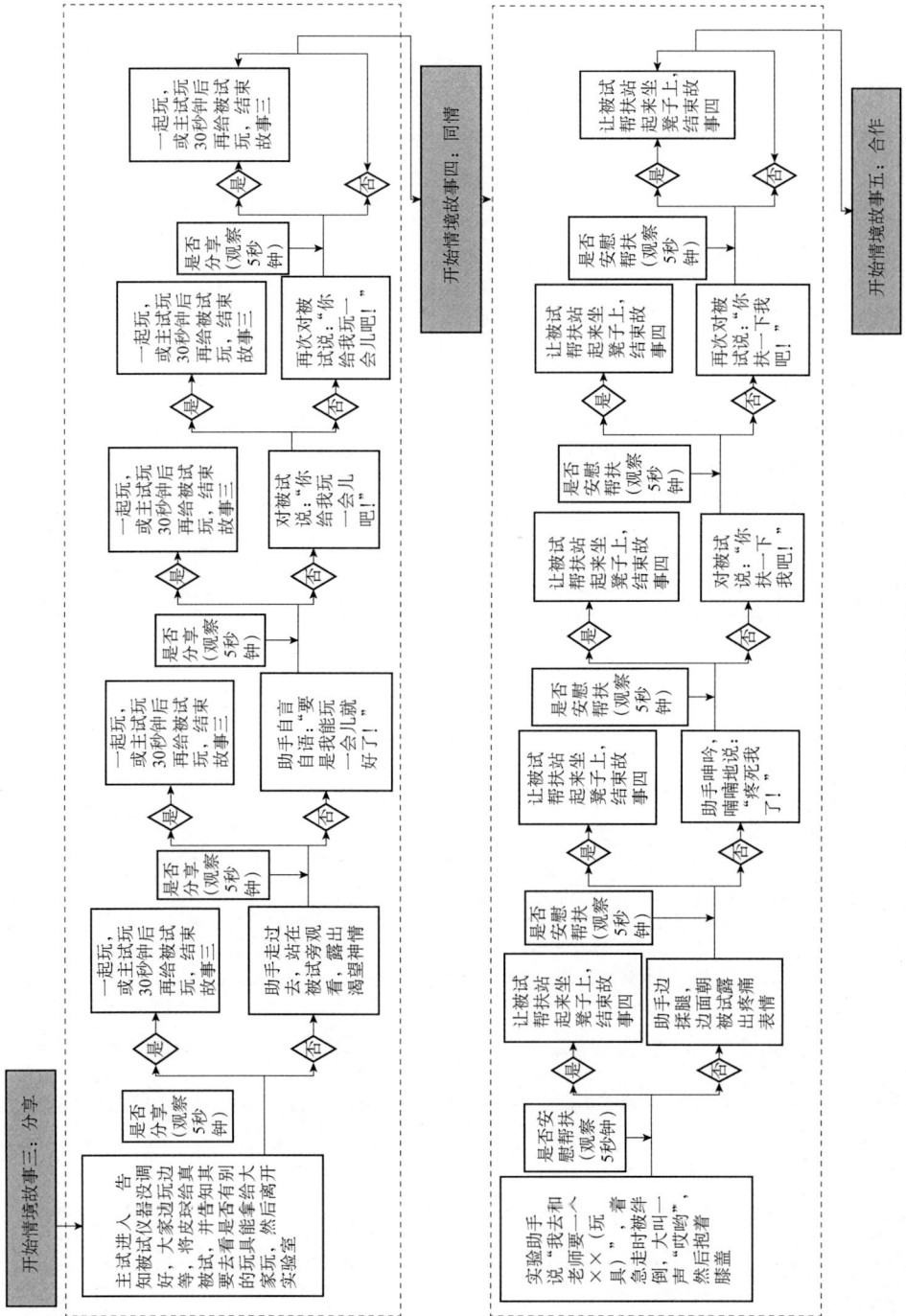

图 7-4　分享和同情情境故事流程示意图

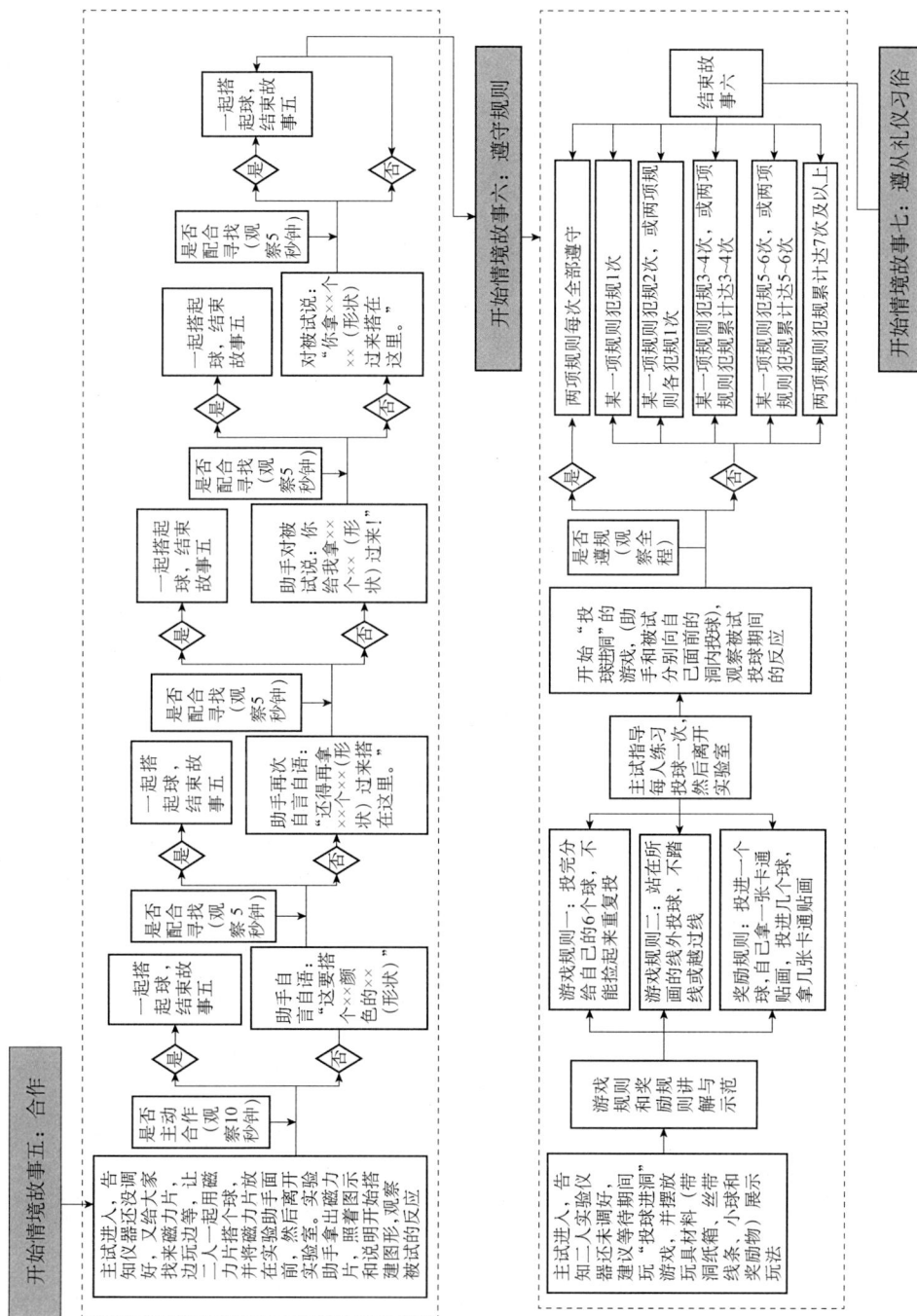

图 7-5　合作和遵守规则情境故事流程示意图

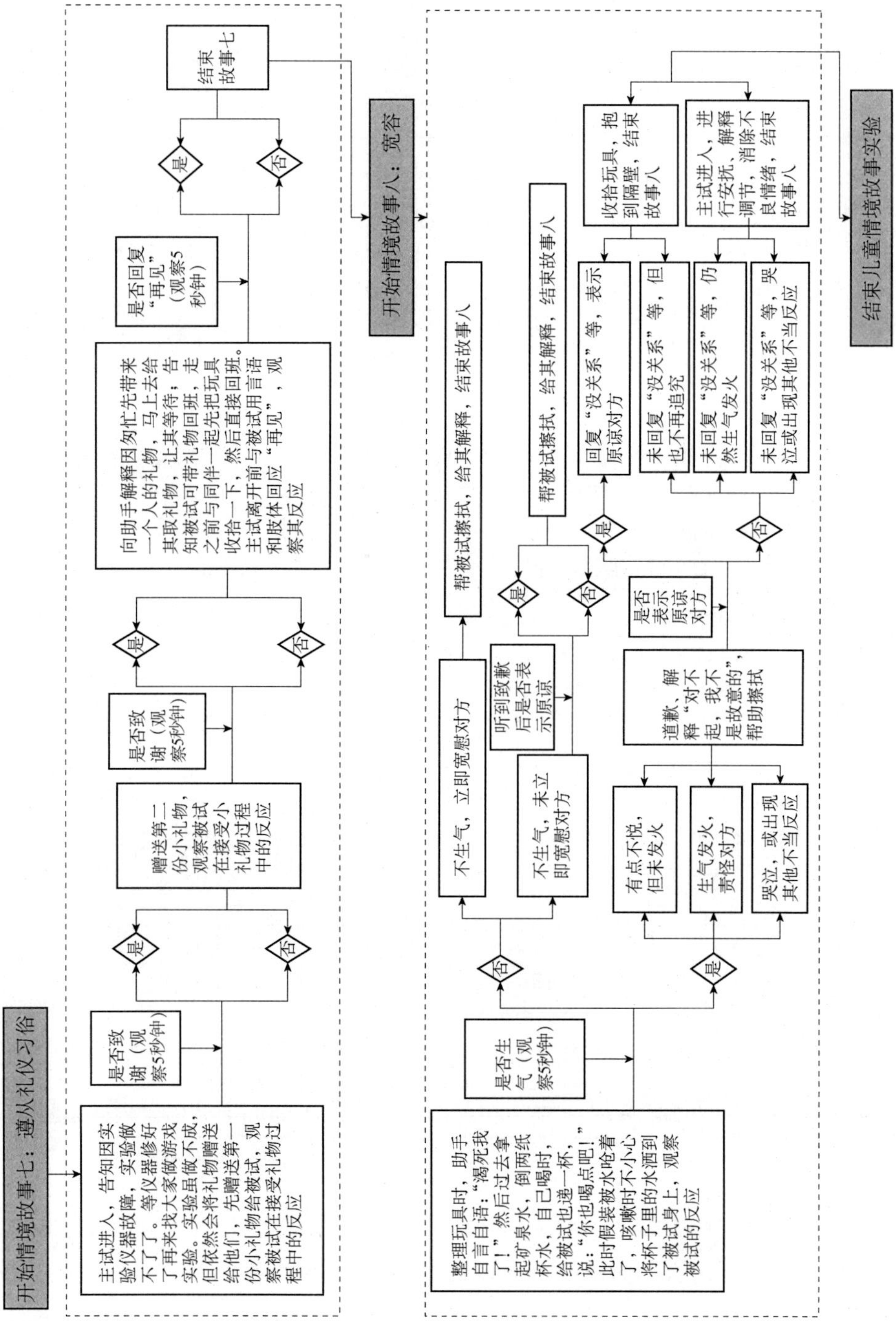

图 7-6 遵从礼仪习俗和宽容情境故事流程示意图

做出的最喜欢合作的实验伙伴选择结果后，对被试听到选择结果后的主观感受和感受程度的回答结果，被试回答提问时的面部真实表情等整体情况，以及被试当时的情绪状态进行评定。

第二部分为正式实验。在完成人际关系情境类型操控之后，2名实验助手（假被试）分别前往实验材料储放间（另一间教室）拿取实验材料。2名真被试则被分别带入不同的实验室。主试告诉被试自己要去查看实验仪器是否已准备好，若准备好了就可以开始游戏实验（游戏），并告知被试单独等待一会儿，然后离开。被试单独一人等待主试召唤其做游戏实验时，实验助手进入，与其一起等待游戏实验开始，被试由此进入一个看似与未来游戏实验不相关的亲社会行为模拟情境，开始实验。实验助手和主试按照体力支持→帮助→分享→同情→合作→遵守规则→遵从礼仪习俗→宽容的顺序，将被试依次带入8个模拟情境，观察其在不同模拟情境中的行为反应。

第三部分为人际关系类型情境操控消极影响的处理。在实验结束后，由主试向被排斥组的被试解释，之前由于主试2的失误而将被试与其他人的名字弄混淆了，后面进行重新统计，发现大家都选择了他（她），对于出现的失误进行致歉，并赠送其卡通贴画，以消除人际关系类型情境操控产生的消极影响。

第四部分为特质共情测量。由被试的班主任根据其平时的实际表现进行评定。

（三）研究数据的收集方式与信度

1. 行为观察记录

采用直接观察和录像分析相结合的方式进行观察与记录。直接观察是由实验助手在实验现场进行，实验结束后，每名被试立刻填写目标行为观察记录表。录像分析的实施办法是：将实验过程录制下来，为确保录像如实记录被试的行为动作及表情，在实际拍摄过程中，根据每个实验室形状安置实验桌椅和摄像机的位置，以使被试能够面朝摄像机的方向。同时，为了避免摄像机对被试产生干扰，采用遮蔽物进行伪装。后期，运用"暴风影音"对所录制的实验视频进行编辑，通过录像观察，填写目标行为观察记录表，并进行数据统计分析。

2. 观察者一致性

为了提高观察的信度，避免主要观察者主观因素的影响，本研究由主试和实验助手分别根据亲社会行为的操作性定义，以及行为观察的流程和记录方法，对智力障碍儿童在模拟情境中的行为反应进行观察。在进行正式观察之前，先由笔者向大家统一说明目标行为的评判标准，然后以 4 名预被试的视频为例，由笔者、另一名主试和实验助手同时对智力障碍儿童在模拟情境中的行为反应录像进行逐一观察，并记录目标行为出现的情况，在观察者一致性从 85.65% 提高到 94.62% 后，进入正式的观察与记录。

　　在正式观察阶段，两名主试分别以"局外人"身份通过观看实验录像进行分析，实验助手则进行现场观察。实验助手在实验现场具有双重身份，一方面是"局内人"，与智力障碍儿童一起是等待进行实验的同伴，被试对其的行为反应不会受旁观者在场的影响，是一种比较真实的反应；另一方面又是"局外人"，其可以实验助手的身份，对被试进行最直接同时也是近距离的现场观察。按照 Hammersley 等[1]的观点，实验助手是"可以被接受的边缘人"，即其具备"局内人"和"局外人"的双重身份，是最理想的现场观察人选。最后，通过现场观察和录像观察互证的方式，验证观察结果的可靠性。

六、数据处理与分析

　　采用 SPSS23.0 进行描述性统计分析、方差分析、积差相关分析、回归分析等统计分析。

第三节　同伴互动系统对智力障碍儿童亲社会行为影响的检验

一、不同类型同伴关系对智力障碍儿童亲社会行为影响的差异检验

　　以被试的亲社会行为为因变量，以同伴关系为自变量，以性别、年级段、障碍

---

　　① Hammersley M，Atkinson P. Ethnography：Principles in Practice[M]. London：Routledge，2007：134.

类型和障碍程度为区组变量，进行单因变量方差分析，结果见表 7-5。

表 7-5　智力障碍儿童亲社会行为总均分的方差分析结果

变异源	平方和	df	均方	F	偏 η^2	LSD
同伴关系	10.263	2	5.123	8.07***	0.12	
性别	0.281	1	0.281	0.44	0.00	
年级段	12.833	2	6.417	10.09***	0.15	①>②③**
障碍类型	1.347	1	1.347	2.12	0.02	
障碍程度	2.685	1	2.685	4.22*	0.04	

注：①代表被接纳组，②代表被排斥组，③代表控制组

1）不同同伴关系类型情境下被试的亲社会行为得分具有极其显著的差异，$F(2, 114)=8.07$，$p<0.001$，$\eta^2=0.12$。LSD 检验结果显示，被接纳组被试的亲社会行为显著多于被排斥组和控制组被试，但被排斥组与控制组被试的亲社会行为不存在显著差异；被接纳组被试的亲社会行为总均分（4.07）高于理论均值（$M=3.50$），被排斥组和控制组的亲社会行为总均分则低于理论均值，分别为3.42 分、3.49 分。

2）性别区组变量差异不显著 [$F(1, 119)=0.44$，$p>0.05$，偏 $\eta^2=0.00$]，年级段区组变量差异极其显著 [$F(2, 119)=10.09$，$p<0.001$，偏 $\eta^2=0.15$]，障碍类型区组变量差异不显著 [$F(1, 119)=2.12$，$p>0.05$，偏 $\eta^2=0.02$]，障碍程度区组变量差异显著 [$F(1, 119)=4.22$，$p<0.05$，偏 $\eta^2=0.04$]，说明对智力障碍儿童是否按年级段、障碍程度区组变量分组，对其亲社会行为得分有影响，而是否按性别、障碍类型区组变量分组，对亲社会行为得分没有影响。

二、各变量之间的相关分析

本研究首先将同伴关系类型编码为连续变量，被接纳为+1，控制类型为 0，被排斥为-1，编码后，对同伴关系、情绪、亲社会行为和共情进行相关分析。相关分析结果（表 7-6）与预期一致，同伴关系与情绪、亲社会行为存在显著正相关，与特质共情不存在显著相关，但特质共情与亲社会行为存在高度相关。

表 7-6　各研究变量的平均数、标准差与相关系数

项目	M	SD	同伴关系	情绪	亲社会行为	特质共情
同伴关系	0.00	0.82	1			
情绪	3.20	1.18	0.95***	1		
亲社会行为	3.71	0.92	0.33***	0.42***	1	
特质共情	0.88	0.86	−0.04	0.05	0.32***	1

三、情绪在同伴关系与智力障碍儿童亲社会行为之间的中介作用

　　三步回归方程的检验如下：第一步，以同伴关系为自变量，以亲社会行为为因变量，检验同伴关系的直接效应，结果显示同伴关系对亲社会行为的预测作用显著（β=0.42，p<0.001）。第二步，以情绪为效标变量，以同伴关系为预测变量，建立同伴关系对情绪的回归方程，结果显示同伴关系对情绪的预测作用（β=0.80，p<0.001）极其显著。第三步，以亲社会行为为结果变量，将同伴关系和情绪作为预测变量建立回归方程，结果表明当同伴关系和情绪进入方程之后，同伴关系对亲社会行为的回归系数由原来的显著（β=0.42，p<0.001）变为不显著（β=0.15，p>0.05），说明情绪在同伴关系与亲社会行为之间起到了完全中介作用（表 7-7，图 7-7）。

表 7-7　情绪中介模型的估计与检验回归分析结果

项目	标准化回归方程	R^2	B	SE	β	t	p
回归 1	Y=0.42X	0.18	0.22	0.05	0.42	4.11***	0.000
回归 2	M=0.80X	0.64	0.74	0.06	0.80	11.74***	0.000
回归 3	Y=0.15X+0.34M	0.22	0.08	0.09	0.15	0.92	0.367
			0.19	0.09	0.34	2.05*	0.045

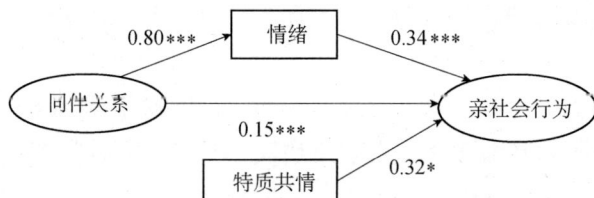

图 7-7　同伴互动系统对智力障碍儿童亲社会行为的影响作用模型

采用偏差校正的非参数百分位 Bootstrap 方法检验中介效应。采取有放回的随机抽样方法，重复取样 5000 次，计算 95% 置信区间。结果显示（表 7-8），95% 置信区间为[0.4937，1.7621]，不包括 0，说明情绪在同伴关系与智力障碍儿童亲社会行为之间的中介效应显著。由此可以得出，情绪在同伴关系与智力障碍儿童亲社会行为之间起完全中介作用。

表 7-8　情绪中介效应值及 95% 置信区间

路径	SE	95%置信区间	
		下限	上限
同伴关系→情绪→亲社会行为	0.3212	0.4937	1.7621

四、特质共情对智力障碍儿童亲社会行为的影响作用

（一）特质共情对智力障碍儿童亲社会行为的直接效应检验

采用回归分析，检验特质共情对智力障碍儿童亲社会行为的直接效应。结果发现，特质共情对智力障碍儿童亲社会行为具有显著的正向预测作用（$\beta=0.32$，$p<0.001$），解释率为 10%，即智力障碍儿童的共情水平越高，其亲社会行为水平就越高（表 7-9，图 7-7）。

表 7-9　特质共情对智力障碍儿童亲社会行为影响的回归分析

因变量	预测变量	R^2	ΔR^2	F	B	SE	β	t
亲社会行为	特质共情	0.10	0.10	13.28***	0.34	0.09	0.32	3.64***

（二）特质共情对同伴关系类型与智力障碍儿童亲社会行为的调节效应检验

按照温忠麟等关于调节效应检验的做法[①]，采用分层回归方法考察特质共情对同伴关系和亲社会行为的调节作用。首先，对自变量和调节变量进行中心化变换（即变量观测值减去其均值），然后以同伴关系为自变量，以特质共情为调节变量，以亲社会行为为因变量，通过回归分析检验特质共情在同伴关系类型和亲社会行

① 温忠麟，侯杰泰，张雷. 调节效应与中介效应的比较和应用[J]. 心理学报，2005（2）：268-274.

为中的调节作用。结果显示，特质共情的调节效应不显著（表 7-10）。

表 7-10 特质共情对同伴关系类型与亲社会行为的调节效应分析

调节变量	步骤	回归方程	R^2	$\triangle R^2$	t
特质共情	第一步	$Y=0.342X+0.330M$	0.22	0.00	0.08
	第二步	$Y=0.341X+0.331M+0.007XM$	0.22		

第四节 同伴互动系统对智力障碍儿童亲社会行为影响的分析

一、同伴关系对智力障碍儿童亲社会行为的影响

本研究结果表明，不同同伴关系类型情境下被试的亲社会行为存在显著差异，被接纳组被试的亲社会行为水平显著高于被排斥组和控制组被试的亲社会行为水平，呈现出略为主动、积极的亲社会行为。这一结果完全符合我们的预期，即同伴接纳可以显著促进亲社会行为的增加，进一步支持了以往有关同伴接纳与亲社会行为关系研究的结论[1]，也与已有有关社会排斥会显著减少亲社会行为的研究相吻合[2]。本研究同时发现，被排斥组与控制组被试的亲社会行为呈现出被动、消极、应答性特征，且两种情境下不存在显著差异，这一结果与齐亚静等有关普通大学生的研究结果不一致[3]。齐亚静等的研究发现，社会排斥组被试的助人行为不仅少于

① Schonert-Reichl K A. Relations of peer acceptance, friendship adjustment, and social behavior to moral reasoning during early adolescence[J]. Journal of Early Adolescence, 1999（2）: 249-279; Parkhurst J T, Asher S R. Peer rejection in middle school: Subgroup differences in behavior, loneliness, and interpersonal concerns[J]. Developmental Psychology, 1992（2）: 231-241.

② Gest S D, Graham-Bermann S A, Hartup W W. Peer experience: Common and unique features of number of friendships, social network centrality, and sociometric status[J]. Social Development, 2001（1）: 23-40; Twenge J M, Baumeister R F, DeWall C N, et al. Social exclusion decreases prosocial behavior[J]. Journal of Personality and Social Psychology, 2007（1）: 56-66.

③ 齐亚静, 刘惠军. 关系评价对助人行为的影响: 自尊的中介和调节作用[J]. 心理与行为研究, 2013（5）: 697-701.

社会接纳组，也少于控制组。这表明被同伴接纳和排斥对于智力障碍儿童和普通青少年可能具有不同的影响作用。同伴接纳对智力障碍儿童亲社会行为的影响可能要大于同伴排斥，而对于普通青少年而言，同伴排斥对其亲社会行为的影响可能要大于同伴接纳，这种影响的差异可能源于两类群体之前拥有不同的同伴关系经历。

　　社会排斥是一种普遍存在的社会现象①，智力障碍儿童自身又有着障碍，这就使得他们在生活的方方面面可能会比普通青少年拥有更多被排斥、被拒绝的社会经历，形成了较多比较固定的消极的人际关系认知图式②。因此，在未被明确反馈同伴选择结果时，即他人的社交意图处于一种模糊不定的状态时，控制组儿童在之前被排斥经历的影响下可能更倾向于对选择结果做出消极、负面的估计，并启动消极社会交往效应与消极认知效应的链条，以一种消极的方式对待他们③，从而导致后续亲社会行为的减少。被排斥组被试则可能因为之前消极同伴关系经历的影响而对失去同伴的伤痛产生了一定的耐受性或麻木④。在实验中，有两名被排斥组被试对反馈结果的即时反应就是"没关系，以前大家也都一样不选我"，这是拥有长期被排斥经历的个体自我保护的防御性反应，也可能是被排斥组与控制组被试亲社会行为反应差异不显著的原因所在。被接纳组被试则可能因为被他人接纳、认可，改变了其长期以来归属需求和关系需求受阻的现象，极大地满足了其建立新的朋友关系的迫切愿望⑤，对新形成的关系变得格外重视和珍惜，也更愿意与同伴共享群体规范，并表现出更多积极的社会行为⑥，以取得群体的认同和肯定。然而，

　　① Williams K D. Ostracism[J]. Annual Review of Psychology，2007（1）：425-452；丁瑛，宫秀双. 社会排斥对产品触觉信息偏好的影响及其作用机制[J]. 心理学报，2016（10）：1302-1313.

　　② 何改焕. 低内隐自尊初中生社会接纳与排斥条件下的注意偏向[D]. 石家庄：河北师范大学，2014：27-28.

　　③ Gooren E M J C，van Lier P A C，Stegge H，et al. The development of conduct problems and depressive symptoms in early elementary school children：The role of peer rejection[J]. Journal of Clinical Child & Adolescent Psychology，2011（2）：245-253；Twenge J M，Baumeister R F，Tice D M，et al. If you can't join them，beat them：Effects of social exclusion on aggressive behavior[J]. Journal of Personality and Social Psychology，2001（6）：1058-1069.

　　④ DeWall C N，Baumeister R F. Alone but feeling no pain：Effects of social exclusion on physical pain tolerance and pain threshold，affective forecasting，and interpersonal empathy[J]. Journal of Personality and Social Psychology，2006（1）：1-15.

　　⑤ Baumeister R F，Brewer L E，Tice D M，et al. Thwarting the need to belong：Understanding the interpersonal and inner effects of social exclusion[J]. Social and Personality Psychology Compass，2007（1）：506-520.

　　⑥ 邹泓. 同伴接纳、友谊与学校适应的研究[J]. 心理发展与教育，1997（3）：57-61；王乃仟. 社会排斥后的无意识情绪调节[D]. 开封：河南大学，2013：1-10；李志爱. 社会排斥个体对社会接纳信息的注意加工偏向[D]. 重庆：西南大学，2014：5-6.

对于普通青少年而言,其最关注的可能并非去寻找夸大的积极评价和不断增多的他人接纳,而是探测人际关系价值是否有所降低并及时做出反应①。因为对于高度重视自身人际关系状况的普通青少年而言,及时排除可能造成其失去人际关系的危险,以维护好原有的人际关系,要比形成新的人际关系更为急切,这可能是社会排斥组普通青少年的亲社会行为显著少于控制组和接纳组青少年的原因所在。同伴关系对智力障碍儿童和普通青少年亲社会行为影响的差异表明,作为有大量的失败、冷落、不被接纳经历的个体,智力障碍儿童渴望与他人建立新的朋友关系,却会表现出明显的审慎和不确定②。换言之,被排斥的经历使得他们只渴望从那些主动对其表达了友好接纳意图、明确向其示好的个体那里获取归属需要的满足。这与李志爱关于被排斥个体只对明确传达了友好社交意图的高兴面孔产生注意偏向的研究结果比较吻合③。

本研究表明,在不同类型同伴关系情境下,被试的亲社会行为得分在年级段和障碍程度区组变量上的差异显著,这一结果也符合我们的预期,即按年级段和障碍程度进行分组,对智力障碍儿童的亲社会行为有影响。换言之,的确有必要按照年级段和障碍程度对智力障碍儿童进行分组。但本研究也表明,在不同类型同伴关系情境下,被试的亲社会行为得分在性别和障碍类型区组变量上的差异不显著,即按照性别、障碍类型分组对智力障碍儿童亲社会行为并没有显著的影响,这一结果与我们的预期不太一致,也与前期的研究结果不一致,这可能与本实验研究中被试的数量有限有关。

二、情绪在同伴关系与智力障碍儿童亲社会行为之间的中介作用

本研究的中介效应检验结果表明,情绪在同伴关系类型与智力障碍儿童亲社会行为之间起着显著的完全中介作用,即同伴关系类型对智力障碍儿童亲社会行为的影响主要通过情绪这一中介变量来间接实现。这一结果验证了本研究对同伴

---

① Leary M R,Baumeister R F. The nature and function of self-esteem:Sociometer theory[J]. Advances in Experimental Social Psychology,2000,32:1-62.

② Maner J K,Gailliot M T,DeWall C N. Adaptive attentional attunement:Evidence for mating-related perceptual bias[J]. Evolution and Human Behavior,2007(1):28-36.

③ 李志爱. 社会排斥个体对社会接纳信息的注意加工偏向[D]. 重庆:西南大学,2014:26.

关系、情绪与智力障碍儿童亲社会行为三者之间关系的假设，也与丁瑛等[①]有关消极心理体验在社会排斥中起中介作用的结果吻合，但与 Twenge 等[②]的研究结果不一致。Twenge 等的研究并没有验证情绪的中介作用。许多社会认知加工（从基本的感知觉到复杂的社会交往）都有情境效应。尽管并不是所有排斥事件都会引起悲伤情绪反应，但悲伤情绪可能代表了大多数被排斥者的普遍反应[③]。Blackhart 等对 192 个社会排斥实验结果进行元分析后发现，社会排斥会导致情绪状态从积极向消极转变[④]。然而，社会排斥后的情绪反应中介研究结果却不尽相同，这似乎有些令人费解。对此，可能的解释是这是对被排斥个体情绪测量的方式不同所致。情绪是一种主观体验，故而研究者大多采用让被试主观报告的方式对其情绪进行测评，这种方法虽然非常重要，但也有可能由于被试主观的排斥应对机制而使其真实的情绪感受被掩蔽。这是因为社会排斥会威胁到人们的归属感、自尊心和存在的意义[⑤]，被排斥者为避免其归属的需要受到更多损害，会产生逃避性或防御性反应[⑥]，否认消极情绪来逃避自己被排斥的事实、压抑情绪则是其通常的做法[⑦]。在这种情况下，采取多种渠道收集有关信息，如表情与肢体动作观察等，并使不同信息源的数据进行相互印证，则是更为客观地测量被试真实情绪的必然要求。

三、特质共情对智力障碍儿童亲社会行为的影响

本研究相关矩阵显示，同伴关系与特质共情不存在显著相关，但特质共情与亲社会行为呈显著正相关。回归分析表明，特质共情对智力障碍儿童亲社会行为具有

---

① 丁瑛，宫秀双. 社会排斥对产品触觉信息偏好的影响及其作用机制[J]. 心理学报，2016（10）：1302-1313.

② Twenge J M，Baumeister R F，DeWall C N，et al. Social exclusion decreases prosocial behavior[J]. Journal of Personality and Social Psychology，2007（1）：56-66.

③ 程苏，刘璐，郑涌. 社会排斥的研究范式与理论模型[J]. 心理科学进展，2011（6）：905-915.

④ Blackhart G C，Nelson B C，Knowles M L，et al. Rejection elicits emotional reactions but neither causes immediate distress nor lowers self-esteem：A meta-analytic review of 192 studies on social exclusion[J]. Personality and Social Psychology Review，2009（4）：269-309.

⑤ Williams K D. Ostracism[J]. Annual Review of Psychology，2007（1）：425-452.

⑥ 金静，胡金生. 社会排斥后的认知反应[J]. 心理学进展，2013（1）：96-103.

⑦ MacDonald G，Leary M R. Why does social exclusion hurt? The relationship between social and physical pain[J]. Psychological Bulletin，2005（2）：202-223；Baumeister R F，Twenge J M，Nuss C K. Effects of social exclusion on cognitive processes：Anticipated aloneness reduces intelligent thought[J]. Journal of Personality and Social Psychology，2002（4）：817-827.

显著的正向预测作用。然而，调节作用检验显示，特质共情的调节效应不显著，这表明特质共情不易受一时的实验条件操纵的影响，它作为个体相对稳定的一种心理品质，在特定的人际关系情境中也能显著地预测个体的亲社会行为，并且其作用是独立的。这一结果进一步支持了以往的研究结论，即个体的人格特质（特质共情）、共情对象与主体之间的关系都是亲社会行为的重要影响因素[①]，也与孙伟的研究结果相呼应[②]，说明在特定的情境中，除了状态共情会对个体的亲社会行为产生影响外，特质共情也会对个体的亲社会行为产生影响。因为特质共情作为个体一贯的共情倾向，具有跨时间和跨情境的一致性，而且从某种意义上来说，特质共情作为一种比较稳定的人格特质，可能会对状态共情产生制约作用，特质共情水平高的个体在情境中的状态共情水平也比较高。已有研究也显示，当他人遭遇不良情形（诸如疼痛、不幸）时，即使他人与我们存在利益冲突，也不妨碍共情的发生[③]，这应是特质共情一以贯之地发挥其作用的结果。

---

① 孟景，陈有国，黄希庭. 疼痛共情的影响因素及其认知机制[J]. 心理科学进展，2010（3）：432-440；颜志强，苏金龙，苏彦捷. 共情的时代变迁：一项横断历史元分析[J]. 心理技术与应用，2017（10）：578-585；Davis M H. The effects of dispositional empathy on emotional reactions and helping：A multidimensional approach[J]. Journal of Personality，1983（2）：167-184；Gu X，Han S. Attention and reality constraints on the neural processes of empathy for pain[J]. NeuroImage，2007（1）：256-267.

② 孙伟. 不同情境下特质共情、状态共情对利他行为的影响[D]. 济南：山东师范大学，2016：21-22.

③ Singer T，Seymour B，O'Doherty J P，et al. Empathic neuralresponses are modulated by the perceived fairness of others[J]. Nature，2006（7075）：466-469.

第八章

智力障碍儿童亲社会行为的综合干预研究

第五章的研究表明，智力障碍儿童的亲社会行为仅处于中等水平，整体落后于普通儿童，且内部发展不平衡，这印证了其在社会适应方面存在障碍这一不容回避的现实性问题，也凸显出对其进行干预训练的必要性和紧迫性。第六章和第七章的研究表明，智力障碍儿童的亲社会行为是个体与生态环境相互作用的结果，在学校生态系统中，师生互动子系统和同伴互动子系统均对智力障碍儿童亲社会行为的发展发产生了重要作用。在师生互动系统中，教师心理资本通过教师期望和智力障碍儿童共情的链式中介作用影响智力障碍儿童的亲社会行为；在同伴互动系统中，同伴关系会通过智力障碍儿童情绪的中介作用影响智力障碍儿童的亲社会行为，特质共情则在特定关系情境下能单独正向预测智力障碍儿童的亲社会行为。从这两个生态子系统影响智力障碍儿童亲社会行为的路径来看，智力障碍儿童的共情都发挥着至关重要的作用，不仅可以直接影响其亲社会行为，还可能会成为教师心理资本和期望影响其亲社会行为的中介变量。这说明外在环境虽然很重要，却不能独负其荷，它必须通过智力障碍儿童自身的加工才能转换为现实的力量对其行为产生影响。因此，当外在环境一时难以有大的改善时，当务之急和务实之举还在于从智力障碍儿童自身入手，努力提升智力障碍儿童的共情水平，这是一条不可或缺的、具有可操作性的重要途径。

特殊群体的共情虽然已受到了格外关注和广泛研究[①]，然而我们通过文献回顾发现，当前通过干预特殊群体（包括智力障碍者）的共情水平，从而促进其亲社会行为发展的相关实践研究却极为匮乏。尽管美国临床心理学家 Gutstein 博士提出的人际发展干预疗法（relationship development intervention，RDI）[②]经过实验证明对广泛性发展障碍者（包括孤独症）的共情干预的确有效果，但该干预模式是以家庭环境为基础的，强调父母的"引导式参与"，将其运用到学校教学中存在一些不适应性。基于学校的干预仅见韦小满等设计的训练方案，然而该干预方案的共情训练模式仅是从传统的情绪共情训练角度出发，且只是针对合作与分享两种行为进行干预的[③]。针对普通儿童与青少年的共情干预方案虽然比较多，但要将其直接运

① 刘艳丽，陆桂芝. 自闭症谱系障碍个体共情缺损的产生机制与干预方法[J]. 中国特殊教育，2016（9）：48-54；齐星亮，陈巍. 自闭症共情——系统化理论述评[J]. 心理科学，2013（5）：1261-1266；陈巍，齐星亮，袁逖飞等. 从共情缺损到过度系统化：自闭症的成因释疑及其应用[J]. 中国特殊教育，2012（7）：61-66；孟景，沈林. 自闭症谱系障碍个体的共情及其理论与神经机制[J]. 心理科学进展，2017（1）：59-66.

② 熊絮茸，邓猛. 移情视域下"人际发展介入 RDI"疗法在自闭症患儿情感共享建构中的应用[J]. 中国校外教育（理论），2011（Z2）：5-6.

③ 韦小满，焦青，金星等. 弱智学生合作与分享行为的干预实验研究[J]. 中国特殊教育，2005（11）：5-8.

用到智力障碍儿童群体还面临诸多问题，具体如下：①这些方案都是针对每一个发展阶段普通个体的认知发展水平设计而成，而智力障碍儿童的认知发展存在缺陷，无法满足方案对认知水平的较高要求；②由于之前关于共情的界定仍存在较大分歧①，有些共情训练方案多是针对共情的某一个成分尤其是传统的情绪共情进行训练；③因为传统研究没有专门对亲社会行为本身涵盖的不同类型进行系统的区分，这使共情训练方案多是针对某一种或几种典型的亲社会行为进行干预。因此，智力障碍群体共情训练研究的鲜见与该群体在共情方面存在的缺陷、共情对亲社会行为形成与发展的重要性极不相称。

　　鉴于此，本研究拟尝试构建一套立足于学校的、基于共情训练的综合干预方案，以促进智力障碍儿童亲社会行为的发展，并对该方案的干预效果进行检验，以期服务于智力障碍儿童亲社会行为的培养实践，同时也能为智力障碍儿童社会性发展和社会适应培养工作探索一个新的突破口。本研究假设依托共情训练的智力障碍儿童亲社会行为综合干预方案能对智力障碍儿童的共情和亲社会行为产生显著的促进效果。

第一节　智力障碍儿童亲社会行为综合干预研究设计

一、实验设计

　　本研究采用准实验设计中的前测—中测—后测设计，自变量是接受依托共情训练的智力障碍儿童亲社会行为教育干预方案，因变量是智力障碍儿童亲社会行为的发展情况，采用前期研究确立的智力障碍儿童亲社会行为二阶四因子一阶七因子模型进行测查。之所以采用准实验设计，是基于对现实情况考虑的选择。因为在现实中由于每所培智学校规模的限制及儿童的智力障碍具有较大的异质性，要找到匹配的两组被试很难，要找到两组各方面相似的被试也比较难。

---

　　① 刘聪慧，王永梅，俞国良等. 共情的相关理论评述及动态模型探新[J]. 心理科学进展，2009（5）：964-972.

二、研究被试

笔者在新疆某特殊教育学校选取34名智力障碍儿童作为研究对象，这34名儿童分别来自小学二年级、四年级、六年级三个自然班，平均年龄为13.03±3.13岁，被试的性别、民族、年级、障碍类型及障碍程度分布见表8-1。从被试的背景来看，其之前均未参与过任何和共情训练、亲社会行为训练相关的项目，正符合笔者原先预想的被试标准。

表 8-1   被试基本情况（N=34）

人口学变量	类别	人数（n）	百分比（%）
性别	男	23	68
	女	11	32
民族	汉族	24	71
	少数民族	10	29
年级	二年级	11	32
	四年级	13	38
	六年级	10	29
障碍类型	唐氏综合征	11	32
	一般智力障碍	15	44
	脑瘫	4	12
	低功能孤独症	2	6
	智力障碍合并其他障碍	2	6
障碍程度	轻度	12	35
	中度	15	44
	重度	7	21

三、授课教师

选取两名教师担任授课教师，两名教师的基本情况见表8-2。两位教师同为女性，且在年龄、培智教龄、学历等方面大致相当。罗老师负责给二年级授课，王老师负责给四年级和六年级授课。

表 8-2　授课教师基本情况

授课教师	性别	年龄（岁）	教龄（年）	培智教龄（年）	学历	职称
罗老师	女	30	5	4	本科	初级
王老师	女	35	12	5	本科	中级

四、研究工具

1. 依托共情训练的智力障碍儿童亲社会行为综合干预方案

本干预方案是基于共情的两成分理论、共情产生的 SOME 模型，以及前期研究构建的亲社会行为二阶四因子一阶七因子模型，同时结合智力障碍儿童的身心发展特点设计而成。本方案设计完成后，由笔者对两名授课教师进行培训，然后让两名授课教师根据各班智力障碍儿童的实际发展水平提出调整建议，并由两位教师根据干预方案需求补充基于本班学生的干预材料（如各班学生的表情、各班学生的亲社会行为具体样例等），最终形成适用于各班智力障碍儿童的教育干预方案。

2. 共情测验

采用"中文版格里菲斯共情测验"，同第六章。

3. 智力障碍儿童亲社会行为问卷

采用自编的"智力障碍儿童亲社会行为问卷"，同第五章。

4. 实验器材

实验器材分为通用器材和授课内容器材两种。通用器材为两台索尼高清摄像机、两台笔记本电脑。授课内容器材为头饰、图片、教具模型、实物和课件。课件由笔者制作，授课教师根据需要补充本班学生材料，进一步完善；教具模型由学校提供，授课教师根据需要领取；图片、头饰和实物由授课教师分别根据干预方案自行制作和准备。

五、干预实施过程

（一）培训教师

本干预方案的具体教学分别由两位培智教育教师实施，为保证两位教师准确把握该指导方案的整体内容，从而有效实施相关干预训练活动，在实验正式实施前，由笔者对两位教师进行"依托共情训练的智力障碍儿童亲社会行为综合干预方案"方面的培训，包括方案的整体结构，表情和情绪干预方案以及8个儿童图画故事具体教学方案的使用方法和要求，亲社会行为的概念及其结构，从而保证其能准确把握相应的教育目标。

（二）前测

实验前（T1），采用"中文版格里菲斯共情测验""智力障碍儿童亲社会行为问卷"对参与实验的智力障碍儿童的共情和亲社会行为进行逐一测查。测查是由各个班的正、副班主任，1名任课教师和担任该班课程教学的相应实验教师组成的测评小组具体实施，对智力障碍儿童在学校不同课程和不同活动中的实际表现进行综合评定。

（三）实施干预

对参与实验的智力障碍儿童进行为期13周有目的、有计划的团体干预。以年级（即班级）为单位，对每个年级的学生开展每周2个课时的集体干预活动，每课时35分钟。每次干预活动开展之前，笔者与两位授课教师均就干预的具体方案和课件进行研讨，进一步统一要求和标准，并就两位教师针对各班学生实际情况补充的对应材料进行讨论，落实各种头饰、实物及教具模型的准备情况。干预活动结束后，笔者和授课教师针对授课情况进行研讨，总结经验，并对方案实施过程中存在的问题进行反思，从而在之后的干预活动中进行调整。

（四）中测

实验进行7周后（T2），暂停1周，对参与实验的4个班的智力障碍儿童的共情和亲社会行为逐一进行中测。测查所用研究工具和测查人员的组成、测查方式与前测相同。

（五）后测

在干预实验全部结束后（13周后）（T3），对参与实验的三个年级智力障碍儿童的共情和亲社会行为逐一进行后测。测查人员的组成、测查方式和所用研究工具与前测一致。

六、数据处理与分析

本研究采用 SPSS23.0 软件进行描述性统计、单因素重复测量方差分析及 K 个相关样本的非参数检验。

第二节　智力障碍儿童亲社会行为综合干预方案的编制

一、干预方案编制的依据

（一）干预方案编制的理论依据

1. 亲社会行为二阶四因子一阶七因子模型

根据第四章研究建构的智力障碍儿童亲社会行为二阶四因子一阶七因子模型，制订干预方案的培养目标和内容，以整体提升智力障碍儿童的亲社会行为水平。

2. 共情的两成分理论和 SOME 模型

尽管学界对共情结构的看法还存在分歧，但目前两成分理论已得到越来越多学者的认可[1]，即共情既包括情绪共情，也包括认知共情。有关障碍群体共情问题产生的原因，之前虽有诸多理论假说，如心灵盲假设、共情失衡假设等，但这些理论多是从某一角度出发进行考虑，故而难以全面地解释障碍群体共情的问题。Bird

---

① Gladstein G A. Understanding empathy：Integrating counseling，developmental，and social psychology perspectives[J]. Journal of Counseling Psychology，1983（4）：467-482.

等在综合已有证据和理论基础上提出的一个共情新模型——SOME 模型①，则为理解和干预障碍群体的共情提供了新的思路。该模型认为，共情由情境理解、情绪线索分类、心理理论、情绪表征和镜像神经元系统 5 种表征系统组成，社会脚本的输入和自我/他人转换开关在共情的产生中也发挥着重要作用。自我/他人转换开关激活后，会快速地由"自我"这一默认状态转向"他人"状态。依照该模型，障碍群体共情方面存在的障碍则可能既与上述五个系统中每一种系统都有关，还可能与自我/他人转换开关难以激活有关，即诸多原因的复合交织作用导致障碍群体过度关注自我及自己感兴趣的对象，忽视了他人的情绪和感受；即便是注意到他人时，也难以认识到他人和自我之间的区别，故而有时会对他人受到的伤害表现出更多的情绪反应，受到他人状态的过度影响②。基于文献分析，本研究拟根据共情的两成分理论和 SOME 模型设计干预方案，做到既关注情绪共情能力的提升，也注重认知共情能力的提高；既注意训练智力障碍儿童的 5 种表征系统的功能，也加强训练其关注点在"自我"与"他人"之间的转换。

（二）干预方案编制的实践依据

笔者经过文献回顾发现，通过共情训练来促进亲社会行为水平提升的临床干预实证研究一直是亲社会行为干预研究的重要议题，也取得了一些有价值的研究成果。从渊源上来看，国内外的共情训练方案大多是在借鉴 Feshbach③、Pecukonis④和 Herbek 等⑤设计的共情训练方案的基础上，结合干预群体的认知发展特点，采用适宜的方式和途径设计而成。各共情训练方案的框架和内容虽因研究设计的不同而显现出不同的特点，但情绪（表情）的识别或追忆、认知指导、换位思

---

① Bird G，Viding E. The self to other model of empathy：Providing a new framework for understanding empathy impairments in psychopathy，autism，and alexithymia[J]. Neuroscience and Biobehavioral Reviews，2014，47：520-532.

② Fan Y T，Chen C Y，Chen S C，et al. Empathic arousal and social understanding in individuals with autism：Evidence from fMRI and ERP measurements[J]. Social Cognitive and Affective Neuroscience，2014（8）：1203-1213；Rogers K，Dziobek I，Hassenstab J，et al. Who cares? Revisiting empathy in Asperger syndrome [J]. Journal of Autism and Developmental Disorders，2007（4）：709-715.

③ Feshbach N D. Learning to care：A positive approach to child training and discipline[J]. Journal of Clinical Child Psychology，1983（3）：266-271.

④ Pecukonis E V. A cognitive/affective empathy training program as a function of ego development in aggressive adolescent females[J]. Adolescence，1990（97）：59-76.

⑤ Herbek T A，Yammarino F J. Empathy training for hospital staff nurses[J]. Group and Organization Management，1990（3）：279-295.

考、情境讨论和角色扮演等则是共情训练设计中经常使用的方法。众多临床干预实验检验发现，上述常用的共情训练方法都是提升亲社会行为水平比较有效的方法[①]，具有较大的推广和应用价值。这些方法都将成为本研究干预方案设计的实践基础。

二、干预方案编制的思路

（一）以表情识别为切入点，开展情绪识别基础训练

共情是个体对他人内在情绪和感受的认识和体验，而这些认识和体验通常是通过对其情绪的外显行为——表情的识别来实现的，其中有机体面部的具体外显行为（情绪面部表情）因携带的情绪信息具有特异性（喜、怒、惊、惧、悲、厌等基本情绪都有特定的面部肌肉运动的先天模式），也就成为情绪最敏锐的发生器[②]。正因为如此，表情识别就成为体现共情能力的重要指标之一。Besel 等的研究也发现，表情识别能力与认知共情能力呈正相关[③]。Marsh 等的研究结果表明，个体看到他人有困难时的不同面部表情（恐惧、平静）与其随后的亲社会行为之间有密切关系，能识别到恐惧表情的被试会在之后的实验中有更多的亲社会行为表现，被试对恐惧面部表情的辨别准确度也与之后的亲社会行为呈显著相关。Marsh 认为对恐惧面部表情的识别可能引发了被试的共情反应，进而引发了亲社会行为[④]。智力障碍儿童广泛存在着情绪情感分化不足的问题[⑤]，鉴于表情在情绪表现、交流中所起的重要作用，本研究将表情的识别与命名确立为干预方案制订的基础。

---

① 魏玉桂，李幼穗. 不同移情训练法对儿童分享行为影响的实验研究[J]. 心理科学，2001（5）：557-562，638；李幼穗，韩映虹，陈淑芳. 不同情境下移情训练对幼儿助人行为的影响[J]. 学前教育研究，2013（2）：43-47，53.

② 孟昭兰. 为什么面部表情可以作为情绪研究的客观指标[J]. 心理学报，1987（2）：124-134.

③ Besel L D S，Yuille J C. Individual differences in empathy：The role of facial expression recognition[J]. Personality and Individual Differences，2010（2）：107-112.

④ Marsh A A，Kozak M N，Ambady N. Accurate identification of fear facial expressions predicts prosocial behavior[J]. Emotion，2007（2）：239-251.

⑤ 王涛. 利用情绪分化训练促进中度智障儿童人际交往[D]. 武汉：华中师范大学，2008：7-8.

（二）以儿童图画故事书为载体，对智力障碍儿童进行综合干预

共情训练方案载体的选择是一个关乎方案可操作性、有效性的重要问题。虽然不同的研究对于何为适宜的载体会有不同的见解，但适合个体认知发展特点却是共情训练方案设计者在进行载体选择时必须遵守的一个首要原则。例如，李辽就以作文为载体对初中生和高中生进行了共情训练[①]，郭志映则以无声电影为载体分别对初中生、大学生进行了共情训练[②]，这些载体对中学生是适宜的且是有效的，但对认知发展水平比较低的低龄儿童则不太适宜。笔者通过文献回顾发现，针对低龄儿童尤其是幼儿的研究多以故事为载体[③]。

1. 故事作为儿童共情训练载体的优势

一是符合幼儿认知的特点，且容易激发其兴趣。为幼儿创作的故事是用口语化的语言进行表述的，通俗易懂，既符合幼儿的认知发展特点，也适合其进行读、听、讲。故事的趣味性则容易激发儿童的兴趣，故而是深受其喜爱的文学形式[④]。

二是具有特殊的亲社会教育价值和"无痕"教育的作用。许多经典的社会主题小故事都传达了积极的社会价值观、正确的日常行为规范，蕴含着"真""善""美"的人文内涵[⑤]，彰显着亲社会行为价值，对儿童讲述故事的过程就是为儿童传递亲社会价值、培养其亲社会意识的过程，并且这种传递方式不会含有直接教训人的那种说教意味，没有乏味的教条色彩，因为故事是一种隐喻性的存在。在此过程中，听者是以旁观者的立场来体会故事的情境，这种沟通方式由于比较客观、安全而使沟通环境具有和谐与低焦虑的特性，听者也容易放下抗拒和防备，因而故事容易直接进入人的潜意识层面，以一种潜移默化的方式感染儿童，发挥"无痕"教育的引导作用[⑥]。用故事创设有利于学生掌握知识的教学情景，这是对情境在认知活动中的作用的认可。

三是可为共情训练提供丰富的素材和适宜的情境。故事通过人物间的言语对话和行为交往铺陈的故事情节变化展现了社会存在的矛盾、冲突以及文化价值观

---

① 李辽. 青少年的移情与亲社会行为的关系[J]. 心理学报，1990（1）：72-79.

② 郭志映. 共情训练提升初中生人际关系的干预研究[D]. 重庆：重庆师范大学，2016：22-23.

③ 琚贻桐. 通过移情训练提高5—6岁儿童亲社会行为的实验研究[J]. 教育科学研究，1991（6）：20-26；张莉. 榜样和移情对幼儿分享行为影响的实验研究[J]. 心理发展与教育，1998（1）：26-32.

④ 李翔. 幼儿园故事教学的实施策略[J]. 学前教育研究，2012（5）：64-66.

⑤ 张楚廷. 故事在教学中的作用[J]. 当代教育论坛，2012（6）：126-128.

⑥ 何静慧. 语文教学渗透无痕德育的尝试[J]. 上海教育科研，2012（10）：73-74.

等，是人际交往模式和人的社会态度、行为的载体，因此故事可作为共情训练的素材，帮助儿童从外在的视角深入了解他人的想法以及情绪情感变化的过程和原因。此外，故事呈现的另一时空"他人"的情感历程可为儿童提供一个参照和另一种体验①，儿童的情绪会伴随着主人公的喜怒哀乐而波动，这种情感体验并不亚于真切的亲身体验，因而故事也是情绪共情训练的素材。同时，故事还可作为角色扮演的脚本②，一方面可以借助角色扮演让儿童进一步感受、体会故事中人物的情绪情感，从而提高情绪共情能力；另一方面可以借助对亲社会行为者角色的扮演，让儿童练习亲社会行为的技能。

2. 儿童图画故事书作为智力障碍儿童共情训练载体的特殊优势

传统的低龄儿童共情训练方案多以口头讲述的方式呈现故事，这种以语言为主体形式的故事呈现方式虽然对普通幼儿比较适宜，但对智力障碍儿童而言，接受起来依然存在一定的困难，因为障碍给这部分儿童发展所带来的限制，致使其认知发展水平明显低于普通同龄儿童，且这种落后状态会随着障碍程度的加重而更加显著。近年来，随着融合教育的不断推进，培智学校的教育对象中障碍程度为中度和重度的学生以及多重障碍学生的人数在逐渐增多，比例在逐渐增大。对于共情障碍比较严重的智力障碍群体，应该采用何种适宜的载体开展共情训练，以促进其亲社会行为的增加，则是一个值得深入研究的课题。

本研究认为，近年来兴起并流行的读物——儿童图画故事书可以为智力障碍儿童共情训练载体选择困境的突围提供一个新的视角。图画故事书又称为"绘本"，儿童图画故事书是专为儿童设计的，是依靠一连串图画和为数不多的文字结合，或者完全没有文字，全靠图画来传递信息、讲故事的图书③。可见，儿童图画故事书较传统的故事多了一个要素，即"图"，是通过"图"与"文"的合奏共同演绎一个故事，即"文"在说话，"图"也在说话，文与图用不同的方式在说话④，图"断"则文"续"，文"断"则图"续"，故而是一种语言艺术和视觉艺术的合体。儿童图画故事书简明之文和具象之图协同演绎故事的方式，使其作为对智力障碍儿童进行共情干预训练的载体具有一些特殊优势，具体体现在以下两个方面。

---

① 姜晓娜. 故事作用的教育学解读[J]. 陕西教育（教学版），2015（Z2）：55.

② 刘殿波，邓猛. 绘本应用于特殊教育的思考[J]. 现代特殊教育，2016（16）：3-8.

③ 陈晖. 儿童图画书的故事、主题及文字表达[J]. 深圳大学学报（人文社会科学版），2009（5）：106-110.

④ 松居直. 我的图画书论[M]. 郭雯霞，徐小洁译. 上海：上海人民美术出版社，2008：178.

第一，符合智力障碍儿童的认知特点，有利于其识别并理解故事人物的情绪和感受。智力障碍儿童认知发展水平的低下具有弥漫而广泛的特性，其注意以无意注意为主，有意注意发展缓慢，工作记忆的广度有限，语言发展缓慢，难以准确、迅速地理解多维的、信息含量较大的复杂句子[①]。儿童图画故事书是依托一连串图画和少量文字进行叙事的，其文字是为了对图画和故事做出提示、补充或渲染，只是在必要时才予以使用，通常具有简洁、收敛的特性，而且单一线索结构的图画故事书还大量地运用了排比铺陈和反复递进两种手法[②]。其图像的叙事则主要依靠图像的排列组合，以具象方式调动人们的相关经验，这就突破了传统用文字单线叙述故事的方式，体现了叙事的多元性和多效性。其简洁的文字表达方式及图文合奏呈现方式，不但有助于排除智力障碍儿童语言和记忆等认知能力限制带来的故事理解障碍，使其通过视觉和听觉双重感觉通道来更好地感受进而理解故事，还有利于吸引其注意力，激发起其观看、聆听和前阅读的兴趣。正因为如此，用儿童图画故事进行共情训练，更有利于智力障碍儿童准确地识别故事中主人公的情绪和情感，理解其行为的目的、企图，采纳其观点，进入角色，并进行换位思考。

第二，易于让智力障碍儿童产生身体的在场性，也便于进行角色扮演，从而有助于丰富其自身的共享表征。诸多研究表明，共情与镜像神经元系统有关。镜像神经元系统可能是共情的神经生理基础[③]，共情的 SOME 模型也认为镜像神经元系统是共情加工进程中的 5 种表征系统之一。有研究者认为镜像神经元系统是大脑储存自我和他人共享表征的场所[④]，学习和经验对其发展具有显著的促进作用，只有当个体体验过相似的动作或至少有过相似的目标时，他人的动作和情绪才能激活其镜像神经元系统，未直接或者间接体验过的动作和表情则不能激活其镜像神经元系统做出反应。用儿童图画故事进行共情训练时，生动、具象的图以诉诸视觉的直观表现凸显文外之意，烘托、暗示情绪与氛围，会使智力障碍儿童产生身体的在场性，从而弥补文字符号的抽象性的不足[⑤]，智力障碍儿童会有身临其境般真切的

---

① 刘春玲，马红英. 智力障碍儿童的发展与教育[M]. 北京：北京大学出版社，2011：75-94.

② 陈晖. 儿童图画书的故事、主题及文字表达[J]. 深圳大学学报（人文社会科学版），2009（5）：106-110.

③ Perkins T，Stokes M，McGillivray J，et al. Mirror neuron dysfunction in autism spectrum disorders[J]. Journal of Clinical Neuroscience，2010（10）：1239-1243.

④ Schulte-Rüther M，Markowitsch H J，Fink G R，et al. Mirror neuron and theory of mind mechanisms involved in face-to-face interactions：A functional magnetic resonance imaging approach to empathy[J]. Journal of Cognitive and Neuroscience，2007（8）：1354-1372.

⑤ 黄轶斓. 图画书：对话与言说[J]. 重庆师范大学学报（哲学社会科学版），2008（2）：125-128.

感受，能体会主人公的动作和情绪情感，从而形成有关他人动作和情绪情感的心理表征。儿童图画故事书简洁的文字表达方式以及图像展现出的主人公大量的动作与情绪情感，也使智力障碍儿童更容易以其为脚本进行角色扮演，而对儿童图画故事中主人公动作和表情模仿的过程，又有利于智力障碍儿童形成自身动作与情绪情感的心理表征。随着儿童图画故事阅读经验的不断积累，镜像神经元系统中储存的共享表征就会逐渐丰富起来，这样当其在现实生活中遇到相同的情景时，其储存于大脑镜像神经元系统中的共享表征就会被顺利激活并产生同形的表征，从而体验到他人的感受。

三、智力障碍儿童共情训练图画故事书的选择标准

第一，蕴含鲜明的亲社会行为元素。图画书的题材多元而丰富，按照主题内容偏重的不同，可分为知识类和文学类两类。知识类主要是用来传达信息，涉及自然、社会和生活常识等相关主题。根据体裁的不同，文学类可细分为诗歌类和故事类两大类别[①]，故事类图画书主题的诠释与阐发也呈现出类别的无限多样性。本研究选择儿童图画故事书的首要标准为故事必须蕴含着前期研究构建的智力障碍儿童亲社会行为二阶四因子一阶七因子模型包含的亲社会行为元素，演绎和宣扬了多元的亲社会教育理念。

第二，图和文均符合智力障碍儿童的认知特点。按照阅读对象来划分，图画故事书可分为儿童类和成人类两种。以儿童为主要阅读对象的儿童图画故事书主题的呈现有浅显与深刻、明朗与隐晦的形态差异[②]，其文字和图画的呈现形态也有同样的差异，这就使儿童图画故事书不仅面临着儿童文学普遍具有的年龄适宜性问题[③]，也面临着对象的适用性问题。本研究在甄选儿童图画故事书时，坚持"图画"和"文字"的双维度标准，即不仅考虑文字与智力障碍儿童认知水平的适宜性，而且考虑图画对于智力障碍儿童的可懂度，即图和文都能契合智力障碍儿童的接受心理和领悟力，以使智力障碍儿童能够通过图、文两个符号系统更完整地

---

① 夏平. 绘本的界说与类别[J]. 编辑之友，2013（5）：103-106.

② 陈晖. 儿童图画书的故事、主题及文字表达[J]. 深圳大学学报（人文社会科学版），2009（5）：106-110.

③ 李英华，张国龙. 解读图画书主题的密码——关于图画书讲读中主题理解的探讨[J]. 河北师范大学学报（哲学社会科学版），2014（3）：158-160.

理解故事。

第三，适合作为脚本进行角色扮演游戏。角色扮演已经成为目前共情训练广泛使用的一种训练模式，因为游戏活动本身具有一种认知的内核和一种情感的投射[①]，角色扮演游戏更是为个体走进他人的生活世界，设身处地体验所扮演角色的思想、行为、需要和期望，并且对自己的意识和行为进行审视提供了一个极佳的过程[②]。角色扮演不仅可以促进扮演者换位思考能力的提升，也会引发扮演者自身内心深处的真情实感，还在一定程度上让扮演者在具体的情境中切身操练了相关亲社会技能。然而，并不是所有的儿童图画故事书都适合作为角色表演的脚本[③]。本研究在选取用作干预训练的儿童图画故事书时，综合考虑了儿童图画故事书的语言风格、情节发展、角色设置和行为，侧重于选择有文有图、有简短的对话和较显著的行为特征，故事情节生动有趣的故事，以增强智力障碍儿童对角色扮演的兴趣。

四、干预方案的内容

本研究干预方案包括表情和情绪干预、儿童图画故事干预两部分内容（表 8-3、表 8-4）。

第一部分：表情和情绪干预。这一部分旨在让智力障碍儿童了解情绪及其与表情的关系，学会分辨自己的情绪状态，并通过表情识别他人的情绪。基础干预主要围绕"高兴（快乐）""生气""难过（伤心）""害怕"4 种基本情绪，开展 3 种训练活动。一是情绪与表情的匹配，包括情绪命名、表情模仿和各种情绪状态下表情特征的总结；二是自我情绪辨别及其与表情的匹配；三是他人情绪的识别，包括图片他人情绪的识别和同伴情绪的识别，其中同伴情绪以照片或视频形式展示。

基于各个训练活动的目的和智力障碍儿童的认知特点，表情和情绪训练阶段选用的干预方法主要有以下几种：①视频与图片演示法。通过视频与图片展示不同年龄、不同性别他人及同伴在 4 种基本情绪状态下的表情，让学生通过观察获得对"高兴（快乐）""生气""难过（伤心）""害怕"的感性认识，建立情绪与表情的联

---

① 杨宁. 皮亚杰的游戏理论[J]. 学前教育研究，1994（1）：12-14.
② 蔡敏. "角色扮演式教学"的原理与评价[J]. 教育科学，2004（6）：28-31，52.
③ 徐美娥. 利用绘本进行幼儿创意戏剧表演的探索[J]. 学前教育研究，2015（2）：64-66.

系，其中图片包括真实人物的表情图片（实物图片）和表情娃娃图片（抽取重要特征的图片）两种。②讲授法。结合图片，运用简明的语言分析、总结4种不同情绪状态下的典型表情特征。③表演法。通过表情表演，模仿表情典型的显性特征，感受情绪的差异。④情境教学法。结合学生日常生活中的实际范例，运用语言假设情境，并借助表情娃娃图片，引导学生对自我的情绪进行辨别，并与相应的表情进行匹配。⑤游戏法。通过"你的表情我来猜"游戏，激发学生识别他人及同学的情绪的兴趣。

第二部分：儿童图画故事干预。这一部分旨在增强智力障碍儿童对他人情绪情感的敏感性，了解并理解他人的观点和需要，学会站在他人的角度体会他人的情绪和感受，掌握一些提高亲社会行为水平的技巧，并能在各种情境下进行亲社会行为的迁移，最终养成亲社会行为。限于时间因素，本研究先制订了第一周期的干预方案，共选择了8个儿童图画故事，分别为《小老鼠分果果》《小猪变干净了》《小兔子分萝卜》《想吃苹果的鼠小弟》《你别想让河马走开》《甜甜的棍子》《瓜瓜吃瓜》《鼠小弟荡秋千》，其中《瓜瓜吃瓜》是根据该故事及有关幻灯片自编而成的图画故事。每个儿童图画故事都蕴含着前期研究建立的亲社会行为二阶四因子一阶七因子模型包含的若干个亲社会行为要素，8个儿童图画故事基本蕴含了亲社会行为的全部要素（表8-3）。

每个故事的教学都由故事的讲解、故事情境的讨论、角色扮演和拓展活动4个部分组成，且均按照故事讲解—故事情境讨论—角色扮演—拓展训练的顺序依次展开。①故事讲解既包括文字的讲解，也包括图画的讲解，目的是使智力障碍儿童通过倾听和观看完整的故事感知其中一个个鲜活的人物形象和了解故事情节，形成对相应某一亲社会行为的初步认知，并获得初步的情绪情感体验。②故事情境讨论主要围绕故事蕴含的某几种亲社会行为发生的背景、原因、方式及结果层层展开，讨论重点主要是主人公的认识、观点和情绪情感如何随着情节的发展而发生变化，通过探究主人公某一亲社会行为"是什么""什么情境下做的""做前是怎么想的，有什么感受""做后有什么感受"，引导智力障碍儿童充分了解他人产生某一想法和感受的原因，理解其"怎么做""为什么这么做"，从而深化其对故事人物行为的认知和情感体验，并澄清亲社会行为的价值。③角色扮演包括原故事角色扮演和改编故事角色扮演两种，重点针对某几个关键片段进行角色扮演。改编故事主要由教师通过语言假设不同的情境或行为表现完成。角色扮演旨在让学生通过不同角色的扮演，亲身体会不同角色和行为下的结果和情绪感受，进行换位思考，内化亲社会行为价值，并通过实践操练亲社会行为技能。④拓展训练主要是通过图片或视频提示方式，对实施或受惠于亲社会行为的情况及当时的情绪情感进行追忆，并对不同情境下智力障碍儿童行为的倾向进行引导，目的是通过对自身作为行为的发起者和接受者两种不同角色的想法和感受进行对比，推己及人，以实现行为的迁移和亲社会倾向意识的培育。

　　基于各个训练活动的目标、内容以及智力障碍儿童的认知特点，儿童图画故事干预对以下 6 种干预方法进行了优化组合和综合运用：①现代媒体演示法。将儿童图画故事书制作成 PPT 课件，逐张进行演示，以便在讲解时将智力障碍儿童的注意力全部引导到需要其认真观察的内容和细节上，使其获得丰富的感性认识。②讲授法。在演示 PPT 课件时，通过简明、生动的语言和形象化的动作，讲述故事的情节，使学生通过视觉和听觉两种感觉通道深入理解故事。③讨论法。针对一些关键问题尤其是有冲突的情节，借助小步子提问的方式，引导学生进行思考，并引导其通过故事文字和图像寻找问题的答案。④角色扮演。采用教师旁白的方式，让学生分场景进行角色扮演，之后通过交换角色再次扮演，体会不同角色的情绪情感。⑤行为及情绪情感追忆。通过照片或视频录像再现情境，引导学生回忆之前自己及同学的亲社会行为实施情况及当时自身的感受。⑥情境教学法。通过语言及图片假设情境，引导学生在不同情境下进行亲社会行为的泛化。

　　整个干预方案共计 26 课时，其中表情和情绪干预 2 课时，儿童图画故事干预 24 课时。表情和情绪干预具体方案见附录 10，儿童图画故事具体干预方案无法一一呈现，仅选取其中一个故事《小老鼠分果果》进行示例（见附录 11）。

表 8-3　干预方案的整体框架

项目	序号	活动、故事名称	干预主题（元素）	干预目标	课时	干预方法
表情和情绪干预	1	情绪与表情认知	情绪命名、表情特征识别、表情模仿	认识高兴（快乐）、生气、难过（伤心）、害怕 4 种常见情绪，对其进行命名，了解其典型表情特征，并能够进行模仿	1	视频图片演示法、讲授法、表演法
	2	自我情绪的识别	自我情绪辨别、表情匹配	辨别各种生活情境中自身的情绪，并能够与表情匹配	0.5	情境教学法、图片演示法
	3	他人情绪的识别	图片他人、同伴情绪识别	通过正确辨别图片或视频中他人或同伴的表情，识别其当时的情绪	0.5	图片与视频演示法、游戏法

续表

项目	序号	活动、故事名称	干预主题（元素）	干预目标	课时	干预方法
儿童图画故事干预	1	《小老鼠分果果》	帮助、分享、安慰	感受小伙伴的热心，初步树立助人意识；感受小老鼠内心的变化，体悟分享的快乐，初步树立分享意识；学习安慰表达方式，提高安慰技能	4	8个故事通用方法（6种）：1）现代媒体演示法；2）讲授法；3）讨论法；4）角色扮演；5）行为及情绪情感追忆；6）情境教学法
	2	《小猪变干净了》	勤快自理、帮助、友谊、责任	感受整洁、讲卫生在与人交往中的重要作用；体验干净整洁后被人接纳的愉悦心情，体悟与人友好交往的快乐；明晰朋友帮助对方改正缺点的责任，学会增进友谊的方法	2	
	3	《小兔子分萝卜》	关心、遵守规则、谦让、感恩	感受排队带来的有序和效率，树立初步的规则意识；感受相互关爱的美好情感，初步树立关心他人的意识；体验谦让带来的愉悦心情，初步形成谦让的意识	3	
	4	《想吃苹果的鼠小弟》	乐观自信、合作、关心、宽慰、赞美	感受每个人的特长，增强自信心；体验合作的成功与喜悦，增强合作的意识；感受鼠小弟不断尝试的执着，增强大胆尝试、坚持不懈的精神	3	1）现代媒体演示法；2）讲授法；3）讨论法；4）角色扮演；5）行为及情绪情感追忆；6）情境教学法
	5	《你别想让河马走开》	社交礼仪、尊重他人、同情、帮助	感受礼仪的神奇作用，认识尊重他人的重要性，学会社交礼仪技能；感受小动物对他人的关心，体会帮助给人带来的温暖，激发助人动机；感受鹦鹉的漠不关心导致的令人反感，培养同情心	3	
	6	《甜甜的棍子》	勇于认错道歉、诚实、宽容	感受小黑熊主动认错道歉的勇气，养成勇于认错道歉、努力改正的意识和诚实的品质。感受宽容大度给人带来的温暖与快乐，初步树立宽容大度的意识	3	
	7	《瓜瓜吃瓜》	社会公德、责任义务、知错改正	认识乱扔果皮的危害性，初步树立公德意识和环保意识，养成文明的行为和生活卫生习惯；增强知错就改的动机，增强弥补过错的责任感和义务感	3	
	8	《鼠小弟荡秋千》	社交礼仪、尊重、不伤害、协调关系、保护弱小	认识不尊重他人、伤害他人的后果，树立尊重他人的意识；感受礼貌待人（请求、拒绝）在社交中给人带来的愉悦，初步树立社交礼仪意识；感受父母对孩子浓浓的爱意与呵护；体会其他动物对弱小的保护；模仿练习社交礼仪及协调关系技能	3	

表 8-4　儿童图画故事的基本信息

序号	故事名称	图/文作者	译者	出版社、出版时间
1	《小老鼠分果果》	［英］A. H. 本杰明（文），［英］格威妮丝·威廉森（图）	金波	外语教学与研究出版社，2018年

序号	故事名称	图/文作者	译者	出版社、出版时间
2	《小猪变干净了》	朱庆评（文），何艳荣（图）		少年儿童出版社，1984 年
3	《小兔子分萝卜》	应彩云主编，[韩]Hemingway 社编	郑毅	少年儿童出版社，2013 年
4	《想吃苹果的鼠小弟》	[日]中江嘉男（文），[日]上野纪子（图）	赵静 文纪子	南海出版公司，2007 年
5	《你别想让河马走开》	[英]迈克尔·卡奇普尔（文），[英]罗莎琳德·比尔肖（图）	任溶溶	湖南少年儿童出版社，2009 年
6	《甜甜的棍子》	幼儿幸福成长教育资源库编写组编		北京少年儿童出版社，2013 年
7	《瓜瓜吃瓜》	马光复（文），王治华（图）		少年儿童出版社，1983 年
8	《鼠小弟荡秋千》	[日]中江嘉男（文），[日]上野纪子（图）	赵静 文纪子	南海出版公司，2009 年

第三节　智力障碍儿童亲社会行为综合干预的有效性检验

一、智力障碍儿童亲社会行为前、中、后测总分差异比较

笔者对参与实验的智力障碍儿童前测（T1）、中测（T2）、后测（T3）共情和亲社会行为总分的均值及标准差进行分析，结果表明（表 8-5），智力障碍儿童在 T2 上的共情和亲社会行为总分均值都高于在 T1 上的得分，在 T3 上的共情和亲社会行为总分均值高于在 T2 上的得分。

表 8-5　被试的共情和亲社会行为在 T1、T2、T3 的得分差异比较（$N=34$）

项目	T1	T2	T3	F	p	偏 η^2	LSD
	$M\pm SD$	$M\pm SD$	$M\pm SD$				
共情	0.06±1.48	0.45±1.55	0.76±1.43	148.82	0.000	0.82	T3> T2> T1***
亲社会行为	2.91±0.76	3.19±0.91	3.33±0.89	48.96	0.000	0.60	T3> T2> T1***

对智力障碍儿童在 T1、T2、T3 上的共情总均分进行单因素重复测量方差分析，结果表明，三个时间点上的共情总均分存在极其显著的差异（$F=148.82$, $p<0.001$, 偏 $\eta^2=0.82$）。多重比较结果表明，在干预 13 周后（T3），共情得分显著高于干预前（T1）和干预 7 周后（T2）的得分，同时干预 7 周后（T2）共情的得分也显著高于干预前（T1）的得分。

对智力障碍儿童在 T1、T2、T3 的亲社会行为总均分进行单因素重复测量方差分析，结果显示，三个时间点上智力障碍儿童亲社会行为的总均分也存在极其显著的差异（$F=48.96$, $p<0.001$, 偏 $\eta^2=0.60$）。多重比较结果表明，干预 13 周后（T3）智力障碍儿童的亲社会行为水平显著高于干预前（T1）和干预 7 周后（T2），同时干预 7 周后（T2）的亲社会行为水平又显著高于干预前（T1）。

二、智力障碍儿童亲社会行为不同维度前、中、后测得分差异比较

计算参与实验的智力障碍儿童在 T1、T2、T3 上共情和亲社会行为不同维度得分的均值与标准差。结果表明，在共情和亲社会行为不同因子上，也呈现出 T3 时间点上的得分高于 T1、T2 时间点上的得分，T2 时间点上的得分又高于 T1 时间点上的得分（表 8-6）。

表 8-6 被试的共情和亲社会行为不同因子在 T1、T2、T3 的得分差异比较（$N=34$）

项目	T1	T2	T3	F	p	偏 η^2	LSD
	$M\pm SD$	$M\pm SD$	$M\pm SD$				
认知共情	-0.25 ± 2.29	-0.22 ± 2.32	0.05 ± 2.19	7.88	0.003	0.19	T3> T1> T2**
情绪共情	0.09 ± 1.47	0.58 ± 1.52	0.87 ± 1.41	99.56	0.000	0.75	T3> T2> T1***
利他性	2.77 ± 1.02	3.08 ± 1.18	3.20 ± 1.15	29.96	0.000	0.48	T3> T2> T1***
遵规与公益性	3.11 ± 0.76	3.40 ± 0.89	3.52 ± 0.85	33.94	0.000	0.51	T3> T2> T1***
关系性	2.94 ± 0.71	3.24 ± 0.84	3.40 ± 0.83	65.36	0.000	0.66	T3> T2> T1***
特质性	2.78 ± 0.69	3.05 ± 0.83	3.20 ± 0.81	43.54	0.000	0.57	T3> T2> T1***
遵守规则	3.64 ± 0.74	3.92 ± 0.85	4.02 ± 0.77	29.10	0.000	0.47	T3> T2> T1***
遵从礼仪习俗	2.50 ± 0.92	2.80 ± 1.07	2.94 ± 1.05	23.94	0.000	0.42	T3> T2> T1***
增进关系	2.57 ± 0.88	2.88 ± 1.02	3.04 ± 1.04	34.11	0.000	0.51	T3> T2> T1***
维护关系	3.47 ± 0.63	3.74 ± 0.72	3.92 ± 0.64	73.52	0.000	0.61	T3> T2> T1***

续表

项目	T1	T2	T3	F	p	偏 η^2	LSD
	$M \pm SD$	$M \pm SD$	$M \pm SD$				
宜人性	2.52±0.85	2.76±0.96	2.91±0.96	35.56	0.000	0.52	T3> T2> T1***
愉悦性	3.14±0.66	3.77±0.73	3.91±0.72	35.42	0.000	0.52	T3> T2>T1***

对智力障碍儿童认知共情和情绪共情在 T1、T2、T3 的得分结果进行重复测量方差分析，结果表明（表 8-6），智力障碍儿童在 T1、T2、T3 的认知共情和情绪共情得分均存在显著差异（F=7.88，$p<0.01$，偏 η^2=0.19；F=99.56，$p<0.001$，偏 η^2=0.75）。多重比较结果表明，干预 13 周后（T3）的认知共情水平显著高于干预前（T1）和干预 7 周后（T2）（$p<0.01$），但干预前（T1）与干预 7 周后（T2）的认知共情水平的差异不显著（$p>0.05$）；干预 13 周后（T3）的情绪共情得分显著高于干预前（T1）和干预 7 周后（T2）的得分（$p<0.001$），且干预 7 周后（T2）的情绪共情得分也显著高于干预前（T1）的得分（$p<0.001$）。

对智力障碍儿童亲社会行为 4 个二阶因子和 7 个一阶因子在 T1、T2、T3 的得分结果进行重复测量方差分析，结果表明（表 8-6），利他性、遵规与公益性、关系性和特质性 4 个二阶因子及利他性、遵守规则、遵从礼仪习俗、增进关系、维护关系、宜人性和愉悦性 7 个一阶因子在 T1、T2、T3 的得分均具有极其显著的差异（F=29.96，$p<0.001$，偏 η^2=0.48；F=33.94，$p<0.001$，偏 η^2=0.51；F=65.36，$p<0.001$，偏 η^2=0.66；F=43.54，$p<0.001$，偏 η^2=0.57；F=29.10，$p<0.001$，偏 η^2=0.47；F=23.94，$p<0.001$，偏 η^2=0.42；F=34.11，$p<0.001$，偏 η^2=0.51；F=73.52，$p<0.001$，偏 η^2=0.61；F=35.56，$p<0.001$，偏 η^2=0.52；F=35.42，$p<0.001$，偏 η^2=0.52）。多重比较结果表明，干预 13 周后（T3）智力障碍儿童亲社会行为的各个因子得分均显著高于干预前（T1）和干预 7 周后（T2）（$p<0.001$），且干预 7 周后（T2）的得分也显著高于干预前（T1）（$p<0.001$）。

三、不同智力障碍程度儿童亲社会行为前、中、后测得分差异比较

计算轻度、中度、重度智力障碍儿童在 T1、T2、T3 时间点上的共情和亲社会行为得分的均值与标准差，结果显示，轻度、中度、重度智力障碍儿童的共情和亲

社会行为均呈现出在 T3 的得分高于在 T1、T2 的得分，在 T2 的得分又高于在 T1 的得分。

采用 Friedman 检验对轻度、中度、重度智力障碍儿童在 T1、T2、T3 的共情得分进行 K 个相关样本的非参数检验，结果发现（表 8-7），轻度、中度、重度智力障碍儿童前、中、后测的共情得分均存在非常显著的差异（ χ^2=24.00，$p<0.001$ ； χ^2=30.00，$p<0.001$ ； χ^2=13.23，$p<0.01$ ）。多重比较结果表明，轻度和中度智力障碍儿童干预前（T1）的共情水平均显著低于干预 7 周后（T2）的共情水平（ Z_{T1-T2}=-2.45，$p<0.05$ ； Z_{T1-T2}=-2.74，$p<0.05$ ），并显著低于干预 13 周后（T3）的共情水平（ Z_{T1-T3}=-4.90，$p<0.001$ ； Z_{T1-T3}=-5.48，$p<0.001$ ），且干预 7 周后（T2）的共情水平也显著低于干预 13 周后（T3）的共情水平（ Z_{T2-T3}=-2.45，$p<0.05$ ； Z_{T2-T3}=-2.74，$p<0.05$ ）；重度智力障碍儿童干预前（T1）的共情水平显著低于干预 13 周后（T3）的共情水平（ Z_{T1-T3}=-3.47，$p<0.01$ ），但干预前（T1）与干预 7 周后（T2）、干预 7 周后（T2）与干预 13 周后（T3）的共情水平之间并无显著差异（ Z_{T1-T2}=-1.34，$p>0.05$ ； Z_{T2-T3}=-2.14，$p>0.05$ ）。

表 8-7 不同障碍程度儿童的共情在 T1、T2、T3 的得分差异比较

项目	轻度	中度	重度
T1（$M\pm SD$）	0.70±0.70	0.53±1.36	-2.03±0.65
T2（$M\pm SD$）	1.20±0.85	0.93±1.28	-1.84±0.63
T3（$M\pm SD$）	-1.42±0.80	1.19±1.17	-1.29±0.89
χ^2	24.00	30.00	13.23
p	0.000	0.000	0.001
成对比较	Z_{T1-T2}=-2.45*	Z_{T1-T2}=-2.74	Z_{T1-T2}=-1.34
	Z_{T1-T3}=-4.90***	Z_{T1-T3}=-5.48***	Z_{T1-T3}=-3.47**
	Z_{T2-T3}=-2.45*	Z_{T2-T3}=-2.74*	Z_{T2-T3}=-2.14

采用 Friedman 检验对轻度、中度、重度智力障碍儿童在 T1、T2、T3 三个时间点上的亲社会行为得分进行 K 个相关样本的非参数检验，结果显示，轻度、中度、重度智力障碍儿童前、中、后测的亲社会行为得分均存在非常显著的差异（ χ^2=24.00，$p<0.001$ ； χ^2=24.00，$p<0.001$ ； χ^2=13.04，$p<0.01$ ）（表 8-8）。多重比较结果表明，轻度智力障碍儿童干预前（T1）的亲社会行为水平显著低于干预 7 周后（T2）（ Z_{T1-T2}=-2.45，$p<0.05$ ），并显著低于干预 13 周后（T3）（ Z_{T1-T3}=-4.90，$p<0.001$ ），且干预 7 周后（T2）的亲社会行为水平也显著低于干预 13 周后（T3）（ Z_{T2-T3}=

−2.45，*p*<0.05）；中度智力障碍儿童干预前（T1）的亲社会行为水平显著低于干预13周后（T3）（Z_{T1-T3}=−4.93，*p*<0.001），且干预7周后（T2）的亲社会行为水平也显著低于干预13周后（T3）（Z_{T2-T3}=−2.74，*p*<0.05），但干预前（T1）与干预7周后（T2）的亲社会行为水平的差异不显著（Z_{T1-T2}=−2.19，*p*>0.05）；重度智力障碍儿童干预前（T1）的亲社会行为水平显著低于干预13周后（T3）（Z_{T1-T3}=−3.34，*p*<0.01），但干预前（T1）与干预7周后（T2）、干预7周后（T2）与干预13周后（T3）的共情水平之间并无显著差异（Z_{T1-T2}=−1.07，*p*>0.05；Z_{T1-T3}=−2.27，*p*>0.05）（表8-8）。

表8-8 不同障碍程度儿童的亲社会行为在T1、T2和T3的平均数、标准差及差异比较

项目	轻度	中度	重度
	$M\pm SD$	$M\pm SD$	$M\pm SD$
T1	3.44±0.52	2.98±0.57	1.85±0.30
T2	3.98±0.59	3.17±0.52	1.92±0.44
T3	4.08±0.58	3.33±0.49	2.06±0.43
χ^2	24.00	24.00	13.04
p	0.000	0.000	0.001
成对比较	Z_{T1-T2}=−2.45*	Z_{T1-T2}=−2.19	Z_{T1-T2}=−1.07
	Z_{T1-T3}=−4.90***	Z_{T1-T3}=−4.93***	Z_{T1-T3}=−3.34**
	Z_{T2-T3}=−2.45*	Z_{T2-T3}=−2.74*	Z_{T2-T3}=−2.27

第四节 智力障碍儿童亲社会行为综合干预的效果分析

一、综合干预对智力障碍儿童亲社会行为总体发展的促进作用

从参与实验的智力障碍儿童在T1、T2、T3共情和亲社会行为总分的情况来看，在统计学意义上，智力障碍儿童的共情和亲社会行为总分在干预7周后和干预13周后都较干预前有提高，且干预13周后较干预7周后也有明显提高，这表明依托

基于共情训练的综合干预方案对智力障碍儿童进行针对性、系统性的干预,对其共情和亲社会行为的整体发展具有显著的促进作用。

　　综合干预之所以更有利于促进智力障碍儿童共情和亲社会行为的发展,就在于无论是共情还是亲社会行为都是一种综合能力,与儿童认知、情感和行为技能等各方面能力的发展都有着密不可分的联系,而智力障碍给儿童的发展带来的障碍具有普遍性,即会给儿童的感知、注意、记忆、思维及情绪情感的理解与辨别等各方面心理发展带来不良影响[①],致使其认知、情绪情感及行为技能等各个方面的能力都处于比较低的水平,即其各方面能力都需要进行训练,孤立地看待某一个发展领域都远不如综合的方法更有效。正因为如此,对智力障碍儿童进行全面、综合、系统的教育干预,已成为当今国际特殊教育界研究的重点[②],也被证明是一种有效的干预方法[③]。从国内外研究提出的儿童共情训练及亲社会行为培养策略来看,情绪(表情)的识别、角色扮演、情境讨论、故事教学、榜样示范等策略在本实验干预方案中都得到了体现,如在表情和情绪干预中,涉及情绪(表情)的识别;在儿童图画故事干预中,涉及故事教学、情境讨论、角色扮演及榜样示范等训练。同时,本干预方案并不是单纯地把上述不同的干预方法简单累加合并进行使用,而是根据智力障碍儿童的发展特点以及共情与亲社会行为形成和发展的规律,既以儿童图画故事来突破当前智力障碍儿童共情训练载体选择的困境,又以各种干预方法和手段有机整合实现了干预方法的系统化与综合化,故而能够有效地促进智力障碍儿童共情和亲社会行为水平的整体提高。

二、综合干预对智力障碍儿童亲社会行为不同维度的促进效果

　　本研究结果显示,综合干预对智力障碍儿童共情不同维度的促进作用存在差异。具体而言,智力障碍儿童的认知共情水平在干预 7 周后虽较干预前有所提高,

---

　　① 肖非. 智力落后儿童心理与教育[M]. 沈阳:辽宁师范大学出版社,2002:93-99;Lott I T, Dierssen M. Cognitive deficits and associated neurological complications in individuals with Down's syndrome[J]. Lancet Neurology,2010(6):623-633.

　　② 胡晓毅. 美国自闭症幼儿早期综合干预研究[J]. 中国特殊教育,2013(7):20-27,34.

　　③ 赵梅菊,邓猛,雷江华. 综合干预对提高自闭症儿童社会适应能力的研究[J]. 郑州师范教育,2012(5):17-22.

但与干预前的水平并无统计学意义上的差异，直到干预 13 周后，其认知共情得分才与干预前具有非常显著的差异。智力障碍儿童情绪共情的得分则在干预 7 周后就极其显著地高于干预前，干预 13 周后的水平也显著高于干预 7 周后的水平。这说明综合干预对智力障碍儿童共情不同维度的促进效果存在差异，情绪共情水平的提升速度较快，干预 7 周就会产生明显变化，提升认知共情水平则比较困难，但并非没有可能性，只是所需时间较长，需要干预 13 周后才能产生显著变化。

综合干预对智力障碍儿童共情不同维度促进效果的差异可能与认知共情和情绪共情的产生机制不同有关，也与智力障碍儿童的发展特点有关。情绪共情发展的机制在于共享表征的发展[①]。通过针对性干预，智力障碍儿童的自我他人共享表征会逐渐变得更加丰富和更精细，其情绪共情会由此而逐步发展起来。认知共情的发展机制则在于个体能对自我与他人的表征加以区分，同时能够抑制自我中心化[②]。由于认知方面存在着障碍，智力障碍儿童在突破刻板的情绪感染、摆脱自我中心的禁锢方面面临较大困难，故而干预认知共情需要较长时间才能产生效果。这提示我们，通过适当的教育干预，智力障碍儿童的认知共情和情绪共情水平都可以得到提高，但认知共情干预是一项十分复杂而艰巨的任务，需要有更大的耐心，只有经过较长时间的努力和坚持不懈的探索，才能逐步提升其认知共情水平。

亲社会行为是一个多维度、多层次的复杂系统，在有限的时间内对其进行整合性干预并非易事。在本研究中，从智力障碍儿童亲社会行为不同因子在 T1、T2 和 T3 测试结果的比较分析可以看出，在干预 7 周后，智力障碍儿童的亲社会行为二阶因子与一阶因子水平都显著高于干预前，干预 13 周后的水平又显著高于干预 7 周后。这说明基于共情训练的亲社会行为综合干预对全方位提升智力障碍儿童的亲社会行为水平是可行和有效的。这一结果与韦小满等的干预研究结果不一致，韦小满等对北京市西城区培智中心学校 6 名智力障碍儿童进行的干预研究显示，对智力障碍儿童合作行为的干预效果显著，但对分享行为的干预效果不显著[③]。这可能是因为该项干预研究虽然综合运用了行为示范与讲解、角色扮演及相关活动、适宜行为的及时强化、行为迁移训练，但该干预方案还是更多地偏重于情绪共情训

---

① 黄翯青，苏彦捷. 共情的毕生发展：一个双过程的视角[J]. 心理发展与教育，2012（4）：434-441.

② Decety J，Lamm C. Human empathy through the lens of social neuroscience[J]. The Scientific World Journal, 2006（3）：1146-1163；张慧，苏彦捷. 自我和他人的协调与心理理论的神经机制[J]. 心理科学进展，2008（3）：480-485.

③ 韦小满，焦青，金星等. 弱智学生合作与分享行为的干预实验研究[J]. 中国特殊教育，2005（11）：5-8.

练，且干预的频度和强度都非常有限，1周仅实施了1次，仅持续了3周。本研究综合了多种干预措施，对智力障碍儿童的认知共情、情绪共情和行为技能等各方面的能力均进行了干预，干预的频度与强度也远大于之前的研究，因而使智力障碍儿童亲社会行为的各个因子的水平都得到了明显提高。由此来看，寻求更多的途径，采取更加有效的干预措施，进行锲而不舍的综合干预，可以有效地促进智力障碍儿童亲社会行为水平的提升。

三、综合干预对不同智力障碍程度儿童亲社会行为的促进效应

本研究以不同障碍程度的儿童作为实验对象进行干预，研究结果表明，综合干预对不同障碍程度儿童共情和亲社会行为的促进效应存在差异。轻度智力障碍儿童干预7周后的共情和亲社会行为的得分均显著高于干预前，干预13周后的共情和亲社会行为的得分显著高于干预前，并显著高于干预7周后。中度智力障碍儿童干预7周后的共情的得分也显著高于干预前，干预13周后的共情的得分则极其显著地高于干预前，并显著高于干预7周后；干预7周后亲社会行为的得分虽较干预前有所提高，但与干预前并无显著差异，干预13周后亲社会行为的得分则极其显著地高于干预前，且显著高于干预7周后。重度智力障碍儿童干预7周后的共情与亲社会行为的得分虽相对干预前有所提高，但与干预前的差异并不显著，干预13周后共情和亲社会行为的得分则非常显著地高于干预前；干预13周后的共情和亲社会行为的得分虽较干预7周后有所提高，但干预13周后与干预7周后的水平并不具有统计学意义上的差异。综合干预对三类障碍程度儿童的效应差异可能与不同障碍程度儿童的理解能力和体验深度不同有关。轻度智力障碍儿童的认知发展水平虽低于普通儿童，但相对于其他两类障碍程度儿童而言，理解能力比较好，体验也更深刻，故而7周的干预就能显著提高其共情和亲社会行为水平；中度智力障碍儿童的认知发展水平居于中等，7周的干预虽使其共情水平得到明显提高，但无法显著提高其亲社会行为水平，13周的干预才使其亲社会行为水平得到明显提高；重度智力障碍儿童的认知发展水平低下，理解能力非常有限，因此7周的干预既未能显著提高其共情水平，也未能显著提高其亲社会行为水平，13周的干预则既可显著提高其共情水平，也可显著提高其亲社会行为水平。这提示我们，基于共情训

练的亲社会行为综合干预可以使不同障碍程度儿童的共情和亲社会行为水平得到明显提高, 即综合干预具有跨障碍群体的适用性, 但对不同障碍程度儿童产生效果的时间有所不同, 轻度智力障碍儿童提高较快, 7 周的干预即可产生显著效果, 重度智力障碍儿童提高最慢, 需要 13 周的干预才能有明显变化。因此, 对于中度和重度智力障碍儿童干预, 需要具有足够的耐心, 只有长期持续不断地进行干预训练, 才能逐步提高其共情与亲社会行为水平。

第九章

基于原型理论的智力障碍儿童
亲社会行为探索反思

　　本书从原型理论视角和中国文化背景出发，以智力障碍儿童亲社会行为作为主题，按照"现象"（结构探讨、现状分析）—"机制"（影响路径分析）—"促进"（干预方案编制与验证）的逻辑思路进行了系统研究。本章将对前期研究结果进行综合讨论，对智力障碍儿童亲社会行为的结构与特征、学校生态系统的影响模式及路径以及基于共情训练的综合干预模式进行全面探讨，从而为该领域的进一步研究和实践探索奠定基础。

第一节　智力障碍儿童亲社会行为的结构与典型特征

一、智力障碍儿童亲社会行为结构模型的建构与验证

（一）智力障碍儿童亲社会行为结构的理论建构

　　智力障碍儿童亲社会行为具有怎样的内部结构？这是一个关涉如何在操作层面上对智力障碍儿童亲社会行为进行鉴别、筛选和有效干预的基础问题，也是对后续研究具有奠基性意义和方向性作用的重要理论问题，对其进行研究的意义不言而喻。本书研究对这一问题的回答与解释则是对研究取向、理论视角、文化适宜性、测试方式的适宜性和概念结构的框架层次等问题的深入思考。

1. 厘清研究的取向和理论视角

　　选择适宜的研究取向和理论基础是决定对亲社会行为结构的探讨科学、合理的前提与必要条件。本书通过梳理有关理论与实证研究文献，辨析理论分析取向和实证分析取向，探讨了亲社会行为结构依托的理论基础与学术立场，以及各自构建起来的亲社会行为概念结构和核心要素。本书研究发现，从经典理论视角出发探讨亲社会行为概念结构存在诸多不足，一方面忽略了特定群体对于亲社会行为的原始认识；另一方面也使人们对亲社会行为结构的理解仅仅局限于利他行为，一些代价较低和利他特征不明显的行为常被研究者排除在视野之外[①]，这既不利于全面考

　　[①]　寇彧. 如何评价青少年群体中的亲社会行为[J]. 教育科学，2005（1）：41-43.

察智力障碍儿童亲社会行为本身的发展特点和群体特点，也不利于人们充分认识亲社会行为社交性的特征以及其在智力障碍儿童社会融入和社会适应中具有的重要价值，最终会削弱智力障碍儿童亲社会行为教育的效果和效益。本书研究同时发现，从原型理论视角出发研究亲社会行为这样一个复杂心理构念，具有一定的科学性和合理性，可以有效弥补以往亲社会行为相关研究的不足。因此，本书研究最终将智力障碍儿童亲社会行为概念结构探究的取向和理论确立为实证分析取向和原型理论。

2. 明晰研究的文化适用性

采用原型理论建构亲社会行为的内部结构是基于"特定群体的原始认识"进行概念分析的，而特定群体对亲社会行为的认识又可能会因为文化的不同而有所不同①。以中国为代表的东方文化有其独特的亲社会取向特点②，这意味着在中国背景下探讨智力障碍儿童亲社会行为的内部结构时，中国本土的文化元素不容忽视。鉴于适应并融入普通社会是智力障碍儿童发展的最终目标，本书研究则从融合的视角出发，基于张庆鹏和寇彧等采用的原型范式研究、通过群体焦点访谈提炼出的中国青少年认同的43种亲社会行为类型，以及其运用青少年主观评定、记忆实验等方法建立并验证的中国青少年认同的亲社会行为四维度模型③，探讨了我国智力障碍儿童亲社会行为的结构，从而确保研究结果的文化适用性。

3. 正视测评方式的适宜性

从现有的亲社会行为测评方式来看，既有自评也有他评。自评对被研究者自身的认知和阅读理解能力都有比较高的要求，且因亲社会行为是符合社会期望、具有明显积极社会意义的"好行为"，被试在对其亲社会行为进行自我报告时，难免会在社会称许的影响下而表现出高估倾向。故而对阅读和理解能力有限的低幼儿童实施亲社会行为测评，国内外通常采用由最熟悉的人进行他评④。本书研究要测评的是智力障碍儿童的亲社会行为，其认知能力普遍落后于普通儿童，广泛存在着阅读和理解的困难，对于这一群体而言，自我报告的测评方式显然不太适宜，同伴他评也难以实施。培智教育教师与智力障碍儿童有着广泛的密切接触，他们是除家长之外对智力障碍儿童最熟悉的人，对于长期住宿的智力障碍儿童而言，教师对其行

① 迟毓凯. 人格与情境启动对亲社会行为的影响[D]. 上海：华东师范大学，2005：63-73.

② 金盛华，郑建君，辛志勇. 当代中国人价值观的结构与特点[J]. 心理学报，2009（10）：1000-1014；张雪娇，刘聪慧. 亲社会行为中的"眼睛效应"[J]. 心理科学进展，2017（3）：475-485.

③ 张庆鹏，寇彧. 青少年亲社会行为测评维度的建立与验证[J]. 社会学研究，2011（4）：105-121，244.

④ Grusec J. Socializing concern for others in the home[J]. Developmenfal Psychology，1991（2）：338-342.

为的了解程度甚至超过了家长，因此本书研究采用教师他评的测评方式，既破解了智力障碍儿童亲社会行为测评的困境，又赋权于最熟悉智力障碍儿童的老师。

4. 探析模型的框架层次

张庆鹏和寇彧等从理论层面上构建的亲社会行为多维度类别体系是对传统简单分类模式的一种超越，有助于开拓亲社会行为研究领域的理论视角，突破已有研究对亲社会行为界定的线性框架。值得注意的是，亲社会行为四因子模型的每一因子是否还存在复杂的内部关系，这一问题尚未得到清晰的回答。然而，这是一个值得关注并进行深入研究的重要问题，因为它不仅关系到能否在更立体化的框架下从微观层面分析"行为表现"的不同种类，而且是一个关涉能否建立更为科学完善、更有针对性的亲社会行为培养及干预体系的现实问题。本书研究则基于以上考虑，对亲社会行为四因子模型下每一个因子包含的行为要素展开进一步分析，结果发现，除利他性因子外，其他 3 个因子又可划分出两个子维度，由此提出了智力障碍儿童亲社会行为二阶四因子一阶七因子模型假设。

（二）智力障碍儿童亲社会行为结构模型的验证

本书研究提出的智力障碍儿童亲社会行为二阶四因子一阶七因子模型是否具有科学性和合理性？是否比之前的单因子模型和四因子模型更优？为了回答此问题，笔者根据这一理论构想编制了一套适用于中国文化的教师他评版智力障碍儿童亲社会行为测评工具，并进行了全方位的心理测量学检验。除常规结构效度分析、内部一致性信度分析之外，还对测评工具进行了聚合效度、内容效度分析，这不仅丰富了该工具的测量学证据，而且使智力障碍儿童亲社会行为的内部结构得到了进一步的验证。检验结果表明，智力障碍儿童亲社会行为二阶四因子一阶七因子模型的测量学特征明显优于单因子模型和四因子模型，从而证实了亲社会行为是一个多维度、多层次的类别体系。大样本测试结果也证明，该模型与基于行为测评问卷取得的数据有较好的拟合，表明按照此模型编制的智力障碍儿童亲社会行为问卷具有一定的稳定性和可靠性，可以作为中国文化情境下智力障碍儿童亲社会行为的测查工具进行大范围的鉴别和干预。因此，本书研究是对已有的亲社会行为四维模型的进一步深化和丰富，研究结果将亲社会行为纳入了一个多维度、多层次、立体化的框架结构体系之中，这不仅有助于客观地诠释智力障碍儿童亲社会行为的复杂内涵和内容结构，而且为深入开展智力障碍儿童亲社会行为的实证研究奠定了一定的基础。

二、智力障碍儿童亲社会行为的典型特征

智力障碍儿童亲社会行为的发展现状如何？具有怎样的特征？这不仅是学术界关注的问题，也是从事智力障碍儿童亲社会行为培养与干预实践的研究者关注的现实问题。本书研究采用自编评估问卷对智力障碍儿童群体进行了调查分析，从调查内容来看，本书研究是基于原型概念表征的视角，在二阶四因子一阶七因子的框架范围内对智力障碍儿童亲社会行为进行的调查；从样本量来看，本书研究是对智力障碍儿童亲社会行为进行的大样本调查，样本涉及 23 个省（自治区、直辖市）的 72 所特殊教育学校。因而，本书研究能更为客观、全面、系统、准确地描述智力障碍儿童亲社会行为的整体特征、发展趋势，能对之前诸多悬而未决的问题予以有效解答。总体而言，智力障碍儿童亲社会行为具有以下三个方面的典型特征。

（一）智力障碍儿童亲社会行为整体发展水平偏低

本书研究结果表明，整体而言，智力障碍儿童的亲社会行为发展水平偏低。具体而言，一方面体现为智力障碍儿童亲社会行为的总均分不高。这一结果与采用较大样本且记录多种亲社会行为的已有研究结果基本一致[1]，也与智力障碍群体存在社会适应障碍的现实情况[2]比较吻合，符合研究的预期。这说明只有基于原型概念表征的理论基础和我国当前文化氛围，兼顾被试自身所具有的各种人口学变量，采用大样本分层抽样调查，才能够比较客观地反映智力障碍儿童亲社会行为的全貌和发展本质。这提示我们，在研究智力障碍儿童亲社会行为时，需要综合考虑评定的内容和范围、测试的任务和性质、文化适用性、被试的取样不同以及样本大小等各种因素，以免因单纯考虑某一因素的影响时，会因对被背景变量考虑不周而使研究结果出现偏差。另一方面体现为智力障碍儿童亲社会行为内部发展的不平衡性。本书研究发现，智力障碍儿童亲社会行为在二阶因子特质性以及一阶因子增进关系、遵从习俗和宜人性上的得分显著低于在同阶其他因子上的得分；而在二阶因子遵规与公益性和一阶因子遵守规则上的得分显著高于在同阶其他因子上的得分。

---

① 魏芳. 中度智力落后儿童亲社会行为与心理理论的关系[D]. 上海：上海师范大学，2014：24.

② 刘春玲，马红英. 智力障碍儿童的发展与教育[M]. 北京：北京大学出版社，2011：105；Thorn S H, Bamburg J W, Pittman A. Psychosocial treatment malls for people with intellectual disabilities[J]. Research in Developmental Disabilities，2007（5）：531-538.

这表明智力障碍儿童亲社会行为的发展水平和培智教育的重心还处于以遵守规则为主的阶段，其形成和发展的主要是相对外部指向的依从性、被动性的亲社会行为，而相对内部指向的、主动的亲社会行为明显滞后，这在一定程度上说明智力障碍儿童亲社会行为的低下不仅体现在总体数量上，而且体现在质量上，也为智力障碍儿童亲社会行为的培养和干预指明了精准发力的方向。

（二）智力障碍儿童亲社会行为具有发展的阶段性

本书研究结果表明，智力障碍儿童亲社会行为的年级段差异显著，并呈现出从小学低段到初中段逐渐增长的发展趋势，此结果与有关智力障碍儿童亲社会行为年龄发展特征的研究结果基本一致，也与有关智力障碍儿童适应发展趋势的研究结果比较契合①。这提醒我们，虽然智力障碍给儿童的亲社会行为发展带来了诸多不利影响，使其起点低、发展迟缓，但其亲社会行为也并非停滞不前，而是与适应行为一样，具有发展性和一定的发展潜力，在教育与干预训练的影响下，他们的亲社会行为水平依然会随着年级段的升高而不断提升。本书研究结果也表明，智力障碍儿童的亲社会行为从初中段开始之后的发展趋势与普通青少年有所不同，普通青少年的亲社会行为从初中阶段开始出现减少现象②，但智力障碍儿童的亲社会行为一直保持继续增加的趋势，只是到了高中和职高阶段才进入"平原期"。这可能是因为智力障碍儿童的亲社会行为在发展过程中虽然面临着智力受损所带来的诸多不良影响，但也会因为拥有一些保护性因素，而使智力障碍儿童的亲社会行为发展呈现出特异的趋势，从小学到初中都是其亲社会行为的快速增长期。这意味着从小学低段到初中段，为智力障碍儿童提供合适的教育和训练，给予其积极的、正面的引导，都会有效促进其亲社会行为水平的提升，并能持久维持下去。

（三）智力障碍儿童亲社会行为具有显著的群体差异性

第一，既有障碍类型的差异，也有障碍程度的差异。本书研究在对智力障碍儿童亲社会行为障碍类型的差异进行比较的同时，也对障碍程度的差异进行了分析。结果发现，从整体而言，唐氏综合征儿童的亲社会行为并未比除智力障碍合并孤独

──────────

①　韦小满. 智力落后儿童适应行为发展的研究[J]. 北京师范大学学报（社会科学版），1997（1）：37-43；申仁洪. 西南少数民族特殊儿童社会适应性研究[M]. 重庆：重庆大学出版社，2014：230-239.

②　Carlo G，Randall B A. The Development of a measure of prosocial behaviors for late adolescents[J]. Journal of Youth and Adolescence，2002（1）：31-44；张梦圆，杨莹，寇彧. 青少年的亲社会行为及其发展[J]. 青年研究，2015（4）：10-18，94.

症以外的其他各类智力障碍儿童表现得更优，他们与除智力障碍合并孤独症以外的其他各类智力障碍儿童亲社会行为的差异只是体现在某些具体领域。智力障碍儿童的亲社会行为水平整体都比较低下，但一个儿童身上同时伴有的障碍种类越多，对亲社会行为发展造成的困难就越大，其中智力障碍合并孤独症的双重障碍给儿童社会性发展带来的困难最为严重①，故而智力障碍合并孤独症儿童的亲社会行为无论是在总分上还是在二阶各个因子及一阶各个因子上的得分都处于最低水平。不过相对而言，脑瘫合并智力障碍这一特殊的多重障碍给儿童亲社会行为发展造成的困难要小于其他多重障碍，所以这一障碍类型的儿童与一般性智力障碍儿童亲社会行为的差异不显著。智力障碍程度是影响儿童亲社会行为的重要因素，它不仅与智力障碍儿童亲社会行为的质量有关②，还与智力障碍儿童亲社会行为的数量有关。

　　由此可见，智力障碍对儿童亲社会行为的影响交织着障碍类型和障碍程度两个方面的复合作用。因此，考察智力障碍对儿童亲社会行为的影响时，统计学上的标准应该更严格一些，应将障碍类型和障碍程度都纳入考虑范畴。在衡量智力障碍程度时，则应秉承智力障碍的双重标准，从智力和适应能力两个方面进行综合考评。然而，适应行为在智力障碍程度的衡量中从未获得与智商同等的地位③，直到今天，这一状况仍未从根本上得到改变。同时，还应该用发展的眼光来看待智商，因为现有儿童的智商值均是其早年智商测试的结果，而早年测试时，却有可能受限于儿童的年龄而未能准确地将其智商测试出来。如此，结合学生当前的实际水平衡量其障碍程度，则成为科学地划分障碍程度、有效开展研究的前提。

　　第二，既有性别的差异，也有学校类型的差异。虽然已有智力障碍儿童亲社会行为性别差异的研究结果并不一致，但是本书研究结果表明，智力障碍儿童亲社会行为的性别差异确实存在，这一结果也与有关智力障碍儿童适应的研究结果相符合④。这表明传统观念中对男女儿童的不同期望可能会影响智力障碍儿童亲社会行为的发展，而对其寄予适宜的积极期望更有利于促进其亲社会行为的发展。

　　本书研究结果表明，除3个一阶因子（遵守规则、维护关系和愉悦性）外，培智

---

① Matson J L，Dempsey T，Lovullo S V. Characteristics of social skills for adults with intellectual disability，autism and PDD-NOS[J]. Research in Autism Spectrum Disorders，2009（1）：207-213.

② Eisenberg N，Fabes R. Prosocial development. In W. Damon（Ed.），Handbook of Psychology[M]. New York：Wiley，1998：701-747.

③ Greenspan S. Functional concepts in mental retardation：Finding the natural essence of an artificial category[J]. Exceptionality，2006（4）：205-224.

④ 王雁，王姣艳. 智力落后学生学校适应行为研究[J]. 中国特殊教育，2004（6）：32-36；申仁洪. 西南少数民族特殊儿童社会适应性研究[M]. 重庆：重庆大学出版社，2014：230-239.

学校智力障碍儿童在亲社会行为总分和其他因子上的得分均显著低于综合性特殊教育学校智力障碍儿童。智力障碍儿童亲社会行为的学校类型差异是培智教育特殊性的反映。培智学校和综合性特殊教育学校的差异主要体现在同伴社会圈子不同,综合性特殊教育学校智力障碍儿童的同伴社会圈子既有同类的智力障碍儿童,也有智力和社会行为与普通儿童比较相近的感官障碍儿童,培智学校智力障碍儿童的同伴社会圈子则仅为同类的智力障碍儿童。有研究表明,同伴社会圈子的社会化过程会影响儿童的行为[1]。综合性特殊教育学校的同伴社会圈子之所以会增强智力障碍儿童的社会化,可能在于这一圈子中的感官障碍儿童是智力及社会行为整体发展水平与普通儿童比较相近的群体,他们在同伴互动中更容易居于高影响力的中央圈子,其亲社会行为也更容易会被认为是可取的,从而被智力障碍儿童模仿和习得[2],进而促进了其亲社会行为的发展。这从某一角度说明让智力障碍儿童更多地接触普通同伴群体,给其树立正常的模仿榜样,重视并引导智力障碍儿童与同伴进行更多的互动,对智力障碍儿童亲社会行为的产生和发展具有积极而深远的影响,不仅会增加其亲社会行为发生的数量,而且会提升其亲社会行为的质量,增加其社交性的亲社会行为。

第二节　智力障碍儿童亲社会行为的
学校生态影响路径

一、智力障碍儿童亲社会行为的学校生态影响模型建构

从生态系统论的视角对儿童的社会化问题进行研究,是过去30多年来有关儿

---

　　① Abrams D, Rutland A, Cameron L, et al. The development of subjective group dynamics: When in-group bias gets specific[J]. British Journal of Developmental Psychology, 2003(2): 155-176; 陈斌斌, 李丹. 班级生态系统对儿童亲社会行为影响的研究述评[J]. 心理科学进展, 2008(5): 733-739.

　　② Gest S D, Graham-Bermann S A, Hartup W W. Peer experience: Common and unique features of number of friendships, social network centrality, and sociometric status[J]. Social Development, 2001(1): 23-40; Wentzel K R, Barry C M, Caldwell K A. Friendships in middle school: Influences on motivation and school adjustment[J]. Journal of Educational Psychology, 2004(2): 195-203.

童发展研究在研究方法和研究视角上的重要变化之一。Bronfenbrenner 的生态系统理论将个体的发展视为人与环境的复合函数，即 $D=f(PE)$，D 为个体的综合发展（development），P 为人（people），指的是个体自身的内在因素，E 为环境（environment），指的是外在的环境[①]。虽然环境包括微观、中观、外观及宏观等不同的系统，但人和环境的交互作用最终是在离个体生活最近的微观系统层面上得以具体显现的，故而微观环境对个体发展的影响最大。学校是除家庭之外与智力障碍儿童互动最密切的近体环境。按照人类发展的 PPCT 模型，学校生态系统对智力障碍儿童亲社会行为的影响是通过其两个子系统来完成的：一是师生互动子系统，主要由培智教育教师和智力障碍儿童的互动构成；二是同伴互动子系统，主要由智力障碍儿童与同伴之间的互动构成（图 9-1）。师生互动和同伴互动是影响智力障碍儿童亲社会行为产生与发展的最近过程，智力障碍儿童的个体特征和环境层面教师与同伴的具体特征则影响着最近过程的形式、动力、内容以及方向。

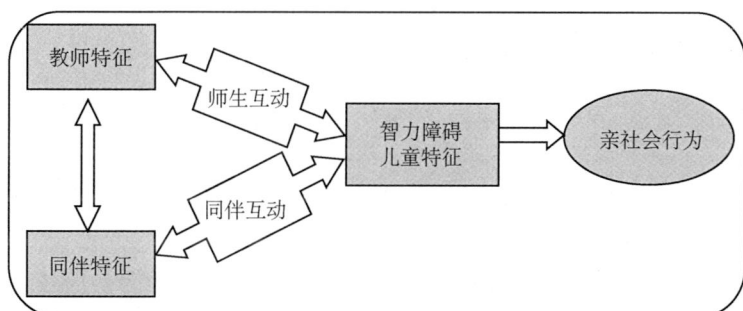

图 9-1　学校生态系统对智力障碍儿童亲社会行为的影响作用模型

二、智力障碍儿童亲社会行为的学校生态影响路径分析

（一）师生互动子系统影响路径分析

师生互动子系统是教师与学生之间互动形成的相互连接、不可分割的有机系统[②]。在师生互动子系统中，智力障碍儿童的柔弱性和不成熟性以及师生之间"不

---

① 韩会君，陈建华. 生态系统理论视域下青少年体育参与的影响因素分析[J]. 广州体育学院学报，2010（6）：16-20.

② Pianta R C. Enhancing Relationships between Children and Teachers[M]. Washington：American Psychological Association，1999：125-146.

对称的关系"①决定了师生之间的互动具有垂直关系的特性,教师在师生互动子系统中居于"领导"地位,在相当大的程度上影响并决定着智力障碍儿童亲社会行为发展的性质、方向、动力与水平。

从教师层面而言,培智教育教师的心理资本和期望在师生互动中发挥着至关重要的作用,这是由培智教育的复杂性和艰巨性决定的。按照人类发展的 PPCT 模型,从培智教育教师心理资本在师生互动过程中所扮演的角色和发挥的作用来看,心理资本属于培智教育教师个体"人的特征"中的资源特征,可为工作中的培智教育教师补充实现工作要求消耗的工作资源,提供更多的心理能量,保持工作的活力;而教师期望应当归属于动力特征,是发展性生成特征,有利于教师为智力障碍儿童亲社会行为的发展创设更加温馨的环境、教授更多的内容、为其提供更多的回答和提出问题的机会和给予其更多的反馈,从而促进儿童亲社会行为水平的提高。从儿童层面而言,智力障碍儿童本身的特质共情作为一种重要的动力特征,也在师生互动系统中发挥着举足轻重的作用。因为亲社会行为作为一种外部行为表现,其产生和发展必然与儿童的心理有着复杂的关系,而共情作为对他人内在情绪和感受的认识与体验,必然会在人际互动中对个体的行为产生影响。

本书研究结果表明,教师心理资本、教师期望以及智力障碍儿童的特质共情对智力障碍儿童亲社会行为的影响作用不是简单、直接的线性关系,而是存在复杂的影响作用机制(图 9-2)。教师心理资本对智力障碍儿童亲社会行为的影响有两条路径:一是通过教师期望这一完全中介变量来间接影响智力障碍儿童的亲社会行为;二是通过教师期望-智力障碍儿童特质共情这一链式中介作用来间接影响智力障碍儿童的亲社会行为。

(二)同伴互动子系统影响路径分析

培智类班级的小班额制和特殊教育学校的小规模化以及校园活动的特殊组织方式,使智力障碍儿童与同伴的互动往往会突破班级的局限,拓展至学校范围。智力障碍儿童与同伴之间的互动具有水平关系的特征②,即具有更强的平等性和互惠性。同伴生态子系统会从同伴和儿童两个层面对智力障碍儿童的亲社会行为产生

---

① Joldersma C W. Pedagogy of the other: A Levinasian approach to the teacher-student relationship[J]. Philosophy of Education Archive, 2001: 181-188; 陶丽, 靳玉乐. 论师生互动中的教师领导——基于机体哲学的思考[J]. 教育理论与实践, 2017 (7): 51-55.

② 桑标. 当代儿童发展心理学[M]. 上海: 上海教育出版社, 2003: 375-376.

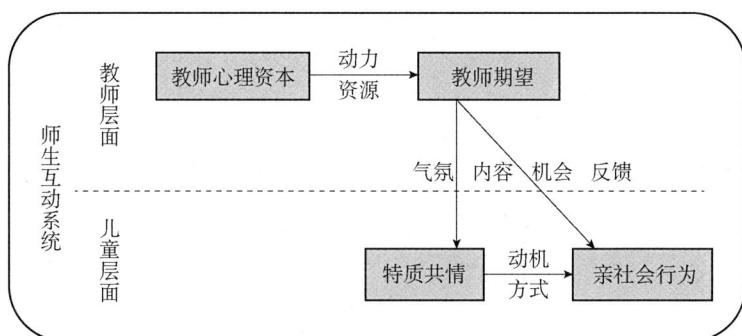

图 9-2　师生互动系统对智力障碍儿童亲社会行为的影响路径

影响。在同伴层面上，同伴关系会对智力障碍儿童的亲社会行为产生影响；在儿童层面上，智力障碍儿童本人的情绪和特质共情也会对智力障碍儿童的亲社会行为产生影响。在同伴互动过程中，两个层面对智力障碍儿童亲社会行为的影响既有直接作用，也有比较复杂的间接作用（图 9-3）。其中，群体层面的同伴关系（接纳或排斥）对智力障碍儿童这一特殊群体亲社会行为的产生和发展具有非常重要的影响，同伴接纳会促进智力障碍儿童亲社会行为的产生，同伴排斥则会造成其亲社会行为的减少。但同伴关系并非直接影响智力障碍儿童的亲社会行为，而是通过情绪这一中介变量来间接影响其亲社会行为，即同伴接纳通过引起积极的情绪，从而增强其亲社会行为的动机和实际的亲社会行为；同伴排斥则通过引起消极的情绪而减少其亲社会行为的动机和实际的亲社会行为。在同伴关系影响智力障碍儿童亲社会行为的过程中，特质共情作为个体相对稳定的一种心理品质，会单独对其亲社会行为产生直接作用。

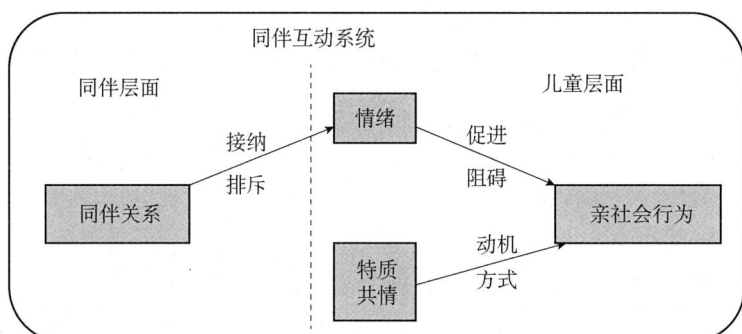

图 9-3　同伴互动系统对智力障碍儿童亲社会行为的影响路径

按照社会信息加工理论，人际关系具有情绪高唤醒的特性，故而不遵循信息加工的普通过程而产生优先加工效应，即这种加工是无须考虑的，是一种快速、自动、非理性的加工，可能是经典条件反射的加工①。自我增强取向的亲社会行为产生路径显示，社会认知加工过程并非在能动性和社交性两个维度上平行进行，社交维度上的情感过程会优先发生，换言之，情感对行为反应的影响权重更大②。Dickert等提出的捐赠模式的二阶模型认为，亲社会决策分为两个阶段：第一阶段的认知决策主要受个体自身情绪管理的影响，第二阶段的认知决策主要受个体对他人共情感受体验的影响③。基于以往的实证研究和理论分析，我们可以推论，在特定情境中，同伴生态系统对智力障碍儿童亲社会行为的影响应该是按照以下路径进行的：首先，智力障碍儿童体验到的是同伴关系（接纳或排斥），即同伴关系会被优先加工，由此引发情绪的变化，从而促进或阻碍亲社会行为动机的产生，之后其特质共情发挥作用，最终决定亲社会行为的动机和实施方式。

第三节　智力障碍儿童亲社会行为综合干预模式探讨

一、智力障碍儿童亲社会行为综合干预模式建构

笔者通过前期对智力障碍儿童亲社会行为影响路径的研究发现，共情是学校生态系统对智力障碍儿童亲社会行为的影响路径中至关重要的个体因素之一，故而选择以共情训练作为突破口来对智力障碍儿童的亲社会行为进行干预训练。由于共情和亲社会行为的概念结构在很长的一段时间一直都语焉不详，即二者的内部结构并非自明的，研究者通过采用共情训练的方式提升儿童亲社会行为水平的

---

① Crick N R，Dodge K A. A review and reformulation of social information-processing mechanisms in children's social adjustment[J]. Psychological Bulletin，1994（1）：74-101.

② Fiske S T，Cuddy A J C，Glick P. Universal dimensions of social cognition：Warmth and competence[J]. Trends in Cognitive Sciences，2007（2）：77-83；张庆鹏，寇彧. 自我增强取向下的亲社会行为：基于能动性和社交性的行为路径[J]. 北京师范大学学报（社会科学版），2012（1）：51-57.

③ Dickert S，Sagara N，Slovic P. Affective motivations to help others：A two-stage model of donation decisions[J]. Journal of Behavioral Decision Making，2011（4）：361-376.

干预实践探索就难免会出现关注领域不全面的问题，如传统干预较为关注情绪共情而弱化了认知共情①、偏重单一干预方式的短期效应②以及仅针对某一或某几项亲社会行为进行干预③，缺乏对亲社会行为整体的干预，且干预方案多针对普通青少年而设计，不太适宜直接推广到智力障碍儿童身上。由此来看，通过共情训练提升儿童亲社会行为水平这一研究主题从未过时。对于智力障碍儿童这样一个特殊群体而言，这是一个更具有挑战性，同时也更具研究价值的问题。因此，本书研究以构建的智力障碍儿童亲社会行为二阶四因子一阶七因子模型包含的行为要素为干预目标，基于目前得到公认的共情两成分理论和共情产生的 SOME 模型，结合智力障碍儿童的认知特点，初步建构了基于共情训练的智力障碍儿童亲社会行为综合干预模式（图 9-4）。

综合干预模式共包括两个部分，即表情和情绪干预、儿童图画故事干预。每一部分都涉及认知共情和情绪共情两种训练。表情和情绪干预由三个训练活动组成：情绪与表情认知（情绪命名、表情模仿和各种情绪状态下表情特征的总结）、自我情绪识别（各种情境下自我情绪的辨别及自我情绪与表情的匹配）、他人情绪识别（图片人物情绪识别和同学情绪识别）。儿童图画故事干预是以蕴含亲社会行为主题要素的儿童图画故事作为素材进行的干预活动。综合干预模式是针对传统单一、割裂训练方法的不足而做的改进，有利于促进智力障碍儿童共情和亲社会行为整体水平的提高。

二、智力障碍儿童亲社会行为综合干预模式分析

（一）表情和情绪干预：基础训练阶段

表情和情绪干预是基于表情和情绪与共情、亲社会行为的密切关系以及智力障碍儿童情绪分化不足的特点设计而成④。情绪与表情的匹配活动旨在让智力障碍

---

① 寇彧，王磊. 儿童亲社会行为及其干预研究述评[J]. 心理发展与教育，2003（4）：86-91.

② 陈旭. 情境讨论、榜样学习和角色扮演对儿童助人行为影响的实验研究[J]. 西南师范大学学报（哲学社会科学版），1995（1）：30-35.

③ 韦小满，焦青，金星等. 弱智学生合作与分享行为的干预实验研究[J]. 中国特殊教育，2005（11）：5-8.

④ 魏锦. 情绪面部表情识别能力和亲社会行为的关系——趋近-回避动机观视角[D]. 北京：首都师范大学，2012：12-46；王涛. 利用情绪分化训练促进中度智力障碍儿童人际交往[D]. 武汉：华中师范大学，2008：7-8.

认知共情训练 ⟷ 情绪共情训练

图片人物情绪识别
同学情绪识别（照片及视频）

表情和情绪干预
- 他人情绪识别
- 自我情绪识别
- 情绪与表情认知

识别他人情绪
分辨自我情绪

情绪命名
表情模仿
表情典型特征总结

儿童图画故事干预

拓展训练（追忆与未来取向）
- 行为迁移意识培育
- 感受对比推己及人

原故事、改编故事角色扮演
- 行为实践价值内化
- 具身体验换位思考

图画故事情境讨论
- 价值澄清
- 认知与体验深化

儿童图画故事聆听与观看
- 情感体验
- 行为认知

亲社会行为养成
- 技能习得价值认同
- 认知理解情绪体验

基础训练 → 发展训练

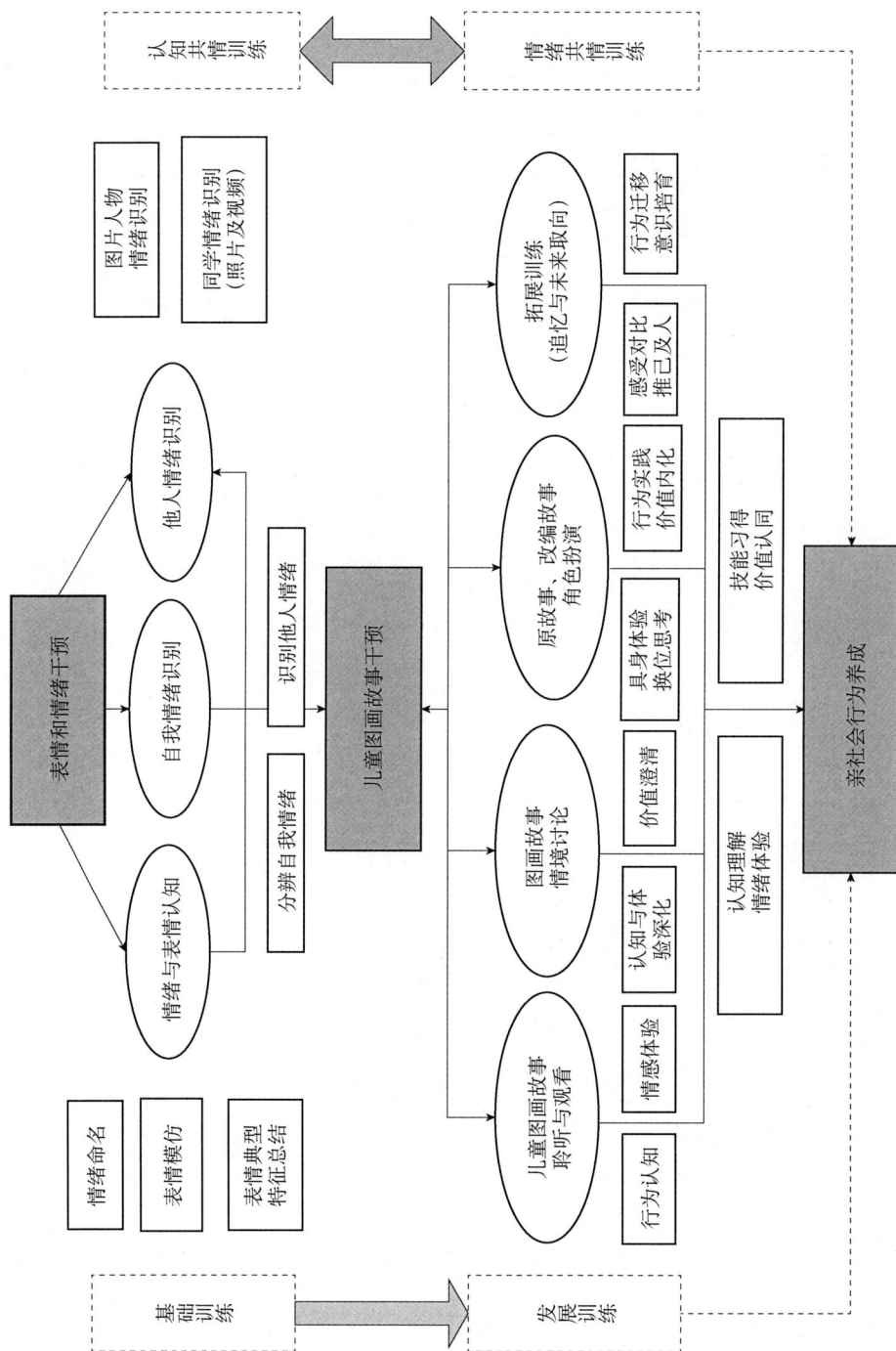

图9-4　基于共情训练的智力障碍儿童亲社会行为综合干预模式

儿童认识基本的情绪，学会分辨并体验各种情绪下的面部表情特征，从而促进其情绪线索分类系统和情绪表征系统的发展。自我情绪辨别及其与表情的匹配活动旨在让儿童学会分辨自己在不同情境下的情绪。他人情绪的识别活动则主要是让儿童学会体察他人的表情，并由此来推测和了解他人的情绪。由自我情绪的辨别及其与表情的匹配活动推进到他人情绪的识别活动，是由"自我"转向"他人"的过程，这两个活动不仅有利于促进儿童情境理解系统和情绪线索分类系统的发展，而且有助于其镜像神经元系统以及心理理论系统功能的发展，同时还可以促进其自我/他人转换开关功能的增强。

（二）儿童图画故事干预：发展训练阶段

儿童图画故事干预是基于儿童图画故事的故事性和图文合奏协同演绎故事的方式，以及智力障碍儿童认知发展水平低下的特性设计而成。该干预活动以儿童图画故事为立足点，设计了四个干预环节。其中，故事讲解是让儿童用视觉和听觉双重感觉通道来感受故事，以突破其语言等认知能力限制带来的障碍，激发其聆听和前阅读的兴趣，使其更好地从"旁观者"的立场和视角来体会故事情境中复杂的价值冲突，体察故事人物的态度、情绪和观点，理解故事的情节。同时，借助生动、具象的图画展示出的动作和情绪，使其产生身体的在场性，形成有关他人动作和情绪情感的心理表征，或产生知觉-行动机制，激发其对故事人物的情绪共情，进而增强其情境理解系统、情绪线索分类系统、心理理论系统和镜像神经元系统的功能。故事情境讨论则是引导儿童进一步思考故事人物亲社会行为发生的背景、实施的原因、实施的方式及实施后的结果，了解他人何以产生某一想法和感受，以及其想法、观点和情绪情感又为何产生了变化，从而深化其对故事人物行为的认知和情感体验，进而进一步增强儿童的情境理解系统和心理理论系统的功能，帮助儿童澄清和内化亲社会行为的价值①。依托原故事进行的角色扮演是让儿童具身模仿所扮演角色的行为、语言和表情，设身处地地体验所扮演角色的思想、需要和情绪感受，从而走进他人的生活世界，进行换位思考。依托改编故事进行的角色扮演则是让儿童以角色的身份具身体验不同的行为、语言和表情，亲身体会不同行为下的结果及相应的情绪感受，再次进行换位思考，进而增强儿童情绪表征系统和心理理论系统、情境理解系统和镜像神经元系统的功能，促进其内化亲社会行为价值，并通

---

① Shaftel F，Shaftel G. Role-playing for social values[J]. Teachers College Record，1968（1）：89-92；蔡敏. "角色扮演式教学"的原理与评价[J]. 教育科学，2004（6）：28-31，52.

过行为的实践,操练亲社会行为技能。拓展训练则是让儿童设想自身作为亲社会行为的接受者和发起者两种不同角色下的想法与感受,从而丰富儿童镜像神经元系统中有关自己动作和情绪情感的心理表征,也使儿童在亲社会行为接受者和发起者两种不同身份背景下想法和感受的不断碰撞中,进一步认同并内化实施亲社会行为对自我和他人的价值,增强亲社会意识,实现亲社会行为的迁移。

　　整个综合干预体系的两个活动——表情和情绪训练与儿童图画故事训练不仅在各自内部(横向),而且在活动之间(纵向)都是相互联系的,其形成的是一个高度结构化和系统化的整体。表情和情绪训练是以表情为切入点,以三个环节的干预活动为依托,来增强 SOME 模型中 5 个系统和自我/他人转换开关的功能,进而促进共情两个成分——认知共情和情绪共情的发展。然而,此阶段的训练缺乏一个共同的社会脚本,使得不同训练活动产生的效果具有碎片化和表浅化的特征,且仅涉及共情训练而无亲社会行为训练,故而仅是整个综合干预体系的基础训练部分。儿童图画故事干预是以蕴含着亲社会行为主题元素的儿童图画故事为载体,以 4 个环节的干预活动为依托,来增强 SOME 模型中 5 个系统和自我/他人转换开关的功能,进而促进共情两个成分——认知共情和情绪共情的发展,并提升其亲社会行为的技能和培育其亲社会行为的价值观。此阶段的训练由于有一个共同的社会脚本为提领,故事讲解、故事情境讨论、角色扮演和拓展活动就会被统摄为一个具有高度内在逻辑性、环环相扣、交融并进的有机干预整体。故事讲解是一种初步的认识和情绪情感体验;故事情境讨论则是在思考中加深认识和体验,澄清和内化亲社会行为的价值;角色扮演是具身体验、认识和实践亲社会行为的技能,进一步内化亲社会行为的价值;拓展活动则是在具身思考中进一步加深认识和体验,从而巩固其对于亲社会行为对自我及他人积极价值的认同。4 个环节的干预活动呈现出系列化和层层递进的特征,前一项活动是之后各项活动开展的基础,后一项活动又是前一项活动的延伸,干预活动的脉络是由认识、体验"他人"转向认识、体验"自我"。干预的情境和真实的社会生活比较接近,具有一定的价值冲突,交织着不同观点和意见。不同训练活动组合协同发力,其产生的效果具有系统化的特征,因而是综合干预体系的发展训练部分。同时,从整体而言,表情和情绪训练阶段由"自我"向"他人"转化的脉络和儿童图画故事干预阶段由"他人"向"自我"转化的脉络,又促进了儿童自我/他人转换开关功能的增强。这一综合干预模式融合了认知、情绪情感、价值观和实践技能的干预,有助于促进智力障碍儿童知、情、意、行的全面提升,从而有利于从根本上促进、提升智力障碍儿童的亲社会行为水平。

第十章

基于原型理论的智力障碍儿童
亲社会行为实践启示

第一节　廓清培养目标与内容，
重塑亲社会行为的应然价值

　　传统研究通常将亲社会行为的内涵结构窄化、简单化为单一的利他性，这使亲社会行为人际交往和人际互惠的特性以及行为对个人适应社会和个人成长的积极意义被遮蔽与忽略，进而造成其在培智教育领域应有的价值和地位被消蚀和虚化。本书研究结果显示，智力障碍儿童的亲社会行为是一个多维度、多层次的立体化的类别体系，不仅包含利他性，还涵盖极其丰富的行为类别，如主体和群体中其他个体的相互作用（主动增进和维护人际关系的和谐），对在社会制度、规范与习俗的基础上业已达成的积极共识的认同与维护（遵从规则和遵从习俗），以及人格特质（宜人性与愉悦性积极品质的提升）。这表明亲社会行为具有利他和社交的双重特性，对于行为实施者的要求并不像之前人们认为的那样苛刻，实施亲社会行为也不必然意味着自我利益要受到损害，对于行为实施者的生存适应也具有重要价值，既可以帮助其通过积极、亲社会的方式去处理自我内部的冲突，也可以促使其协调好个体与他人、社会的关系。亲社会行为的实施过程和结果对当事人双方都有积极意义，是一个从自我获益到他人获益的连续体[①]。因此，亲社会行为不应仅是具有较高牺牲精神的人专属的行为，而且应该是每一个社会化和成长过程中的个体都努力去学习、掌握的行为。

　　鉴于此，培智教育的理论和实践工作者应该从社会适应和社会融入的高度，重新审视、反思亲社会行为在培智教育中的功能，并对其价值与意义进行正确、合理的定位。首先，应扩展亲社会行为培养的目标与内容。个体的发展应该是全面而协调的，因此培智教育应当也必须将亲社会行为二阶四因子一阶七因子涵盖的行为要素均纳入培养的范畴，均衡协调推进，而不能顾此失彼或有所偏废。其次，培养目标要根据学生实际情况体现出水平和程度的差异性。因为亲社会行为虽然是每一个智力障碍儿童都应该学习的行为，但由于学生之间存在着障碍类别、障碍程度

---

　　① Krebs D L，Hesteren F V. The development of altruism：Toward an integrative model[J]. Development Review，1994（2）：103-158.

及性别等方面的差异，这就决定了不同学生能达到的水平会有差异，故而在群体培养目标下理应体现出个体培养目标的差异性。最后，要考虑培养目标的静态结构和动态实现。对智力障碍儿童亲社会行为的培养，不仅需要有上述静态的结构，更需要注意学生亲社会行为的培养是一个持续提升的动态过程，在不同学段，学生学习亲社会行为的内容应有所不同，亲社会行为的培养目标和内容应各有侧重。

第二节　正视学校生态的作用，创设良好的学校生态环境

本书研究证实了学校生态环境对智力障碍儿童亲社会行为的影响，并揭示了个体与学校环境因素（教师层面和同伴层面）交互作用的路径。这表明可以从学校环境入手，通过加强学校生态环境建设，营造良好的氛围，为促进智力障碍儿童亲社会行为的发展提供强有力的支撑和坚实保障。具体而言，可以从以下三个方面加强学校生态环境建设。

第一，重视对培智教育教师心理资本的开发。本书研究结果表明，教师心理资本作为培智教育教师工作中的内在积极力量，具有明显的补充能量及激发动机的功能，不仅会影响教师对智力障碍儿童的期望，还会影响智力障碍儿童的共情和亲社会行为的发展。本书研究的调查结果显示，虽然培智教育教师的心理资本总体处于良好水平，但内部发展具有不平衡性，对现在和将来的乐观感受较弱，且群体差异显著，因而还有较大的提升空间。教师历来是一个极易受到职业倦怠困扰的高危群体[1]，与一般教师相比，特殊教育教师承受着更大的工作压力，更易产生职业倦怠[2]。培智教育教师需要具有充足的个人资源来缓解和弥补工作压力造成的耗损，以缓解职业倦怠。因此，进一步开发培智教育教师的心理资本，增加其内在积极资源，有效增强其工作投入，则是当前和今后培智教育提升智力障碍儿童亲社会

---

① Maslach C，Schaufeli W B，Leiter M P. Job burnout[J]. Annual Review of Psychology，2001（1）：397-422.

② 刘在花. 特殊学校教师职业枯竭特点的研究[J]. 中国特殊教育，2006（4）：71-75.

行为培养效果的应然之举。

第二，引导培智教育教师建立积极期望并进行动态调整。本书的研究结果表明，教师期望不仅对智力障碍儿童亲社会行为具有直接预测作用，还可以通过智力障碍儿童的共情影响其亲社会行为。同时，教师心理资本对智力障碍儿童共情和亲社会行为的影响也要完全通过教师期望才能转化为现实力量。由此可见，教师期望是否合理、积极，对智力障碍儿童的亲社会行为发展具有至关重要的作用。本书研究表明，培智教育教师对智力障碍儿童亲社会行为的期望尚处于中等水平。这说明要进一步促进智力障碍儿童亲社会行为的发展，提升教师的期望水平是关键之举。

在提高教师的期望水平时，应该注意以下两点：一是明确积极期望并不意味着高期望，而是在充分了解学生的同时，要求教师相信每一个学生都能做得比现在更好[1]，即要客观地看待智力障碍儿童的潜能，尤其是目前尚未表现出发展潜力的学生的未来发展空间。要认识到每一个儿童都有无限的潜能，都能做得比其现在已经做的和相信他/她能够做的要多得多。作为教师，要始终对每一个智力障碍儿童抱有鼓励性的、适度超前的期望，要确保教师期望都能落在每个儿童发展的"最近发展区"[2]，以引领和促进其亲社会行为积极健康发展。二是及时调整教师期望，防止教师期望的固化产生消极作用。要引导教师明白智力障碍儿童的状况不是一成不变的，一名儿童昨天不能做到的事并不意味着其今天还不能做，同样其今天不能做的事也不表示明天依然不能做。作为一名教师，则要用发展的眼光去看待每一名儿童，并给予其不断尝试和探索的机会，以探试每一种行为培养的最佳时机和每一位儿童的发展潜力，同时根据其表现和积极变化，及时对原有期望做出调整，要尽量避免以一成不变的观点看待学生发展。

第三，加强同伴群体层面的干预，增强同伴群体社会化的功能。本书研究结果表明，同伴关系（接纳或排斥）和同伴圈子均会对智力障碍儿童亲社会行为产生影响。可见，同伴是促进智力障碍儿童亲社会行为发展的重要背景和源泉。同伴接纳作为一种保护性因素，会引起积极情绪，促进亲社会行为的产生，而同伴排斥则构成了一种环境压力源或危险因素，会引起消极情绪，阻碍亲社会行为的产生；同伴的良好亲社会行为会为其提供良好的模仿榜样，并能对儿童的亲社会行为做出积

---

① 刘宣文，黄天元. 教师期望研究及其对教育的启示[J]. 课程·教材·教法，1998（12）：42-45

② 沈悦，满晶，杨丽珠等. 幼儿教师期望对自我控制的影响："幼儿知觉到的教师期望"的中介作用[J]. 中国特殊教育，2016（2）：80-85，96.

极反馈，从而维持并发展儿童的亲社会行为①。同伴之间的积极互动越多，同伴关系越亲密，越能促进其亲社会行为的发生和发展②。因此，创设最佳条件，提供有效支持，增进智力障碍儿童与同伴之间的交往，帮助其与同伴建立亲密关系，提升同伴群体的社会化功能，应是未来智力障碍儿童亲社会行为干预项目必须关注的内容，而对智力障碍儿童进行班级乃至学校范围的亲社会行为干预就不失为一条有效的途径。本书研究就是以班级为单位实施干预训练，干预效果比较有效，原因就在于其体现了在班级范围实施积极行为支持的理念，符合生物生态系统理论的基本原理。这也进一步说明唯有通过从个体到同伴群体系统的改变，才能从根本上改善个体与同伴之间互动的质量，营造良好的接纳氛围，增进积极、亲密的情感联系，使彼此成为相互影响的榜样，使干预效果具有持久性。

第三节　重视共情两成分的作用，开展亲社会行为综合干预

个体的亲社会行为不是无意识状态下的行为表现，而是在经过大脑分析后才做出的决策和行为表现③。也就是说，在亲社会行为的产生过程中，个体经历了一个复杂的心理过程。国内外学者对这一过程中影响亲社会行为产生的因素进行了诸多探讨。诸多研究表明，个体自身的共情是对亲社会行为产生重要影响的因素之一。本书研究结果也显示，共情与智力障碍儿童的亲社会行为有着紧密联系，不仅会直接影响亲社会行为，还会作为中介变量影响亲社会行为。这启示我们，在智力障碍儿童亲社会行为的干预过程中，不能仅着眼于工具性知识，即培养执行亲社会

---

① Eisenberg N，Fabes R A，Spinrad T L. Prosocial development. In N. Eisenberg（Ed.），Handbook of Child Psychology：Vol.3. Social，Emotional，and Personality Development[C]. New York：Wiley，2006：646-718.

② Barry C M，Wentzel K R. Friend influence on prosocial behavior：The role of motivational factors and friendship characteristics[J]. Developmental Psychology，2006（1）：153-163.

③ 肖凤秋，郑志伟，陈英和. 共情对亲社会行为的影响及神经基础[J]. 心理发展与教育，2014（2）：208-215；李文辉，李婵，沈悦等. 大学生共情对利他行为的影响：一个有调节的中介模型[J]. 心理发展与教育，2015（5）：571-577.

行为必需的知识和技能①，还应高度关注共情的作用。

　　本书研究结果证实，从共情的两成分入手，整合多种干预方法和技术对智力障碍儿童的亲社会行为进行全面、综合、系统的干预训练，不仅能够从整体上有效提高智力障碍儿童的共情水平，而且能够提升其亲社会行为水平。这是因为智力障碍给儿童发展带来的不利影响是多方面的，他们在认知和情绪情感等各个领域都处于落后状态。单一、割裂的训练方法或许会促进智力障碍儿童共情某一方面能力的提升，从而使其在某一情境或时期显现出亲社会行为的增加，但因为未对共情的另一方面的能力进行干预，未得到提高的那一方面的共情能力就会以各种方式限制共情总体功能的有效发挥，故而难以从根本上提升亲社会行为的水平。开展基于共情训练的亲社会行为综合干预，则是要为智力障碍儿童构建起一个知、情、意、行相统一的干预体系，使他们对他人的目的、企图能够理解，对他人的情绪状态能产生情绪反应，能认同亲社会行为的价值，并知道该做出何种合适的行为。

　　要达到整体提升智力障碍儿童共情和亲社会行为发展水平的目标，设计和实施综合干预方案时需要注意以下两个方面的问题：一是要使共情训练的不同活动在横向与纵向之间建立有机联系，呈现出系列化和系统化的特征，以确保不同活动协同产生合力。同时，要尽可能地避免不同活动的拼盘式组合，以免造成活动效果的碎片化。二是要基于智力障碍儿童的认知特点和已有的知识经验，对他们可能达到的水平进行合理的预测，然后根据干预活动内容、目标的不同，整合运用多种资源、方法、技术及媒介，适时地为智力障碍儿童搭建起有利于其理解、接受的"支架"②。例如，本书研究采用的儿童图画故事和演示文稿能提供图像支架，故事情境讨论中预设的小步子"问题"能提供问题与对话支架，角色扮演游戏中教师的旁白能提供向导与合作支架。只有在教师搭建的各种支架的帮助下，智力障碍儿童才能对干预方案中的每一个活动进行更为深入的理解，也唯有如此，才能真正实现促使智力障碍儿童的共情能力和亲社会行为能力从实际水平提升到潜在水平的目标。

---

　　① 马乔里•J.克斯特尔尼克等.儿童社会性发展指南：理论到实践[M].邹晓燕等译.北京：人民教育出版社，2009：512.
　　② 闫寒冰.信息化教学的学习支架研究[J].中国电化教育，2003（11）：18-21；盛艳，张伟平.从系统方法的视角看支架式教学的实践[J].当代教育科学，2011（20）：38-40.

参 考 文 献

安连超, 耿艳萌, 陈靖涵等. 大学生共情与亲社会行为的关系[J]. 中国健康心理学杂志, 2017（9）:
    1369-1371.

白利刚. 亲社会行为研究中的几个问题[J]. 心理学动态, 1997（1）: 48-53.

蔡敏. "角色扮演式教学"的原理与评价[J]. 教育科学, 2004（6）: 28-31, 52.

柴江. 我国特殊家庭学生社会适应能力的研究进展[J]. 中国特殊教育, 2014（4）: 8-14.

陈彬彬. 基于幼儿视角的图画书分析与阅读指导[J]. 现代中小学教育, 2016（11）: 87-90.

陈斌斌, 李丹. 儿童亲社会行为测量回顾与反思[J]. 心理研究, 2009（2）: 16-21.

陈斌斌, 李丹. 学生感知的班级人际和谐及其与社会行为的关系[J]. 心理发展与教育, 2009（2）:
    41-46.

陈斌斌, 李丹, 陈欣银等. 作为社会和文化情境的同伴圈子对儿童社会能力发展的影响[J]. 心理
    学报, 2011（1）: 74-91.

陈晶, 史占彪, 张建新. 共情概念的演变[J]. 中国临床心理学杂志, 2007（6）: 664-667.

陈璟, 蔡昭敏, 何艾. 孤独症儿童的情绪理解研究进展[J]. 中国特殊教育, 2013（6）: 57-62.

陈宁, 卢家楣, 汪海彬. 人际共情鸿沟可以跨越: 以教师预测学生情绪为例[J]. 心理学报, 2013
    （12）: 1368-1380.

陈少华, 周宗奎. 同伴关系对青少年心理健康的影响[J]. 湖南师范大学教育科学学报, 2007（4）:
    76-79.

陈世明. 儿童图画书的发展历程及其对我国早期阅读读本创作的启示[J]. 青岛大学师范学院学
    报, 2008（3）: 84-88.

陈武英, 刘连启. 情境对共情的影响[J]. 心理科学进展, 2016（1）: 91-100.

陈阳. 群体身份对亲社会行为的影响[J]. 辽宁师范大学学报（社会科学版）, 2014（3）: 371-376.

程苏, 刘璐, 郑涌. 社会排斥的研究范式与理论模型[J]. 心理科学进展, 2011（6）: 905-915.

崔芳, 南云, 罗跃嘉. 共情的认知神经研究回顾[J]. 心理科学进展, 2008（2）: 250-254.

戴薇. 幼儿早期阅读兴趣的激发策略[J]. 学前教育研究, 2017（4）: 70-72.

邓小平，徐晨，程懋伟等. 青少年偏差行为的同伴选择和影响效应：基于纵向社会网络的元
　　分析[J]. 心理科学进展，2017（11）：1898-1909.

丁芳，郭勇. 儿童心理理论、移情与亲社会行为的关系[J]. 心理科学，2010（3）：660-662.

丁蕙，屠国元. 教师期望对学生自我概念形成的实证研究[J]. 湖南师范大学教育科学学报，2014
　　（5）：80-84.

定险峰，刘华山. 个体不幸情境下的慈善捐赠-共情的中介效应[J]. 中国临床心理学杂志，2011
　　（6）：759-762.

冬雪. 美国智力障碍定义的演变及其启示[J]. 中国特殊教育，2011（5）：34-39.

董奇，方俊明，国卉男. 从融合到全纳：面向 2030 的融合教育新视野[J]. 中国教育学刊，2017
　　（10）：31-35.

杜建政，夏冰丽. 心理学视野中的社会排斥[J]. 心理科学进展，2008（6）：981-986.

杜军. "支架式" 教学应重视 "脚手架" 的搭建[J]. 教育理论与实践，2005（14）：51-53.

杜晓新，王和平，黄昭鸣. 试论我国培智学校课程框架的构建[J]. 中国特殊教育，2007（5）：
　　13-18.

方芳，谢广田. 城市小学生亲社会行为的现状调查与对策——以杭州市区小学生为例[J]. 教育测
　　量与评价（理论版），2012（2）：20，35-39.

方卿. 图画书：学前儿童通向多元智能阅读的桥梁[J]. 中国教育学刊，2010（S1）：32-33.

冯维，杜红梅. 国外移情与儿童欺负行为研究述评[J]. 中国特殊教育，2005（10）：63-67.

扶跃辉. 友谊对儿童和青少年社会性发展的影响[J]. 天津师范大学学报(基础教育版)，2006(3)：
　　36-39.

付慧欣. 助人行为研究综述[J]. 前沿，2008（7）：156-158.

傅鑫媛，陆智远，寇彧. 陌生他人在场及其行为对个体道德伪善的影响[J]. 心理学报，2015（8）：
　　1058-1066.

傅毅堃，周爱琴，戴琼等. 孤独症谱系障碍儿童综合干预年龄及持续时间对治疗效果影响的
　　探讨[J]. 中国儿童保健杂志，2016（12）：1312-1314，1334.

高申春. 论班杜拉社会学习理论的人本主义倾向[J]. 心理科学，2000（1）：16-19，124.

高旭，王元. 同伴关系：通向学校适应的关键路径[J]. 东北师大学报（哲学社会科学版），2010
　　（2）：161-165.

谷禹，王玲，秦金亮. 布朗芬布伦纳从襁褓走向成熟的人类发展观[J]. 心理学探新，2012（2）：
　　104-109.

顾莉萍，静进，金宇等. 高功能孤独症儿童情绪理解与社会适应能力关系研究[J]. 中国儿童保健
　　杂志，2013（1）：16-19.

郭伯良，张雷. 近 20 年儿童亲社会与同伴关系相关研究结果的元分析[J]. 中国临床心理学杂志，
　　2003（2）：85，86-88.

郭伯良，王燕，张雷. 班级环境变量对儿童社会行为与学校适应间关系的影响[J]. 心理学报，2005
（2）：233-239.

韩进. 以图画为本位的文学——图画书的演变史[J]. 出版科学，2016（5）：5-12.

何安明，惠秋平，刘华山. 大学生感恩影响助人行为的情景剧本实验[J]. 华东师范大学学报（教
育科学版），2014，32（2）：74-80.

何芳. 同伴群体如何影响学习：群体社会化理论视角[J]. 外国中小学教育，2005（12）：32-36.

和平，杨淑萍. 游戏：一种亟待重拾的德育资源[J]. 中国教育学刊，2017（9）：98-102.

贺荟中，左娟娟. 近二十年来我国特殊儿童同伴关系影响因素研究[J]. 教育理论与实践，2012
（15）：37-39.

贺荟中，左娟娟. 近十年来我国特殊儿童同伴关系特点研究[J]. 中国特殊教育，2012（2）：
8-11，25.

胡发稳，丁颢. 大学生亲社会行为决策中自尊与情绪信息的交互作用[J]. 心理学探新，2011（3）：
244-248.

黄翯青，苏彦捷. 共情中的认知调节和情绪分享过程及其关系[J]. 西南大学学报（社会科学版），
2010（6）：13-19.

黄殷，寇彧. 群体独特性对群际偏差的影响[J]. 心理科学进展，2013（4）：732-739.

黄兆信，曲小远，赵国靖. 农民工随迁子女融合教育：互动与融合[J]. 教育研究，2014（10）：
35-40.

纪林芹，张莹莹，陈亮等. 童年中期对抗行为的发展及其与同伴拒绝、同伴接纳的关系[J]. 心理
与行为研究，2011（4）：304-309.

贾严宁，张福娟. 智力落后儿童适应行为三个因子发展特点的研究[J]. 中国特殊教育，2003（1）：
62-65.

江光荣，林孟平. 班级环境与学生适应性的多层线性模型[J]. 心理科学，2005（6）：165-170.

江红艳，孙配贞，余祖伟. 电大教师心理资本与工作倦怠的关系研究[J]. 开放教育研究，2013（1）：
48-52.

姜婷婷. 我国近年幼儿社会性教育研究的热点知识图谱[J]. 科教导刊（下旬），2015（27）：
136-138.

姜勇，李艳菊，黄创. 3～6岁幼儿同伴交往能力影响因素模型[J]. 学前教育研究，2015（5）：
45-54.

竭婧，庄梦迪，罗品超等. 神经科学视角下的共情研究热点[J]. 心理科学进展，2017（11）：1922-
1931.

靳玉乐，王桂林. 教师期望效应的功能与运用原则[J]. 教育实践与研究，2003（1）：3-4.

琚贻桐. 通过移情训练提高5～6岁儿童亲社会行为的实验研究[J]. 教育科学研究，1991（6）：
20-26.

寇彧，徐华女. 移情对亲社会行为决策的两种功能[J]. 心理学探新，2005（3）：73-77.

寇彧，赵章留. 小学4~6年级儿童对同伴亲社会行为动机的评价[J]. 心理学探新，2004（2）：48-52.

雷洪，李恒全. 社会化的二重性建构——社会化环境与个人的互动形式探析[J]. 湖南师范大学社会科学学报，2016（2）：79-84.

雷江华，刘文丽. 智障儿童心理研究新进展[J]. 中国特殊教育，2014（11）：15-21.

李爱梅，彭元，李斌等. 金钱概念启动对亲社会行为的影响及其决策机制[J]. 心理科学进展，2014（5）：845-856.

李丹，黄芸. 中学生利他态度和行为倾向的调查研究[J]. 心理发展与教育，1996（1）：13，14-16.

李东来，熊剑锐. 图画书的发展历程对我国原创图画书的启示[J]. 中国图书评论，2010（9）：102-106.

李锋盈，姚静静. 试析移情与儿童亲社会行为关系的影响因素[J]. 浙江师范大学学报（社会科学版），2010（2）：46-51.

李红菊，梁海萍. 智力落后儿童不良情绪与学校适应研究现状及展望[J]. 中国特殊教育，2006（3）：9-12.

李娟. 情绪对共情影响作用的概述[J]. 社会心理科学，2011（Z2）：73-76.

李力，廖晓明. 积极心理资本：测量及其与工作投入的关系——基于高校积极组织管理的视角[J]. 江西社会科学，2011（12）：204-207.

李林慧. 早期阅读理解能力发展：多元模式的意义建构[J]. 学前教育研究，2015（7）：28-34，51.

李林慧，周兢，刘宝根等. 3~6岁儿童图画书自主阅读的眼动控制研究[J]. 中国特殊教育，2017（10）：88-96.

李庆功，吴素芳，傅根跃. 儿童同伴信任和同伴接纳的关系：社会行为的中介效应及其性别差异[J]. 心理发展与教育，2015（3）：303-310.

李小芳，卞晨阳，陈艳琳等. 青少年移情发展特点及其与攻击行为的关系[J]. 中国心理卫生杂志，2015（9）：708-713.

李晓，尤娜，丁月增. 社会故事法在儿童自闭症干预中的应用研究述评[J]. 中国特殊教育，2010（2）：42-47.

李永占. 特殊教育教师工作压力与工作倦怠：心理资本的调节作用[J]. 中国特殊教育，2014（6）：78-82.

李幼穗，孙红梅. 儿童孤独感与同伴关系、社会行为及社交自我知觉的研究[J]. 心理科学，2007（1）：51，84-88.

李幼穗，张丽玲，戴斌荣. 儿童合作策略水平发展的实验研究[J]. 心理科学，2000（4）：425-429，510.

厉才茂. 关于融合教育的阐释与思考[J]. 残疾人研究，2013（1）：53-58.

林沐雨, 王凝, 钱铭怡等. 女大学生中共情对自我中心和利他行为关系的调节作用[J]. 心理科学, 2016（4）：977-984.

林瑞青. 角色扮演与责任生成——基于角色理论的青少年道德责任缺失及其教育路径[J]. 前沿, 2012（24）：214-215.

刘宝根, 周兢, 高晓妹等. 4—6岁幼儿图画书自主阅读过程中文字注视的眼动研究[J]. 心理科学, 2011（1）：112-118.

刘步云, 静进. 儿童利他行为的影响因素（综述）[J]. 中国心理卫生杂志, 2016（8）：578-581.

刘春玲, 马红英. 智力障碍儿童的发展与教育[M]. 北京：北京大学出版社, 2011.

刘春玲, 昝飞. 智力落后定义的演变及其启示[J]. 中国临床康复, 2004（3）：530-531.

刘广增, 胡天强, 张大均. 中学生人际关系及其与自尊、人际信任的关系[J]. 中国临床心理学杂志, 2016（2）：349-351, 355.

刘徽, 龚玉清. 角色扮演：促进课堂人际互动的有效策略[J]. 现代中小学教育, 2003（2）：11-12.

刘江艳. 幼儿园绘本教学的价值与实施策略[J]. 学前教育研究, 2015（7）：70-72.

刘理阳, 莫书亮, 梁良等. 孤独症谱系障碍儿童面部表情识别障碍及临床干预[J]. 中国特殊教育, 2014（2）：41-48.

刘少英, 王芳, 朱瑶. 幼儿同伴关系发展的稳定性[J]. 心理发展与教育, 2012（6）：588-594.

刘斯凝, 李英华, 袁增欣. 图画书阅读与幼儿能力培养相关性分析研究[J]. 社会科学论坛, 2015（5）：237-242.

刘霞, 王小溪. 图画书阅读对早期儿童语言发展影响的个案研究[J]. 陕西学前师范学院学报, 2016（10）：97-100.

刘贤敏, 李学翠, 曹艳杰. 幼儿教师心理资本与工作生活质量关系研究[J]. 基础教育研究, 2015（23）：76-78.

刘嫣静. 谈如何促进智障儿童的社会性发展[J]. 现代特殊教育, 2016（5）：27-28.

刘艳虹, 雷显梅, 胡晓毅. 国外自闭症儿童体感游戏研究状况及启示[J]. 中国特殊教育, 2015（5）：51-56, 73.

刘焱, 朱丽梅, 李霞. 幼儿园表演游戏的特点、指导原则与教学潜能[J]. 学前教育研究, 2003（6）：17-20.

刘迎春. 教师情绪表达规则刍议[J]. 浙江师范大学学报（社会科学版）, 2012（2）：6-11.

刘在花, 赫尔实. 培智学校社会适应课程标准研究的初步设想[J]. 中国特殊教育, 2005（2）：78-81.

鲁玲. 初中聋生社会适应行为与主观幸福感的关系[J]. 中国特殊教育, 2012（4）：44-48.

罗俊, 陈叶烽. 人类的亲社会行为及其情境依赖性[J]. 学术月刊, 2015（6）：15-19.

马红英. 智障人士社会接纳度调查[J]. 中国特殊教育, 2007（3）：6-11.

马伟娜, 朱蓓蓓. 孤独症儿童的情绪共情能力与情绪表情注意方式[J]. 心理学报, 2014, 46（4）：

528-539.

马艳，寇彧. 亲社会与攻击性儿童在两类假设情境中的社会信息加工特点[J]. 心理发展与教育，
　　2007（4）：1-8.

毛晋平，谢颖. 中小学教师心理资本及其与工作投入关系的实证研究[J]. 教师教育研究，2013
　　（5）：23-29.

毛晋平，刘赛花，周情情. 中小学教师心理资本的干预研究[J]. 教师教育研究，2016（5）：98-103.

毛颖梅. 游戏治疗的内涵及其对智力障碍儿童心理发展的意义[J]. 中国特殊教育，2006（10）：
　　36-39.

孟昭兰. 婴儿心理学[M]. 北京：北京大学出版社，1997.

米俊魁. 情境教学法理论探讨[J]. 教育研究与实验，1990（3）：24-28.

聂瑞华. 基于支架理论的在线学习资源开发研究[J]. 电化教育研究，2014（11）：46-50，58.

宁雪华，花蓉，胡义青. 国内关于同伴关系对儿童社会性发展影响研究的进展[J]. 江西教育科研，
　　2007（6）：84-86.

潘佳雁. 中学生同伴交往接受和拒绝的归因研究[J]. 心理科学，2002（1）：64-68，127.

潘谊清. 幼儿园故事教学初探[J]. 学前教育研究，2006（6）：26-28.

齐星亮，陈巍. 自闭症共情-系统化理论述评[J]. 心理科学，2013（5）：1261-1266.

齐亚静，刘惠军. 关系评价对助人行为的影响：自尊的中介和调节作用[J]. 心理与行为研究，2013
　　（5）：697-701.

邱剑，安芹. 初中流动儿童疏离感与亲社会行为的关系：社会支持的中介作用[J]. 中国特殊教育，
　　2012（1）：64-68.

阮素莲. 幼儿亲社会行为现状及其影响因素[J]. 学前教育研究，2014（11）：47-54.

桑标，徐轶丽. 幼儿心理理论的发展与其日常同伴交往关系的研究[J]. 心理发展与教育，2006
　　（2）：1-6.

沈悦，满晶，杨丽珠等. 幼儿教师期望对自我控制的影响："幼儿知觉到的教师期望"的中介作
　　用[J]. 中国特殊教育，2016（2）：80-85，96.

石晓辉. 适应行为在智力障碍定义中的地位与结构变迁[J]. 现代特殊教育，2016（18）：24-
　　28，34.

舒敏，刘盼，吴艳红. 社会性疼痛的存在：来源于生理性疼痛的证据[J]. 北京大学学报（自然科
　　学版），2010（6）：1025-1031.

宋凤宁，欧阳丹. 教师期望：概念、理论模型及实证研究[J]. 外国中小学教育，2005（3）：13-16.

宋广文，王立军. 影响中小学教师期望的因素研究[J]. 心理科学，1998（1）：83-84，86.

宋仕婕，丁凤琴. 不同移情能力大学生亲社会行为的道德启动效应[J]. 教育学术月刊，2016（3）：
　　71-76，84.

苏彦捷. "不同情绪的共情以及不同情境中的共情"专题简介[J]. 心理技术与应用，2017（10）：577.

苏彦捷，黄翯青. 共情的性别差异及其可能的影响因素[J]. 西南大学学报（社会科学版），2014（4）：77-83，183.

孙炳海，张雯雯，苗德露等. 观点采择对共情性尴尬的影响：共情反应与尴尬类型的不同作用[J]. 心理科学，2014（6）：1444-1449.

孙岩，刘沙，杨丽珠. 父母教养方式、同伴接纳和教师期望对小学生人格的影响[J]. 心理科学，2016（2）：343-349.

谭恩达，邹颖敏，何家俊等. 共情与主观幸福感：情绪调节的中介作用[J]. 中国临床心理学杂志，2011（5）：672-674.

唐姗姗，张林. 智障儿童情绪理解能力的研究进展[J]. 心理研究，2015（3）：5-9.

万晶晶，周宗奎. 国外儿童同伴关系研究进展[J]. 心理发展与教育，2002（3）：91-95.

汪斯斯，邓猛. 智力残疾学生自我决定课程实践模式及启示[J]. 中国特殊教育，2015（5）：27-32，50.

王爱芬. 浅析角色扮演法及其在学生心理发展中的意义[J]. 教育理论与实践，2007（S2）：91-93.

王福兰. 教师积极反应对儿童亲社会行为的影响研究[J]. 教育理论与实践，2015（25）：47-50.

王钢，张大均. 幼儿教师心理资本、职业压力与工作绩效：应对方式的中介作用[J]. 心理学探新，2017（3）：269-274.

王钢，张大均，刘先强. 幼儿教师职业压力、心理资本和职业认同对职业幸福感的影响机制[J]. 心理发展与教育，2014（4）：442-448.

王海梅，陈会昌，谷传华. 关于儿童分享的研究述评[J]. 心理科学进展，2004（1）：52-58.

王静，韩映虹. 无字图画书故事理解特点研究[J]. 上海教育科研，2016（4）：90-93.

王娟，李维，刘鑫等. 故事呈现方式对5—8岁聋童故事复述的影响[J]. 中国特殊教育，2016（3）：23-29.

王娟，邹泓，侯珂等. 青少年家庭功能对其主观幸福感的影响：同伴依恋和亲社会行为的序列中介效应[J]. 心理科学，2016（6）：1406-1412.

王蕾. 教师期望效应最优化的策略[J]. 宁波大学学报（教育科学版），1999（4）：12-16.

王林. 图画书教学的行走之道[J]. 人民教育，2007（Z2）：70-71.

王琳琳. 社会学习理论下智障儿童亲社会行为的培养[J]. 绥化学院学报，2012（3）：27-28.

王美芳，陈会昌. 青少年的学业成绩、亲社会行为与同伴接纳、拒斥的关系[J]. 心理科学，2003（6）：1130-1131.

王美芳，孙丹. 学前儿童关于攻击和亲社会行为的性别差异信念[J]. 心理科学，2010（3）：576-579.

王妮妮，赵微. 影响学前儿童图画书自主阅读的因素——来自眼动的证据[J]. 学前教育研究，2015（12）：22-27.

王倩，袁茵. 我国近年来智力落后儿童适应行为相关因素研究进展[J]. 中国特殊教育，2007（4）：

12，18-21.

王淑荣. 自闭症儿童社会交往能力培养策略探析[J]. 中国特殊教育，2015（7）：34-38.

王玮. 从绘本推广到阅读推广——我国绘本阅读推广的理论建设探讨[J]. 出版广角，2017（16）：
    28-30.

王晓来. 幼儿园图画书阅读的现状和研究[J]. 江苏教育研究，2011（36）：33-35.

王晓燕，马惠娟. 主题情境游戏教学法初探[J]. 学前教育研究，2000（4）：43-44.

王雪，崔丽莹. 儿童观点采择能力的研究进展及其教育启示[J]. 学前教育研究，2013（9）：35-42.

王雪，李丹. 儿童社会能力发展的影响因素——社会环境和变迁的视角[J]. 心理科学，2016（5）：
    1177-1183.

王永固，张庆，黄智慧等. 社会故事法在孤独症儿童社交障碍干预中的应用[J]. 中国特殊教育，
    2015（4）：45-50.

王昱文，王振宏，刘建君. 小学儿童自我意识情绪理解发展及其与亲社会行为、同伴接纳的关系[J].
    心理发展与教育，2011（1）：65-70.

王紫薇，涂平. 社会排斥情境下自我关注变化的性别差异[J]. 心理学报，2014（11）：1782-1792.

卫晓萍，张玉涓，穆陕旦. 我国近二十年幼儿分享行为的研究述评[J]. 现代教育科学，2015（2）：
    35-36.

魏寿洪，王雁. 美国整合性游戏团体疗法在自闭症谱系障碍儿童干预中的应用[J]. 中国特殊教
    育，2015（3）：39-45.

魏寿洪，王雁. 自闭症儿童社会技能评估的研究进展[J]. 中国特殊教育，2010（10）：51-56，68.

魏星，吕娜，纪林芹等. 童年晚期亲社会行为与儿童的心理社会适应[J]. 心理发展与教育，2015
    （4）：402-410.

翁盛，魏寿洪. 录像示范法在自闭症儿童社交技能训练中的应用[J]. 中国特殊教育，2015（9）：
    25-32，57.

吴春艳. 论培智学校教学生活化[J]. 中国特殊教育，2012（3）：28-32.

夏勉，王远伟. 状态共情、情境安全程度对助人行为的影响——人际信任的调节作用[J]. 华中师
    范大学学报（人文社会科学版），2015（4）：168-176.

夏平. 绘本中图像与文字之间的关系[J]. 出版科学，2016（2）：36-39.

向友余，许家成，王勉. 中国智力障碍者生活质量核心指标的再研究[J]. 中国特殊教育，2007
    （11）：41-48.

肖绍聪，刘铁芳. 从文学书到图画书：读图时代的教育思考[J]. 河北师范大学学报（教育科学
    版），2005（2）：9-13.

邢淑芬，袁萌，孙琳等. 共情倾向与受害者可识别性对大学生捐款意愿的影响：共情反应的中介
    作用[J]. 心理科学，2015（4）：870-875.

熊猛，叶一舵. 积极心理资本的结构、功能及干预研究述评[J]. 心理与行为研究，2016（6）：

842-849.

徐红梅. 浅议幼儿园故事教学[J]. 学前教育研究，1997（6）：48-49.

徐虹. 符码分析理论视角下图画书阅读教学的理念及策略[J]. 学前教育研究，2012（3）：52-54.

徐虹. 图画书阅读教学的理论基础分析——基于西方各国阅读理论的新发展[J]. 外国中小学教育，2016（11）：20-24.

闫志英，张奇勇，杨晓岚. 共情对助人倾向的影响：人格的调节作用[J]. 中国临床心理学杂志，2012（6）：858-860.

颜廷睿，邓猛. 西方全纳教育效果的研究分析与启示[J]. 中国特殊教育，2013（3）：3-7.

杨晶，余俊宣，寇彧等. 干预初中生的同伴关系以促进其亲社会行为[J]. 心理发展与教育，2015（2）：239-245.

杨菊华. 中国流动人口的社会融入研究[J]. 中国社会科学，2015（2）：61-79，203-204.

杨奎之，李祯. 视残儿童社会适应能力的发展与培养[J]. 中国特殊教育，2003（1）：26-30.

杨丽，孙芳芳. 关于角色扮演型教育游戏的构建研究[J]. 长春大学学报，2011（1）：102-104.

杨丽珠，胡金生. 不同线索下3~9岁儿童的情绪认知、助人意向和助人行为[J]. 心理科学，2003（6）：988-991.

杨丽珠，徐敏. 教师期望对幼儿自我认知积极偏向的影响：师生关系的中介效应[J]. 心理与行为研究，2015（5）：621-626.

杨娃，邢禹，关梅林等. 积极心理健康教育视角下心理资源对中职生亲社会和攻击行为的影响——情绪的中介作用[J]. 中国特殊教育，2017（5）：30-35.

杨伟鹏，雷雁岚，陈科成等. 社会主题绘本教学促进幼儿亲社会行为发展的实验研究[J]. 教育学报，2014（6）：87-94.

杨莹，寇彧. 亲社会互动中的幸福感：自主性的作用[J]. 心理科学进展，2015（7）：1226-1235.

叶明芳. 幼儿园故事教学活动的组织与实施[J]. 学前教育研究，2010（10）：67-69.

叶子，庞丽娟. 论儿童亲子关系、同伴关系和师生关系的相互关系[J]. 心理发展与教育，1999（4）：50-53，57.

易俗. 探讨共情在多领域的应用与发展[J]. 社会心理科学，2012（5）：59-63.

游志麒，周然，周宗奎. 童年中后期儿童同伴接纳知觉准确性与偏差及其对社交退缩的影响[J]. 心理科学，2013（5）：1153-1158.

余中根. 故事在幼儿心理发展中的作用[J]. 幼儿教育，2001（2）：12.

俞国良. 社会认知视野中的亲社会行为[J]. 北京师范大学学报（社会科学版），1999（1）：20-25.

俞睿玮，刘文. 国外群体间助人行为的地位关系模型研究述评[J]. 社会心理科学，2013（2）：15-18，22.

苑明亮，张梦圆，寇彧. 亲社会名声与亲社会行为[J]. 心理科学进展，2016（10）：1655-1662.

岳乃红. 图画书阅读教学：讲出好的故事[J]. 人民教育，2013（2）：42-45.

岳童，黄希庭. 共情特质的神经生物学基础[J]. 心理科学进展，2016（9）：1368-1376.

曾盼盼，俞国良，林崇德. 亲社会行为研究的新视角[J]. 教育科学，2011（1）：21-26.

张铭迪，刘文. 青少年初期亲社会行为的影响因素[J]. 社会心理科学，2012（8）：7-12.

张庆鹏，寇彧. 青少年亲社会行为原型概念结构的验证[J]. 社会学研究，2008（4）：182-202，245.

张日昇，王琨. 国外关于教师期望与差别行为的研究[J]. 河北大学学报（哲学社会科学版），2003
    （2）：12-16.

张双凤. 从教师期望到师生心理契约的达成[J]. 教育学术月刊，2009（5）：29-31.

张雪敬. 借助图画书解决小学品德课教学重难点[J]. 中国教育学刊，2016（S2）：86-87.

张一，陈容，刘衍玲. 亲社会视频游戏对国外青少年行为的影响[J]. 心理科学进展，2016（10）：
    1600-1612.

张云运，骆方，孙铃等. 同伴群体构成对儿童发展的影响及启示[J]. 北京师范大学学报（社会科
    学版），2015（3）：59-70.

张哲，曾彬. 绘本阅读对幼儿社会性形成的实验研究[J]. 陕西学前师范学院学报，2016（1）：83-
    86，91.

张真. 比较母亲和老师对幼儿亲社会行为的评价：一致性和预测性[J]. 心理科学，2012（4）：
    926-931.

张镇，郭博达. 社会网络视角下的同伴关系与心理健康[J]. 心理科学进展，2016（4）：591-602.

赵景欣，刘霞，张文新. 同伴拒绝、同伴接纳与农村留守儿童的心理适应：亲子亲合与逆境信念
    的作用[J]. 心理学报，2013（7）：797-810.

赵景欣，张文新，纪林芹. 幼儿二级错误信念认知、亲社会行为与同伴接纳的关系[J]. 心理学报，
    2005（6）：54-60.

赵梅菊，肖非，邓猛. 自闭症儿童适应行为发展特点的实证研究[J]. 教育学术月刊，2015（8）：
    75-81.

赵文丹. 台湾儿童图画书出版：历史、现实困境与启示[J]. 出版发行研究，2015（4）：83-86.

赵章留，寇彧. 儿童四种典型亲社会行为发展的特点[J]. 心理发展与教育，2006（1）：117-121.

赵志航，王娜，田宝. 轻度智力落后学生的父母教养方式、同伴关系对适应行为的影响[J]. 中国
    特殊教育，2006（9）：48-52.

郑显亮，顾海根. 国外利他行为影响因素的研究综述[J]. 外国中小学教育，2010（9）：51-55.

郑显亮，赵薇. 共情、自我效能感与网络利他行为的关系[J]. 中国临床心理学杂志，2015（2）：
    358-361.

郑晓莹，彭泗清，彭璐珞. "达"则兼济天下？社会比较对亲社会行为的影响及心理机制[J]. 心
    理学报，2015（2）：243-250.

钟毅平，杨子鹿，范伟. 自我-他人重叠对助人行为的影响：观点采择的调节作用[J]. 心理学报，
    2015（8）：1050-1057.

钟佑洁，李艳华，张进辅. 社会信息加工在儿童情绪调节与攻击行为间的中介效应检验[J]. 中国临床心理学杂志，2015（1）：108-114.

周林刚. 社会排斥理论与残疾人问题研究[J]. 青年研究，2003（5）：32-38.

周龙影. 儿童图画故事书阅读教学的误区与对策[J]. 中国教育学刊，2015（12）：63-66，85.

周宗奎. 儿童亲社会行为发展研究述评[J]. 心理发展与教育，1987（4）：29，38-41.

周宗奎，孙晓军，赵冬梅等. 同伴关系的发展研究[J]. 心理发展与教育，2015（1）：62-70.

朱丹，李丹. 初中学生道德推理、移情反应、亲社会行为及其相互关系的比较研究[J]. 心理科学，2005（5）：1231-1234.

邹泓. 同伴接纳、友谊与学校适应的研究[J]. 心理发展与教育，1997（3）：57-61.

左宏梅，韦小满. 初中生亲社会行为的干预实验[J]. 中国心理卫生杂志，2008（9）：669-673，677.

左志宏，席居哲，石静. 图画书指导阅读对幼儿挑战行为的改善[J]. 学前教育研究，2012（6）：29-35，41.

Abele A E，Wojciszke B. Agency and communion from the perspective of self versus others[J]. Journal of Personality and Social Psychology，2007（5）：751-763.

Abrams D，Rutland A，Palmer S B，et al. The role of cognitive abilities in children's inferences about social atypicality and peer exclusion and inclusion in intergroup contexts[J]. The British Journal of Developmental Psychology，2014（3）：233-247.

Adams D，Oliver C. The expression and assessment of emotions and internal states in individuals with severe or profound intellectual disabilities[J]. Clinical Psychology Review，2011（3）：293-306.

Avey J B，Reichard R J，Luthans F，et al. Meta-analysis of the impact of positive psychological capital on employee attitudes，behaviors，and performance[J]. Human Resource Development Quarterly，2011（2）：127-152.

Aydinli A，Bender M，Chasiotis A，et al. When does self-reported prosocial motivation predict helping? The moderating role of implicit prosocial motivation[J]. Motivation and Emotion，2014（5）：645-658.

Barton E，Chen C I，Pribble L，et al. Coaching preservice teachers to teach play skills to children with disabilities[J]. Teacher Education and Special Education，2013（4）：330-349.

Batson C D，Ahmad N Y. Using empathy to improve intergroup attitudes and relations[J]. Social Issues and Policy Review，2009（1）：141-177.

Belgrave F Z，Nguyen A B，Johnson J L，et al. Who is likely to help and hurt? Profiles of African American adolescents with prosocial and aggressive behavior[J]. Journal of Youth and Adolescence，2011（8）：1012-1024.

Bielecki J，Swender S L. The assessment of social functioning in individuals with mental retardation：A review[J]. Behavior Modification，2004（5）：694-708.

Brawn G, Porter M. Adaptive functioning in Williams syndrome and its relation to demographic variables and family environment[J]. Research in Developmental Disabilities, 2014（12）: 3606-3623.

Brereton A V, Tonge B J, Einfeld S L. Psychopathology in children and adolescents with autism compared to young people with intellectual disability[J]. Journal of Autism and Developmental Disorders, 2006（7）: 863-870.

Brown I, Hatton C, Emerson E. Quality of life indicators for individuals with intellectual disabilities: Extending current practice[J]. Intellectual and Developmental Disabilities, 2013（5）: 316-332.

Brown R I, Schalock R L, Brown I. Quality of life: Its application to persons with intellectual disabilities and their families—Introduction and overview[J]. Journal of Policy and Practice in Intellectual Disabilities, 2009（1）: 2-6.

Bryant B K. An index of empathy for children and adolescents[J]. Child Development, 1982: 413-425.

Byrne A, Hennessy E. Understanding challenging behaviour: Perspectives of children and adolescents with a moderate intellectual disability[J]. Journal of Applied Research in Intellectual Disabilities, 2009（4）: 317-325.

Camargo S P H, Rispoli M, Ganz J, et al. Behaviorally based interventions for teaching social interaction skills to children with ASD in inclusive settings: A meta-analysis[J]. Journal of Behavioral Education, 2016（2）: 223-248.

Caprara G V, Fida R, Vecchione M, et al. Assessing civic moral disengagement: Dimensionality and construct validity[J]. Personality and Individual Differences, 2009（5）: 504-509.

Carlo G, Crockett L J, Wolff J M, et al. The role of emotional reactivity, self-regulation, and puberty in adolescents' prosocial behaviors[J]. Social Development, 2012（4）: 667-685.

Carlo G, Fabes R A, Laible D, et al. Early adolescence and prosocial/moral behavior II: The role of social and contextual influences[J]. The Journal of Early Adolescence, 1999（2）: 133-147.

Cebula K R, Moore D G, Wishart J G. Social cognition in children with Down's syndrome: Challenges to research and theory building[J]. Journal of Intellectual Disability Research, 2010（2）: 113-134.

Cotugno A J. Social competence and social skills training and intervention for children with autism spectrum disorders[J]. Journal of Autism and Developmental Disorders, 2009（9）: 1268-1277.

Courtemanche A, Schroeder S, Sheldon J, et al. Observing signs of pain in relation to self-injurious behaviour among individuals with intellectual and developmental disabilities[J]. Journal of Intellectual Disability Research, 2012（5）: 501-515.

Cuadrado E, Tabernero C, Steinel W. Motivational determinants of prosocial behavior: What do included, hopeful excluded, and hopeless excluded individuals need to behave prosocially?[J].

Motivation and Emotion, 2015（3）: 344-358.

de Bruin C L, Deppeler J M, Moore D W, et al. Public school-based interventions for adolescents and young adults with an autism spectrum disorder: A meta-analysis[J]. Review of Educational Research, 2013（4）: 521-550.

de Caroli M E, Sagone E. Belief in a just world, prosocial behavior, and moral disengagement in adolescence[J]. Procedia-Social and Behavioral Sciences, 2014, 116: 596-600.

Declerck C H, Boone C, Emonds G. When do people cooperate?The neuroeconomics of prosocial decision making[J]. Brain and Cognition, 2013（1）: 95-117.

Dekker M C, Koot H M, Ende J, et al. Emotional and behavioral problems in children and adolescents with and without intellectual disability[J]. Journal of Child Psychology and Psychiatry, 2002（8）: 1087-1098.

Deschamps P K H, Been M, Matthys W. Empathy and empathy induced prosocial behavior in 6-and 7-year-olds with autism spectrum disorder[J]. Journal of Autism and Developmental Disorders, 2014（7）: 1749-1758.

Deschamps P K H, Schutter D J L G, Kenemans J L, et al. Empathy and prosocial behavior in response to sadness and distress in 6-to 7-year olds diagnosed with disruptive behavior disorder and attention-deficit hyperactivity disorder[J]. European Child & Adolescent Psychiatry, 2015（1）: 105-113.

Dimitropoulos A, Ho A, Feldman B. Social responsiveness and competence in Prader-Willi syndrome: Direct comparison to autism spectrum disorder[J]. Journal of Autism and Developmental Disorders, 2013（1）: 103-113.

Dunfield K A. A construct divided: Prosocial behavior as helping, sharing, and comforting subtypes[J]. Frontiers in Psychology, 2014, 5: 958.

Edmonson B, Han S S. Effects of socialization games on proximity and prosocial behavior of aggressive mentally retarded institutionalized women[J]. American Journal of Mental Deficiency, 1983（4）: 435-440.

Eisenberg N, Eggum N D, di Giunta L. Empathy-related responding: Associations with prosocial behavior, aggression, and intergroup relations[J]. Social Issues and Policy Review, 2010（1）: 143-180.

Eisenhower A S, Baker B L, Blacher J. Preschool children with intellectual disability: Syndrome specificity, behaviour problems, and maternal well-being[J]. Journal of Intellectual Disability Research, 2005（9）: 657-671.

Emerson E, Einfeld S, Stancliffe R J. The mental health of young children with intellectual disabilities or borderline intellectual functioning[J]. Social Psychiatry and Psychiatric Epidemiology, 2010

（5）：579-587.

Esteban L，Plaza V，López-Crespo G，et al. Differential outcomes training improves face recognition memory in children and in adults with Down syndrome[J]. Research in Developmental Disabilities，2014（6）：1384-1392.

Frey B S，Meier S. Social comparisons and pro-social behavior：Testing "conditional cooperation" in a field experiment[J]. American Economic Review，2004（5）：1717-1722.

Furman N，Sibthorp J. The development of prosocial behavior in adolescents：A mixed methods study from NOLS[J]. Journal of Experiential Education，2013（2）：160-175.

Gerdes K E，Segal E A，Lietz C A. Conceptualising and measuring empathy[J]. British Journal of Social Work，2010（7）：2326-2343.

Gest S D，Madill R A，Zadzora K M，et al. Teacher management of elementary classroom social dynamics：Associations with changes in student adjustment[J]. Journal of Emotional and Behavioral Disorders，2014（2）：107-118.

Greitemeyer T，Osswald S. Playing prosocial video games increases the accessibility of prosocial thoughts[J]. The Journal of Social Psychology，2011（2）：121-128.

Griese E R，Buhs E S. Prosocial behavior as a protective factor for children's peer victimization[J]. Journal of Youth and Adolescence，2014（7）：1052-1065.

Grove R，Baillie A，Allison C，et al. The latent structure of cognitive and emotional empathy in individuals with autism，first-degree relatives and typical individuals[J]. Molecular Autism，2014（1）：1-10.

Guralnick M J. Peer relationships and the mental health of young children with intellectual delays[J]. Journal of Policy and Practice in Intellectual Disabilities，2006（1）：49-56.

Hahn L J，Fidler D J，Hepburn S L. Adaptive behavior and problem behavior in young children with Williams syndrome[J]. American Journal on Intellectual and Developmental Disabilities，2014（1）：49-63.

Hardy S A，Carlo G，Roesch S C. Links between adolescents' expected parental reactions and prosocial behavioral tendencies：The mediating role of prosocial values[J]. Journal of Youth and Adolescence，2010（1）：84-95.

Hemmings C P，Gravestock S，Pickard M，et al. Psychiatric symptoms and problem behaviours in people with intellectual disabilities[J]. Journal of Intellectual Disability Research，2006（4）：269-276.

Hensel E. Is satisfaction a valid concept in the assessment of quality of life of people with intellectual disabilities？A review of the literature[J]. Journal of Applied Research in Intellectual Disabilities，2001（4）：311-326.

Horn A S. The cultivation of a prosocial value orientation through community service: An examination of organizational context, social facilitation, and duration[J]. Journal of Youth and Adolescence, 2012 (7): 948-968.

Hotton M, Coles S. The effectiveness of social skills training groups for individuals with autism spectrum disorder[J]. Review Journal of Autism and Developmental Disorders, 2016 (1): 68-81.

House B R, Silk J B, Henrich J, et al. Ontogeny of prosocial behavior across diverse societies[J]. Proceedings of the National Academy of Sciences, 2013 (36): 14586-14591.

Howlin P, Elison S, Udwin O, et al. Cognitive, linguistic and adaptive functioning in Williams syndrome: Trajectories from early to middle adulthood[J]. Journal of Applied Research in Intellectual Disabilities, 2010 (4): 322-336.

Jahoda A, Pert C, Trower P. Socioemotional understanding and frequent aggression in people with mild to moderate intellectual disabilities[J]. American Journal on Mental Retardation, 2006 (2): 77-89.

Järvinen A, Ng R, Crivelli D, et al. Patterns of sensitivity to emotion in children with Williams syndrome and autism: Relations between autonomic nervous system reactivity and social functioning[J]. Journal of Autism and Developmental Disorders, 2015 (8): 2594-2612.

Jessor R, Turbin M S. Parsing protection and risk for problem behavior versus prosocial behavior among US and Chinese adolescents[J]. Journal of Youth and Adolescence, 2014 (7): 1037-1051.

Jolliffe D, Farrington D P. Development and validation of the basic empathy scale[J]. Journal of Adolescence, 2006 (4): 589-611.

Kasari C, Sigman M, Mundy P, et al. Affective sharing in the context of joint attention interactions of normal, autistic, and mentally retarded children[J]. Journal of Autism and Developmental Disorders, 1990 (1): 87-100.

Kashinath S P. Meta-analysis finds that peer-mediated and video-modeling social skills interventions are effective for children with autism, but caution is urged in interpreting the results[J]. Evidence-Based Communication Assessment and Intervention, 2012 (2): 58-62.

Killen M, Mulvey K L, Hitti A. Social exclusion in childhood: A developmental intergroup perspective[J]. Child Development, 2013 (3): 772-790.

Knight G P, Carlo G, Basilio C D, et al. Familism values, perspective taking, and prosocial moral reasoning: Predicting prosocial tendencies among Mexican American adolescents[J]. Journal of Research on Adolescence, 2015 (4): 717-727.

Komorosky D, O'Neal K K. The development of empathy and prosocial behavior through humane education, restorative justice, and animal-assisted programs[J]. Contemporary Justice Review, 2015 (4): 395-406.

Kraijer D. Review of adaptive behavior studies in mentally retarded persons with autism/pervasive developmental disorder[J]. Journal of Autism and Developmental Disorders，2000（1）：39-47.

Kunyk D，Olson J K. Clarification of conceptualizations of empathy[J]. Journal of Advanced Nursing，2001（3）：317-325.

Lai H Y，Siu M H A，Shek T L. Individual and social predictors of prosocial behavior among Chinese adolescents in Hong Kong[J]. Frontiers in Pediatrics，2015（39）：1-8.

Laible D J，Murphy T P，Augustine M. Adolescents' aggressive and prosocial behaviors：Links with social information processing，negative emotionality，moral affect，and moral cognition[J]. The Journal of Genetic Psychology，2014（3）：270-286.

Lampridis E，Papastylianou D. Prosocial behavioural tendencies and orientation towards individualism-collectivism of Greek young adults[J]. International Journal of Adolescence and Youth，2017（3）：268-282.

Langdon P E，Clare I C H，Murphy G H. Developing an understanding of the literature relating to the moral development of people with intellectual disabilities[J]. Developmental Review，2010（3）：273-293.

Lippold T，Burns J. Social support and intellectual disabilities：A comparison between social networks of adults with intellectual disability and those with physical disability[J]. Journal of Intellectual Disability Research，2009（5）：463-473.

Lobato D，Barbour L，Hall L J，et al. Psychosocial characteristics of preschool siblings of handicapped and nonhandicapped children[J]. Journal of Abnormal Child Psychology，1987（3）：329-338.

Lott I T，Dierssen M. Cognitive deficits and associated neurological complications in individuals with Down's syndrome[J]. The Lancet Neurology，2010（6）：623-633.

Loy D P，Dattilo J. Effects of different play structures on social interactions between a boy with Asperger's Syndrome and his peers[J]. Therapeutic Recreation Journal，2000（3）：190-210.

Lucas-Carrasco R，Salvador-Carulla L. Life satisfaction in persons with intellectual disabilities[J]. Research in Developmental Disabilities，2012（4）：1103-1109.

Lunsky Y，Benson B A. Perceived social support and mental retardation：A social-cognitive approach[J]. Cognitive Therapy and Research，2001（1）：77-90.

Luthans F，Avolio B J，Avey J B，et al. Positive psychological capital：Measurement and relationship with performance and satisfaction[J]. Personnel Psychology，2007（3）：541-572.

Malmberg D B，Charlop M H，Gershfeld S J. A two experiment treatment comparison study：Teaching social skills to children with autism spectrum disorder[J]. Journal of Developmental and Physical Disabilities，2015（3）：375-392.

Martínez-Castilla P，Burt M，Borgatti R，et al. Facial emotion recognition in Williams syndrome and

Down syndrome: A matching and developmental study[J]. Child Neuropsychology, 2015 (5): 668-692.

Masten C L, Morelli S A, Eisenberger N I. An fMRI investigation of empathy for "social pain" and subsequent prosocial behavior[J]. NeuroImage, 2011 (1): 381-388.

Matson J L, Rivet T T, Fodstad J C, et al. Examination of adaptive behavior differences in adults with autism spectrum disorders and intellectual disability[J]. Research in Developmental Disabilities, 2009 (6): 1317-1325.

Matson J L, Wilkins J. Factors associated with the questions about behavior function for functional assessment of low and high rate challenging behaviors in adults with intellectual disability[J]. Behavior Modification, 2009 (2): 207-219.

Mehrabian A, Young A L, Sato S. Emotional empathy and associated individual differences[J]. Current Psychology, 1988 (3): 221-240.

Mesurado B, Richaud M C. The relationship between parental variables, empathy and prosocial-flow with prosocial behavior toward strangers, friends, and family[J]. Journal of Happiness Studies, 2017 (3): 843-860.

Michalik N M, Eisenberg N, Spinrad T L, et al. Longitudinal relations among parental emotional expressivity and sympathy and prosocial behavior in adolescence[J]. Social Development, 2007 (2): 286-309.

Miller A, Vernon T, Wu V, et al. Social skill group interventions for adolescents with autism spectrum disorders: A systematic review[J]. Review Journal of Autism and Developmental Disorders, 2014 (4): 254-265.

Naber F B A, Swinkels S H N, Buitelaar J K, et al. Attachment in toddlers with autism and other developmental disorders[J]. Journal of Autism and Developmental Disorders, 2007 (6): 1123-1138.

Nesdale D, Durkin K, Maass A, et al. Peer group rejection and children's outgroup prejudice[J]. Journal of Applied Developmental Psychology, 2010 (2): 134-144.

Novembre G, Zanon M, Silani G. Empathy for social exclusion involves the sensory-discriminative component of pain: A within-subject fMRI study[J]. Social Cognitive and Affective Neuroscience, 2015 (2): 153-164.

Odom S L, Vitztum J, Wolery R, et al. Preschool inclusion in the United States: A review of research from an ecological systems perspective[J]. Journal of Research in Special Educational Needs, 2004 (1): 17-49.

Padilla-Walker L M, Carlo G, Nielson M G. Does helping keep teens protected? Longitudinal bidirectional relations between prosocial behavior and problem behavior[J]. Child Development,

2015（6）：1759-1772.

Padilla-Walker L M，Christensen K J. Empathy and self-regulation as mediators between parenting and adolescents' prosocial behavior toward strangers，friends，and family[J]. Journal of Research on Adolescence，2011（3）：545-551.

Padilla-Walker L M, Coyne S M, Collier K M, et al. Longitudinal relations between prosocial television content and adolescents' prosocial and aggressive behavior：The mediating role of empathic concern and self-regulation[J]. Developmental Psychology，2015（9）：1317-1328.

Pochon R，Declercq C. Emotion recognition by children with Down syndrome：A longitudinal study[J]. Journal of Intellectual and Developmental Disability，2013（4）：332-343.

Pressman S D，Kraft T L，Cross M P. It's good to do good and receive good：The impact of a "pay it forward" style kindness intervention on giver and receiver well-being[J]. The Journal of Positive Psychology，2015（4）：293-302.

Procházka J，Vaculík M. The relationship between prosocial behavior and the expectation of prosocial behavior[J]. Studia Psychologica，2011（4）：363-374.

Proctor T，Beail N. Empathy and theory of mind in offenders with intellectual disability[J]. Journal of Intellectual and Developmental Disability，2007（2）：82-93.

Ratcliffe B，Wong M，Dossetor D，et al. The association between social skills and mental health in school-aged children with autism spectrum disorder，with and without intellectual disability[J]. Journal of Autism and Developmental Disorders，2015（8）：2487-2496.

Rey L，Extremera N，Durán A，et al. Subjective quality of life of people with intellectual disabilities：The role of emotional competence on their subjective well-being[J]. Journal of Applied Research in Intellectual Disabilities，2013（2）：146-156.

Rosenthal R. Interpersonal expectancy effects：A 30-year perspective[J]. Current Directions in Psychological Science，1994（6）：176-179.

Rueda P，Fernández-Berrocal P，Baron-Cohen S. Dissociation between cognitive and affective empathy in youth with Asperger Syndrome[J]. European Journal of Developmental Psychology，2015（1）：85-98.

Rutland A，Killen M. A developmental science approach to reducing prejudice and social exclusion：Intergroup processes，social-cognitive development，and moral reasoning[J]. Social Issues and Policy Review，2015（1）：121-154.

Sappok T，Budczies J，Dziobek I，et al. The missing link：Delayed emotional development predicts challenging behavior in adults with intellectual disability[J]. Journal of Autism and Developmental Disorders，2014（4）：786-800.

Scambler D J，Hepburn S，Rutherford M D，et al. Emotional responsivity in children with autism， children with other developmental disabilities, and children with typical development[J]. Journal of Autism and Developmental Disorders, 2007（3）: 553-563.

Schalock R L, Bonham G S, Verdugo M A. The conceptualization and measurement of quality of life: Implications for program planning and evaluation in the field of intellectual disabilities[J]. Evaluation and Program Planning, 2008（2）: 181-190.

Schalock R L, Luckasson R. What's at stake in the lives of people with intellectual disability? Part I: The power of naming, defining, diagnosing, classifying, and planning supports[J]. Intellectual and Developmental Disabilities, 2013（2）: 86-93.

Scheeringa M S. The differential diagnosis of impaired reciprocal social interaction in children: A review of disorders[J]. Child Psychiatry and Human Development, 2001（1）: 71-89.

Schreiber C. Social skills interventions for children with high-functioning autism spectrum disorders[J]. Journal of Positive Behavior Interventions, 2011（1）: 49-62.

Schwenck C, Mergenthaler J, Keller K, et al. Empathy in children with autism and conduct disorder: Group-specific profiles and developmental aspects[J]. Journal of Child Psychology and Psychiatry, 2012（6）: 651-659.

Sierksma J, Thijs J, Verkuyten M. Children's intergroup helping: The role of empathy and peer group norms[J]. Journal of Experimental Child Psychology, 2014, 126: 369-383.

Sivaratnam C S, Newman L K, Tonge B J, et al. Attachment and emotion processing in children with autism spectrum disorders: Neurobiological, neuroendocrine, and neurocognitive considerations [J]. Review Journal of Autism and Developmental Disorders, 2015（2）: 222-242.

Soenen S, van Berckelaer-Onnes I, Scholte E. Patterns of intellectual, adaptive and behavioral functioning in individuals with mild mental retardation[J]. Research in Developmental Disabilities, 2009（3）: 433-444.

Spain D, Blainey S H. Group social skills interventions for adults with high-functioning autism spectrum disorders: A systematic review[J]. Autism, 2015（7）: 874-886.

Stainback W, Stainback S, Strathe M. Generalization of positive social behavior by severely handicapped students: A review and analysis of research[J]. Education and Training of the Mentally Retarded, 1983: 293-299.

Taylor Z E, Eisenberg N, Spinrad T L, et al. The relations of ego-resiliency and emotion socialization to the development of empathy and prosocial behavior across early childhood[J]. Emotion, 2013（5）: 822-831.

Tian L, Chu S, Huebner E S. The chain of relationships among gratitude, prosocial behavior and elementary school students' school satisfaction: The role of school affect[J]. Child Indicators Research, 2016（2）: 515-532.

Tsakanikos E，Bouras N，Sturmey P，et al. Psychiatric co-morbidity and gender differences in intellectual disability[J]. Journal of Intellectual Disability Research，2006（8）：582-587.

van der Schuit M，Segers E，van Balkom H，et al. Early language intervention for children with intellectual disabilities：A neurocognitive perspective[J]. Research in Developmental Disabilities，2011（2）：705-712.

Vaughn S，Kim A H，Morris Sloan C V，et al. Social skills interventions for young children with disabilities：A synthesis of group design studies[J]. Remedial and Special Education，2003（1）：2-15.

Vos P，de Cock P，Munde V，et al. The role of attention in the affective life of people with severe or profound intellectual disabilities[J]. Research in Developmental Disabilities，2013（3）：902-909.

Waller R，Shaw D S，Forbes E E，et al. Understanding early contextual and parental risk factors for the development of limited prosocial emotions[J]. Journal of Abnormal Child Psychology，2015（6）：1025-1039.

Weinstein N，Ryan R M. When helping helps：Autonomous motivation for prosocial behavior and its influence on well-being for the helper and recipient[J]. Journal of Personality and Social Psychology，2010，98（2）：222.

Weiss J A，Burnham Riosa P. Thriving in youth with autism spectrum disorder and intellectual disability[J]. Journal of Autism and Developmental Disorders，2015（8）：2474-2486.

Wispe L G. Positive forms of social behavior：An overview[J]. Journal of Social Issues，1972（3）：1-19.

Zimmerman B J，Levy G D. Social cognitive predictors of prosocial behavior toward same and alternate race children among white pre-schoolers[J]. Current Psychology，2000（3）：175-193.

附　　录

附录1　智力障碍儿童亲社会行为核检表

姓名：_____　单位：_____

培智教育教龄：_____　所教学科：_____

备注：_____

说明：亲社会行为是指有益于他人和社会、能促进人际关系和谐的行为。请先浏览下面列举的青少年认同的亲社会行为，然后从智力障碍儿童社会适应的视角出发，在您认为重要的亲社会行为前面的方框内打"√"，可以选择多项。在选择过程中，您对题目本身有任何疑惑，请及时提出。

□助人行为	□遵从习俗	□谦让他人
□赞美他人	□责任义务	□勇于认错
□鼓励指导	□大方慷慨	□安慰他人
□宽容大度	□合作行为	□体谅他人
□主动捐赠	□公德行为	□分享行为
□忠诚行为	□关心他人	□乐观和善
□公益行为	□协调关系	□提供信息
□懂得感恩	□勤快自理	□富有同情心
□主动发起友谊	□保护弱小	□积极锻炼

☐尊重他人　　　　　　☐积极提醒　　　　　　☐拾物归还
☐遵守规章　　　　　　☐接纳、不排斥友谊

注:"习俗"特指社交礼仪规范,并非民族习俗;"协调关系"特指协调争执、吵架、打架等行为。

附录2　智力障碍儿童亲社会行为访谈提纲

说明:本访谈主要是想了解您对智力障碍儿童亲社会行为的看法。亲社会行为是指有益于他人和社会、能促进人际关系和谐的行为,本次访谈大约需要占用您40分钟左右的时间。在回答过程中,您对题目本身有任何疑惑,请及时提出。

受访人姓名:＿＿＿＿＿＿＿　单位:＿＿＿＿＿＿＿＿＿＿＿＿＿＿＿＿＿＿＿

访谈日期:＿＿＿月＿＿＿日　地点:＿＿＿＿＿＿＿＿＿＿＿＿＿＿＿＿＿＿＿＿＿

备注:＿＿＿＿＿＿＿＿＿＿＿＿＿＿＿＿＿＿＿＿＿＿＿＿＿＿＿＿＿＿＿＿＿＿＿＿

一、智力障碍儿童亲社会行为核检表

填写说明同附录1,此处略。

二、您为什么赞成××项目?请举例说出智力障碍儿童所做的该类亲社会具体事情或行为(注:对每个项目逐个追问)。访谈中,要求受访者对整个行为事件进行描述,包括具体的人、所做的具体事情或行为。访谈主持者应针对每一事件询问一些探测性问题,如他在什么情况下做出了这些行为?事件中还有什么人参与?他当时的反应如何?您当时的想法和感受如何?)

三、您为什么不赞成××项目?(注:对每个因素逐个追问)

四、除了上面提到的项目,您认为还遗漏了哪些重要的、有价值的考察项目?请举例说出智力障碍儿童所做的该类亲社会具体事情或行为。(注:对每个因素逐个追问)

五、作为(或如果是)校长,您会关注提升智力障碍儿童哪些方面的亲社会行为?

附录3　智力障碍儿童亲社会行为样例征集表

答题说明：请您根据下面列举的行为词语，写出能够反映智力障碍儿童相应行为的表现样例，每个行为词语请写3条（至少1条）表现样例。

您的单位：＿＿＿＿＿＿＿＿＿＿＿＿＿＿＿＿＿＿＿＿＿＿＿＿

培智教育教龄：＿＿＿＿＿年　　　　所教学科：＿＿＿＿＿＿＿＿＿＿＿＿＿

所教年级：＿＿＿＿＿年级　　　　　备　　注：＿＿＿＿＿＿＿＿＿＿＿＿＿

序号	行为名称	行为表现样例
1	遵从社交礼仪	例（供参考）：有礼貌地与人打招呼、问好
2	助人行为	
3	谦让他人	
4	赞美他人	
5	遵守规则	
……	……	……

附录4 "智力障碍儿童亲社会行为问卷（初始问卷）"项目举例

答题说明：请您参照下面的行为描述，对该生过去一年来的实际表现与每一行为描述的符合程度做出评价，并在最符合其行为表现的相应等级水平数字上打"√"。

请注意：1 表示"从不这样"，约为 0；2 代表"很少这样"，约为 25%；3 代表"有时这样"，约为 50%；4 代表"经常这样"，约为 75%；5 代表"总是这样"，约为 100%。数字越大，表明符合的程度越高。

编号	题目	从不这样	很少这样	有时这样	经常这样	总是这样
1	能以礼貌、适宜的方式主动与人打招呼、问好或道别	1	2	3	4	5
2	能遵守学校、班级和课堂的规则与纪律	1	2	3	4	5
3	当看到他人摔倒、受伤或不适时，能主动提供力所能及的帮助	1	2	3	4	5
4	能配合同伴完成小组任务	1	2	3	4	5
5	总是很快乐，经常微笑，不压抑	1	2	3	4	5
6	能遵守集体活动和游戏的规则，如排队等待、轮流等	1	2	3	4	5
7	愿意将自己的玩具借（给）他人玩	1	2	3	4	5
8	能爱护公物，如不乱写乱画、不采摘学校的花草等	1	2	3	4	5
9	与人交谈时，眼睛能看着对方	1	2	3	4	5
10	与他人发生矛盾时，不对他人进行言语或身体的攻击	1	2	3	4	5

附录5 "智力障碍儿童亲社会行为问卷（正式问卷）"项目举例

答题说明：同初始问卷，此处略。

请注意：1 表示"从不"，约为 0；2 表示"很少"，约为 25%；3 表示"有时"，约为 50%；4 表示"经常"，约为 75%；5 表示"总是"，约为 100%。数字越大，表明符合的程度越高。

编号	题目	从不	很少	有时	经常	总是
1	当看到他人摔倒、受伤或不适时，能主动提供力所能及的帮助	1	2	3	4	5
2	能以礼貌、适宜的方式主动与人打招呼、问好或道别	1	2	3	4	5
3	能对他人取得的良好成绩及进步给予称赞	1	2	3	4	5
4	能遵守学校、班级和课堂的规则与纪律	1	2	3	4	5
5	在班里有自己固定的朋友，能互相倾吐心事	1	2	3	4	5
6	当看到老师、同学劳累时，能主动表示关心	1	2	3	4	5
7	与他人发生矛盾时，不对他人进行言语或身体的攻击	1	2	3	4	5
8	能爱护公物，如不乱写乱画、不采摘学校的花草等	1	2	3	4	5
9	能遵守集体活动和游戏的规则，如排队等待、轮流等	1	2	3	4	5
10	当看到同学发生争执时，能设法劝双方冷静、谦让	1	2	3	4	5

附录6　"智力障碍儿童亲社会行为问卷专家评判表"举例

尊敬的专家：

您好！请您审阅：

"智力障碍儿童亲社会行为问卷"；智力障碍儿童亲社会行为类型构成要素。

请对下列题目进行判断。如果您认可题目的说法，则在右栏的"1"上画"√"；如果您不认可题目的说法，则在"2"上画"√"，并提出您的建议。

1. 智力障碍儿童遵规与公益性亲社会行为由遵守规则和遵从习俗两个要素构成	1. 认可 2. 不认可，修改建议是：
2. 智力障碍儿童关系性亲社会行为由增进关系和维护关系两个要素构成	1. 认可 2. 不认可，修改建议是：

3. 智力障碍儿童特质性亲社会行为由宜人性和愉悦性两个要素构成	1. 认可 2. 不认可，修改建议是：	
4. 智力障碍儿童利他性亲社会行为对应的典型行为包括帮助、体力支持、照顾和救助 4 种	1. 认可 2. 不认可，修改建议是：	
5. 智力障碍儿童遵守规则型亲社会行为对应的典型行为包括遵守规则、社会公德、责任义务、勤快自理和积极锻炼 5 种	1. 认可 2. 不认可，修改建议是：	
6. 智力障碍儿童遵从习俗型亲社会行为对应的典型行为包括遵从社交礼仪习俗、协调关系、提供信息 3 种	1. 认可 2. 不认可，修改建议是：	
7. 智力障碍儿童增进关系型亲社会行为对应的典型行为包括分享、关心安慰、发起增进友谊和感恩 4 种	1. 认可 2. 不认可，修改建议是：	

附录7 "中文版格里菲斯共情测验"项目举例

答题说明：下列句子是对该名学生社会认知与情感情况的表述，请根据该生的实际情况评估您同意或不同意以下叙述的程度，并在恰当的数字上画"√"。

请注意："-4"代表"非常不同意"，中间的"0"代表"不确定"，"4"代表"非常同意"，离中间点 0 越远，则代表同意或不同意的程度越高。

序号	内容	
1	当周围有小孩难过时，该生也会感到难过	-4 -3 -2 -1 0 1 2 3 4
2	悲伤的电影或电视节目会让该生感到难过	-4 -3 -2 -1 0 1 2 3 4
3	该生几乎不怎么明白为什么其他人会哭	-4 -3 -2 -1 0 1 2 3 4
4	当看到另一小孩因调皮而被惩罚时，该生会感到烦乱	-4 -3 -2 -1 0 1 2 3 4
5	看到另一个孩子大笑，该生也会跟着笑	-4 -3 -2 -1 0 1 2 3 4
6	该生会把小猫、小狗等当成是人一样去对待	-4 -3 -2 -1 0 1 2 3 4
7	该生会因为另一个小孩的烦乱不安而同情他/她	-4 -3 -2 -1 0 1 2 3 4
8	该生不能理解为什么其他人会喜极而泣	-4 -3 -2 -1 0 1 2 3 4
9	该生看起来能对周围人的情绪做出反应	-4 -3 -2 -1 0 1 2 3 4
10	当看到另一人表现得烦乱时，该生也会感到烦乱	-4 -3 -2 -1 0 1 2 3 4

附录8 "教师心理资本问卷"项目举例

答题说明：以下列出的是教师在工作中的感受和体验，请判断下列描述与您的真实感受和实际情况符合的程度，并在最能代表您真实感受和实际情况的相应等级水平数字上打"√"。

编号	题目	非常不同意	不同意	有点不同意	有点同意	同意	非常同意
1	教学工作上琐碎、繁杂的事务，我会耐心处理	1	2	3	4	5	6
2	当我在教学工作中遇到困难时，我常不知所措	1	2	3	4	5	6
3	在目前的工作中，我几乎不指望好事会发生在我身上	1	2	3	4	5	6
4	受领导批评后，我仍能心平气和地工作	1	2	3	4	5	6
5	如果某件事情会出错，即使我明智地工作，它也会出错	1	2	3	4	5	6
6	遇到教学工作的困境时，我会想出多种办法去解决问题	1	2	3	4	5	6
7	我常有教不好自己的学生的感觉	1	2	3	4	5	6
8	当教学工作得不到家长的理解与配合时，我会从容应对	1	2	3	4	5	6
9	对于成绩差的学生，我再怎么努力也教不好他们	1	2	3	4	5	6
10	我常感到做教师没有什么发展前途	1	2	3	4	5	6

附录9 "儿童行为表现观察记录表"举例

一、基本信息（填空或在选择项上打"√"）

姓名		性别		年龄	
年级		智商（IQ）		50～69　35～49　34及以下	
障碍程度	轻度　中度	障碍类别	唐氏综合征　一般性智力障碍		
组别	被排斥组　控制组　被接纳组				

二、分组后儿童情绪反应

非常高兴	有点高兴	一般	有点难过	非常难过
5	4	3	2	1

三、儿童行为表现观察记录（在与实际表现相符的地方打"√"，或填空）

序号	目标行为	行为表现、观测时间与记分准则					
		马上帮忙	自言自语暗示后帮忙	非针对性求助后帮忙	针对性求助后立刻帮忙	两次针对性求助后帮忙；或口头答应	两次求助后仍无反应，或出现拒绝等其他不当反应
		6	5	4	3	2	1
1	体力支持						
2	帮助						
3	分享						
4	同情						

附录10 表情和情绪干预活动举例

【活动目标】

1. 体察几种常见的面部表情，学会分辨各种面部表情的不同五官表现。

2. 懂得表情与心情之间的密切联系，能够分辨自己的各种心情。

3. 学习根据他人的表情来推测和了解别人的心情。

【活动材料准备】

1. 高兴、生气、难过和害怕4种情绪类型的人物表情图片一套。

2. 4种情绪类型的表情娃娃图片一套。

3. 生活中本班学生4种情绪的照片或视频。

【活动过程】

一、导入

播放视频，教师带孩子们做其喜欢的课前热身操《嘿嘿哈哈》，之后询问学生此时的心里感受。

生：开心/高兴/快乐。

师：告诉学生开心/高兴/快乐就是其现在的心情，了解表情与情绪的关系。

二、心情和表情的识别与命名

1. 高兴（快乐、开心）

（1）表情识别

播放视频（小朋友开心地笑），视频结束后询问儿童看到了什么？引导其识别高兴、开心、快乐。

（2）表情模仿

请几个学生到前面表演刚才视频中小朋友的表情，让其他儿童观看高兴时脸上的表情，同时呈现课件中高兴的人物图片，引导学生分析高兴时眉毛、眼睛和嘴角的特征。

（3）典型特征总结

高兴时的表情：眉毛是扬起来的，眼睛是笑眯眯的，嘴角是向上翘的。

（4）出示高兴表情娃娃图片和"高兴"的词条，对其进行命名。

2. 其他类型心情与表情干预（方案同"高兴"，此处略）

三、自我情绪匹配

问题：当遇到以下情况时，心里的感受会是什么样的？（给每个学生发 4 种表情娃娃图片，让学生说出并拿出与自己的情绪一致的表情娃娃）

（1）同学让你和她一起玩她最喜欢的玩具，你心里会感到……？

（2）你刚用积木搭建好高楼，忽然一个小朋友把你的高楼弄塌了，你心里会感到……？

……

（8）你过生日的时候，同学给你唱生日歌，你心里会感到……？

（9）你生病了，要打针，你心里会感到……？

（10）有个同学把你碰倒了，还不向你道歉，你心里会感到……？

……

四、他人情绪识别

活动形式：你的表情我来猜（你心我知）游戏。

（1）猜图片人物表情

逐一呈现一系列情绪图片，包括高兴、生气、难过和害怕等情绪类型，让儿童猜测图片上人物的感受。

（2）猜同学表情

逐一呈现或播放本班同学在日常生活中的情绪表现照片或视频，让其他同学猜测其当时的心里感受，并让该名同学回忆当时情绪产生的原因，若学生回忆有困难，教师则可给予提示帮助。

小结：生活中每个人都会遇到高兴的、伤心的、生气的或害怕的事情，不过今天老师很高兴，因为刚才大家都能认真听讲、积极动脑，所以用这个表情图（笑脸）来表现今天的心情（画出表情）。

活动拓展：让儿童说出自己今天的心情，并让其用表情图表示出来或者画下来，同时给其好朋友说一说。

附录11　儿童图画故事干预举例

故事名称:《小老鼠分果果》

故事主题：帮助、分享、安慰

故事简介:

一只饥肠辘辘的小老鼠偶然发现一个大红果，惊喜万分的决定将大红果运回家，美美地饱餐一顿！不过，在运送大红果的路上，遇到了很多麻烦，大红果不是掉进水塘里、刺丛里，就是碰上大树。每当束手无策地站在各种"麻烦"前时，总会有朋友来帮忙。青蛙、乌龟和鼹鼠虽都对大红果垂涎欲滴，但都未提出分享要求。小老鼠虽依旧不想分享大红果，但在一次次地说"谢谢"的时候，却越发不好意思。当最终把大红果推上坡顶时，感到的不是快乐而是疲惫和孤独无助，此刻意识到要是能跟朋友们一起分享该多美好。幸好，大红果又滚下了山，滚到了帮助过他的朋友们那里，小老鼠高兴地与朋友们一起分享了大红果。

活动目标:

1）了解小老鼠运红果的全过程，感受小伙伴的热心，初步树立助人意识。

2）感受小老鼠内心的变化，体悟分享的美好情感，初步树立分享的意识。

3）了解小伙伴们安慰小老鼠的语言表达方式，学会安慰他人的方法。

活动准备：

1）小老鼠、青蛙、乌龟和鼹鼠的图片与头饰。

2）故事 PPT 资料。

活动过程：

1. 激发兴趣，引入故事

展示大红果图片："各位同学，今天我给大家带来了一个小朋友——小老鼠，我们一起向他问声好吧!"然后引入主题。

2. 讲解故事

教师边播放 PPT 边讲解，让儿童有序、连贯地欣赏故事内容。同时，让儿童跟随教师的讲述边看边猜想故事情节的发展，使学生能够基本理解故事的内容。在故事讲解过程中，引导儿童重点关注与主题相关的画面。

3. 依据故事展开讨论

1）小老鼠肚子饿的时候发现了一个大大的红果，它心里是怎么想的?

2）看见大红果滚进了水塘里，小老鼠为什么哭了起来? 就在小老鼠不知道怎么办时，谁从水里冒出了头? 它是怎么跟小老鼠说的?

3）青蛙是怎么把大红果弄上来的? 青蛙看到这又红又大的果子，想不想吃呢? 你是从哪里看出来青蛙想吃果子的?

……

12）小老鼠跟着跑下山坡，发现帮助过他的朋友都在那里，小老鼠心里感觉怎么样? 然后他又是怎么做的? 小老鼠说："朋友不就应该这样吗"时，为什么会感觉有点不好意思?

4. 故事表演，加深对故事主题的认识

让学生分组进行角色扮演。给每个组的学生分配角色，教师读旁白，按原故事进行表演游戏，然后交换角色再次进行扮演，模仿学说小动物安慰小老鼠的话语，切实感受故事人物的心情，强化学生对故事主题的理解。

5. 改编故事表演，进一步体会故事的主题

让学生分组进行改编故事的表演。给每个组的学生分配角色，从大红果掉进水塘开始，进行开放式的改编。首先，指导学生设想如果朋友们没有来帮小老鼠，故事情节会怎么发展? 学生按改编的想法做完后，再询问其内心的感受如何? 然后问对方，今后遇到这种情况，你会怎么做? 最后，让学生表演一遍，询问学生的最终感受。

6. 拓展活动，引申故事的主题

通过以下问题引导学生追忆，同时引发思考。

1）在你有困难的时候，有谁过来帮助过你？他们是怎么跟你说的？你当时心里的感觉是怎么样的？你是怎么感谢、回报别人的？

2）别人有好吃的，你也想吃的时候，你希望对方能怎么做？别人和你一起分享时，你心里会有什么感觉？别人不和你一起分享时，你心里会有什么感觉？

……

鼓励学生讲述自己的生活经验，若孩子讲述有困难，教师则可以播放学生生活中相互帮助、分享的情境图片，帮助孩子讲述。

小结：小老鼠明白了朋友之间要相互帮助，分享是一件快乐的事情。我们同学之间也要和他们一样，遇到困难了，要互相帮助，有好东西要互相分享，这样才会更快乐。

后　记

　　本书是在我的博士学位论文的基础上进一步修改而成。在书稿即将付梓之际，感慨万千。在职读博的旅程无比艰辛，有些困难远超出了当时的预期，但幸得良师指点，幸有益友相助，幸有家人不离不弃，通过四年的艰难跋涉和艰苦耕织，终于在不惑之年实现了这个久久留存于心中的梦想！

　　万千感激之情，首先要致予恩师黄昭鸣先生，先生不顾我年岁已大、资质愚钝而将我悦纳于门下。先生是中国教育康复学界的知名专家，他学识渊博、治学严谨、平易近人而深受学生的爱戴，能够成为恩师的学生乃是我之荣幸！先生一以贯之地提倡学术为实践服务，主张研究要与实践密切结合，造福于特殊人群和社会，这成为指导我们开展研究的一盏明灯。四年里，受惠于恩师的殷切期望、热忱鼓励和有力支持，我在学习过程中逐渐沉下心来，体会点点滴滴的学术成长过程。论文的选题是一个艰难的过程，在经历了很长时间的反复思量、犹豫和权衡后，终于在万千繁复的教育康复命题里选择了智力障碍儿童亲社会行为作为研究主题，而将此变为一种现实的过程离不开恩师的悉心指导。

　　感谢杜晓新教授在博士求学阶段给予我的悉心指导和真切关怀，感激之情难以言表！杜老师的点拨与指导总是切中要害、直陈关键，让我顿感醍醐灌顶、茅塞顿开。感谢程辰老师、刘巧云老师、万勤老师、卢海丹老师、张畅芯老师、金野老师、陈东帆老师、赵航老师、卢红云老师、徐灵芝老师、陆丽娟老师、杨坚老师在我博士学习期间及论文撰写过程中给予的支持和帮助，感谢各位老师为我们创造了一个和谐进取的学习研究大家庭，让我每次踏入实验室都能感受到家的温暖。无论是课堂授业还是登门求教，各位老师的深厚造诣和真知灼见都令我无比敬佩，各位老师的悉心指点和启迪鼓舞让我受益匪浅。在论文撰写过程中，各位老师针砭斧正，帮我修正了论文中的许多问题，各位老师的帮助又使我的研究在资料收集方面有了保证。在此，向各位老师道一声谢谢！同时，要特别感谢周红省老师，她的鼓励、关心和支持一直激励着我。

同窗之谊，没齿难忘，感谢王勇丽、高晓慧、宿淑华、武慧多、张云舒、林青、刘杰、徐帅、张伟锋、刘敏、张国栋、尹敏敏等博士同学，感谢2016届、2017届以及2017级朝气蓬勃的硕士学妹学弟，有了他们的陪伴，我的求学生涯多了一些快乐和美好，少了一些枯燥和乏味。感谢各位博士同学及硕士学妹如陈思齐、吕延晨、王文清、高少华、许文飞、吕海萌、何德玲、张奕雯等在研究设计、实验操作、数据统计方面所给予的大力帮助和支持。

本书研究的顺利开展离不开一线特殊教育学校及培智教育教师的热情帮助和全力支持，整个研究共得到了20余个省（自治区、直辖市）的70余所特殊教育学校、1000余名培智教育教师的大力支持和150余名智力障碍儿童的配合，特向他们表示衷心的感谢！正是因为他们真诚的配合，才赋予了本书研究鲜活而持久的生命力。

感谢单位领导和同事在我考博、读博期间给予的关心与支持。正是他们的鼓励和关爱，才使我在不惑之年还能鼓足勇气迈向考场，并在攻读博士期间得以安心学习，最终能够顺利毕业。特别感谢两位老院长：一是孙钰华教授，是其不拘一格将我引进至新疆师范大学，并给予了我鼓励和支持，才使我有机会继续为新疆特殊教育贡献自己的绵薄之力；二是赵建梅教授，正是有了其指引和鼎力支持，我才不断明确了奋斗的目标，并获得了不惧风雨、一路前行的勇气。

最后，感谢我的家人。感谢敬爱的父母，两鬓斑白的他们一直牵挂着我的学业和工作，好在我没有辜负二老的殷切期望；感谢亲爱的先生，感谢他在我求学期间任劳任怨地独自照顾女儿，为我排除了后顾之忧，感谢他一直以来呵护着女儿和我，他的理解、鼓励和无怨无悔的付出是我安心学习、工作的强大后盾，也必将是我继续前行的不竭动力；感谢我可爱的"小棉袄"，撰写博士论文和整理书稿期间不能好好地陪伴在女儿身边，但女儿的懂事让我减轻了歉疚感。我们之间有了一个美好的约定：不断前行，努力实现各自的理想。愿我们共同努力把这一美好的约定变成现实。

感恩生活！

张玉红
于新疆乌鲁木齐